解・救・正讀

石見田著

書名：**解・救・正讀**
系列：心一堂・中華非物質文化叢書・語文類
作者：石見田
主編：潘國森 陳劍聰
責任編輯：寶貝兒

出版：**心一堂有限公司**
地址/門市：香港九龍尖沙咀東麼地道六十三號好時中心LG六十一室
電話號碼：(852)6715-0840
網址：www.sunyata.cc
電郵：sunyatabook@gmail.com
網上書店：http://book.sunyata.cc
網上書店：http://bbs.sunyata.cc

香港及海外發行：利源書報社
地址：香港新界大埔汀麗路36號中華商務印刷大廈地下
電話號碼：(852)2381-8251
傳真號碼：(852)2397-1519

台灣發行：秀威資訊科技股份有限公司
地址：台灣台北市內湖區瑞光路七十六巷六十五號一樓
電話號碼：(886)2796-3638
傳真號碼：(886)2796-1377
網絡書店：www.govbooks.com.tw
經銷：易可數位行銷股份有限公司
地址：新北市新店區中正路542之3號4樓
電話號碼：(886)82191500
傳真號碼：(886)82193383
網址：http://ecorebooks.pixnet.net/blog

中國大陸發行・零售：**心一堂・彭措佛緣閣**
深圳流通處：中國深圳羅湖立新路六號東門博雅負一層零零八號
電話號碼：(86)0755-82224934
北京地流通處：中國北京東城區雍和宮大街四十號
心一堂官方淘寶流通處：http://shop35178535.taobao.com/

版次：　二零一三年一月初版，平裝

	港幣	九十八元正
定價：	人民幣	九十八元正
	新台幣	四百八十元正

國際書號 ISBN 978-988-8058-42-6

心一堂中華非物質文化叢書總序

　　清末名臣體仁閣大學士張之洞在《勸刻書説》指出：「且刻書者，傳先哲之精蘊，啟後學之困蒙，亦利濟之先務，積善之雅談也。」

　　心一堂出版社秉承「弘揚傳統、繼往開來」為宗旨，自成立以來，一直致力在文獻整理和圖書影音出版，現與中華非物質文化遺產研究會合作，出版中華非物質文化叢書。中華非物質文化遺產研究會的工作方向旨在旨在傳承、推廣及弘揚源於中國的世界級及國家級「非物質文化遺產」（Intangible Cultural Heritage）。

　　本叢書專門挑選學養識見湛深作者傾注心血完成的傑作，讓更多高水平的中文著作能夠在大中華圈以至全球廣泛流通。因此，我們歡迎讀者提供寶貴意見，亦希望能夠與海內外文化界的翹楚合作出版優質書籍。

潘國森、陳劍聰

心一堂中華非物質文化叢書主編

二零一二年九月

自序

　　這不是一本教大家平日經常讀錯甚麼字，而其正確讀音為何的書。相反，我希望透過本書告訴大家：很多我們日常使用，但被抨擊為「錯讀」、「誤讀」的字音，其實不一定錯。如果這是一本介紹「正讀」、批評「錯讀」的著作，應會頗得讀者青睞。看網上討論區，不時會見到有人「考考你讀對幾多字」，又或者有人發起「有幾多字是自小讀錯」的討論；由學者主持的「正音正讀」節目，亦頗受歡迎。但是，當學者批評的「錯讀」越多，我心中的疑問就越多。因為其中不少「錯讀」，或是長輩耳授，或是讀書所學，絕非隨意亂讀。五、六年前，香港一家傳媒的配音部門展開了一系列的粵音改讀，以大眾陌生的所謂「正音」，取代了沿用多年並廣為觀眾熟悉的讀音，令我疑惑更深，更促使我決心追尋「粵音正讀」問題真象。

　　希望本書能解答和我一樣對「正讀」問題有懷疑的人的一些疑問。

石見田
二零一二年十月

目錄

前言 從電視台「正音」說起 i

關於本書 vii

第一章 粵音基礎知識 1

　第一節 有關拼音 1

　第二節 本書使用的拼音方案 3

　第三節 淺説入聲 8

　第四節 辨九聲 9

第二章 「正讀」簡介 15

　第一節 本書討論範圍 16

　第二節 正讀：正反之爭？ 22

　第三節 釐清「正讀」議題 25

　第四節 何文匯的「正讀」標準 26

第三章 從廣韻看何氏正讀 31

　第一節 廣韻簡介 32

　第二節 反切法 37

第三節　反切撞板例 41

第四節　語言的變化 43

第五節　中古音演變 48

第六節　演變規律與正讀 53

第七節　連爸媽都讀錯 58

第八節　思考正讀、錯讀的意義 61

第九節　「何氏正讀」實質選擇性跟廣韻 65

第十節　讀音的原罪 70

第十一節　總結 74

第四章　從字詞典和學者意見看何氏正讀 77

第一節　「何氏正讀」與字詞典注音 78

第二節　審音的標準：從切與從眾 87

第三節　粵音韻彙 89

第四節　學者的觀點 93

第五節　學術界的審音著作 103

第六節　與何文匯審音理論的比較 106

第七節　正讀所為何事 109

第八節　約定俗成非萬惡 111

第九節　以古非今的顧炎武 115

第十節　總結 117

第五章　粵音正讀商榷 127

冥 132

棿 146

洱 155

跌 160

黿 168

聿、銘 174

唳 181

彌、瀰、獼 189

構、購 209

鵲、鶉 226

刊、搜 233

雛 240

綜 249

簷 253

第六章　論「時間」讀音 259

　第一節　引言 259

　第二節　緣起 262

　第三節　「時奸」三論 264

　第四節　從「時奸」滲透看「正讀」洗腦 285

　第五節　「時奸運動」近況 291

　第六節　總結 294

第七章　論「傳奇」讀音 299

　第一節　引言 299

　第二節　「傳奇」讀「璟奇」的論證 301

　第三節　香港滅音運動 316

第四節　歐陽偉豪博士的觀點 322

第五節　總結 325

第八章 餘論 331

第一節　總結「正讀」問題 331

第二節　騎劫正讀 338

第三節　本書商榷的讀音 339

第四節　正到變歪風 341

第五節　何文匯的苦心 344

第六節　正讀學者的美意 346

第七節　傳媒與社會責任 349

第八節　粵音與廣韻 353

第九節　結語 356

後記 361

參考文獻 363

前言
從電視台「正音」說起

2006 年 10 月,無綫電視播放《最緊要正字》,風評頗佳,更在該季度的「電視節目欣賞指數調查」中高踞榜首。節目雖以「正字」為名,當中亦不乏學者以輕鬆手法指正大眾日常錯誤讀音。不過,社會各界對學者所糾正的「錯讀」,不無異議。節目播放期間,文化人王亭之、潘國森即有批評節目好些「正讀」乃矯枉過正。

我對這個節目的某些「正讀」亦不無懷疑;聽到節目主持、博士教授刻意示範的「正讀」(例如將「時間」讀成「時奸」)更覺礙耳非常。當時卻只道此類讀音許是不合時宜,宣傳正讀的學者畢竟是擇善固執,目的旨在提高大眾對語言文字的重視,不應深責;為人師表在學術上堅持「正確」立場,亦無可厚非。況且我對語言問題一竅不通,自知沒有資格向這些博士、學者提異議。

同年 12 月底,無綫電視播放動畫《聖鬥士星矢》的新章「冥王哈帝斯十二宮篇」。我不是電視迷,亦早過了不眠不休追看動畫的童年時代。然而,這套動畫也算是我這一代人的集體回憶,基於

湊熱鬧心態，首播當晚我也擔櫈仔坐定定食花生等開場。但節目開始，聽到粵語配音員的演繹，我不禁納悶：為甚麼這個「冥王篇」，動畫裏面，每個角色，開口閉口，都不斷的說「明王」、「明王星」、「明衣」、「明界」？打開字幕才知道，原來諸位角色，確是在說「冥王」、「冥王星」、「冥衣」、「冥界」。這是甚麼讀音？難道諸位配音員連「冥王」、「冥王星」、「冥衣」、「冥界」的「冥」讀成［皿］而不會讀［明］也不知道？還是我跟不上時代，不察讀音早已改變，社會不復此讀？

綜觀網上論壇反應，對此怪音，同樣議論紛紛。在一眾質疑和反對聲下，有人挑通眼眉，力排眾議：此「正讀」也！大家習以為常的，實為「錯讀」！無綫要「正讀」，誠意可嘉，無可非議也！

「正讀」二字，真乃絕招。似乎只要祭出「正讀」二字，人人便得噤聲。「正讀」你也敢質疑？你不同意用「正讀」，難道要支持使用「錯讀」嗎？

當時我也閉嘴。因為我查了家裏僅有的一本字典，這個「冥」字，居然真的標讀［明］，沒有多年來說慣聽慣的［皿］音。

做錯要認，讀錯要改。尋找讀音應該查字典，否則字典還有甚麼用？人人不跟字典，對錯標準何存？

但難道真的要開始將「冥王星」改讀成「明王星」？盂蘭節燒的冥鏹，要變成燒「明鏹」，燒「明通銀行」的「明錢」到「明府」？我始終無法釋懷。

電視台將這個大眾顯然不會如此讀的字音改變，使我覺得有人企圖將某些「正讀」變成一種社會現象，利用傳媒的影響力，令一些與現實有距離的讀音在日常生活流通。

於是我開始留意該台配音部門的讀音還有甚麼變化。首先注意到的，是他們學新聞報道員將「機構」、「購物」的「構」和「購」讀成〔究〕。在八九十年代，新聞報道員用的這個〔究〕音，跟社會大眾已經完全脫節，日常我根本不曾聽過一個人將構和購讀成〔究〕。今天，他們將這個不切實際的讀音，取代一個大眾慣用、通用的讀音，令我非常吃驚。於是我又查字典，此二字字典固然有收〔究〕音，卻亦有收〔扣〕音。既然二音並收，〔扣〕音應非錯讀。則電視台排斥此音，其理安在？

之後，我又發現他們將「雛」字改讀。在深夜播放的一齣動畫，有個角色叫「雛田」，配音員始終一貫，將「雛田」讀成〔鋤〕田，可以肯定絕非「走音」使然。「雛田」要〔鋤〕田，那麼「雛形」是不是要讀〔鋤〕形？「雛菊」難道又要讀〔鋤〕菊？「苦海孤雛」不就成了苦海孤〔鋤〕？「雛鳥」又要變成〔鋤〕鳥？——我沒親耳聽過，但有人在網上指他聽過無綫配音的生物紀錄片確係將雛鳥讀成〔鋤〕鳥。於是我又翻查家中字典求證，卻發現這個字的注音分明是〔初〕，哪有甚麼〔鋤〕音？再到書局查了幾本字典，它們都不約而同地只標〔初〕音。

除了何文匯博士的著作。

　　而大家應該不會不知道何文匯是誰。何文匯以「正音正讀」聞名香江，在《最緊要正字》一類「正音正讀」節目時有亮相。何文匯博士在他那些教人「正讀」的書中不僅將「雛」字注上 [鋤] 音，還特意於「錯讀字例」中舉出我們日常讀的 [初] 音，並在旁邊打個大交叉，以為「日常錯讀」。我還發現，冥字讀 [皿]，同樣出現在何博士「正讀」書的「錯讀字例」表中。

　　於是，我心中浮現一連串問題：

1. 冥讀 [明]、雛讀 [鋤]、構讀 [究] 一類讀音，説是「正讀」，到底有甚麼根據？

2. 如果説，「雛」原本讀 [初]、現在卻要讀 [鋤]，方為「正讀」，那麼是不是市面字典都錯了？一本字典錯還説得過去，幾本字詞典、幾個編者都陪市民一齊錯，而只有何文匯不錯？

3. 依循此一邏輯，「正讀」會不會出現「所有字典都錯、只有何文匯對」的極端局面？如果何文匯真的那麼對、那麼「正」，到底他如何有此能耐？此後出版的字詞典，又為甚麼敢冒「標錯音」、「教壞人」之險，沒有全面跟從他的「正讀」？

4. 「正讀」的根據，或者指斥其他字典標錯音的根據，有沒有道理？

5. 這個「根據」是不是所有人都認同，又或者所有語言學者都認同？

6. 要是這個「正讀根據」論點正確，遵從這個「根據」，

尚有幾多讀音應改而未改？

還有，為甚麼自小跟老師學的諸多字音，現在都變成「錯讀」了？為甚麼以前傳媒使用、社會通用的讀音，現在居然不能再用？為甚麼一些在日常生活幾乎聞所未聞的讀音，可以經由學者冠以「正讀」之名，廣佈社會？推廣、支持這些「正讀」的，是甚麼人？他們為甚麼能代表其他人，決定讀音的正和誤？

這一連串問題驅使我重新思考「正讀」之「正」實際上指的是甚麼。數年來不斷翻查相關資料，對「正讀」問題，略有頭緒。

於是，我就此事撰文向電視台提意見，希望他們可以重新審視，字音改讀，是否必須。電視台善意回覆，然後依然故我。

「正讀」是甚麼？「正讀」是目的還是手段？如果「正讀」是手段，其目的為何？現在的「正讀」風氣，又能否達致推廣「正讀」的初衷？

我自知我現在依然未夠資格去向這些博士、學者提異議。但如果我再不發聲，恐怕我這一代的許多讀音——許多我很難接受被指為「錯讀」的讀音——假以時日，會被消滅得一乾二淨。

關於本書

　　作者不敢妄稱此書為香港粵音正讀問題的「研究成果」，大家不妨視之為有關問題的「讀書報告」。大約五、六年前，我受粵音正讀問題所困，對電視台以教育下一代為名改變日用字音深感憂慮，於是搜集資料，寫成網誌，藉此表達對電視台改讀字音的不滿；2011 年將網誌資料整理成《解‧救‧正讀》一書，以電子形式在網絡發表，開放免費下載。大家現在看到的這本實物書，是《解‧救‧正讀》電子書的修訂版本。

　　本書主要分上下兩篇。上篇名為【解】，主要探討「粵音正讀」概念問題，例如何文匯用《廣韻》做粵音正讀標準的問題、粵音正讀與字典收音的不一致性，以至不同學者對粵音正讀問題的看法和「約定俗成」的觀念等。下篇名為【救】，會針對個別有爭議的字音作討論，透過不同學者、字典甚至韻書的記載，解釋為甚麼我認為這些字的日常讀音不應視為「錯讀」，故毋須「正讀」，甚至有時候「正」比「不正」問題更大。這部份亦會對爭議多年的「時間」和較新出的「傳奇」讀音問題做一些考證，順道留一個歷史紀錄。

　　這是一本「一般人寫給一般人」的書。傳媒吹起「正讀」風潮

時，我滿腹狐疑，但對語言、讀音等問題的知識，卻幾乎是白紙一張。遇到像「正音就是正音，一定『無得拗』，所以不能反對傳媒讀正音」、「我們可以接受約定俗成，但錯就是錯，不能把錯音說成是正音」一類說法，總覺得不妥，卻不知道該如何反駁。「如果當時的我想知道『正讀』因由去幫助自己思考，需要甚麼知識？」解答這個問題，就是我寫作此書的方向。

由於何文匯用古韻書做粵音正讀，要解釋他的正讀取向，無可避免會牽涉一些音韻知識。坦白說，對這些問題沒興趣的人，一定會覺得枯燥無味。但這些卻是理解何氏「正讀」思想以至當前「正讀」爭議無從規避的環節。可能有讀者希望明白「正讀」問題，卻無興趣深究「正讀」背後的理據。若是如此，則對於此等理論性質的文章，知道有這種現象即可，不必強求完全明白。

書中引用文句雖力求忠於原著，惟引文音標與本書所採拼式倘有不同，搬字過紙，易生混淆。因此引文之粵語注音謄錄時會改為本書的注音方式。而引文中的粗體字亦係本書作者所加標識。另外，為免正文列出之參照網頁過於冗長，有關網址均先以「網址縮略服務」(URL shortener)簡化。在瀏覽器鍵入縮略網址，該服務便會將使用者引導至原本網頁。請留意**網址有區分大小寫**。

本書內容雖建基於電子版，但編排和內容上均有修訂。由於本書並非電子版的附屬，箇中差異，恕不在此解說。讀者如有興趣，歡迎自行下載電子版比較。

第一章
粵音基礎知識

　　本章會先介紹粵音基礎知識和本書所用音標，為了解「粵音正讀」問題做準備。

第一節　有關拼音

　　漢字是表意文字，所以「字形」與「讀音」可以毫無關係。要用有形的文字描述無形的讀音，「直音」是最簡單直接的辦法。「直音法」就是用甲字標乙字讀音，例如「東，音冬」。此法簡單易明，卻有缺點。有些字因同音字少，注音字可能比被注音字更生僻，例如「雞，音枅」。有些字更根本沒有同音字，例如「天」字。可見直音法雖然方便，卻不是萬應良方。

　　我們現在有更好的工具去描述讀音，就是「拼音法」。

　　拼音法離港人並不遙遠。香港不少街名地名，還有人名和一些專有名稱，都是以英文字母拼出粵語讀音，例如「彩虹」拼作

Choi Hung，「陳」拼作 Chan 一類即是。不過，這些拼音，旨在方便生活需要，而非嚴整對應原文讀音。於是我們會看到在這種拼音法之下，「張」既可拼作 Tseung，又可拼作 Cheung；「張」和「鏘」讀音不同，但「鏘」同樣可以拼作 Tseung 或 Cheung。同一個讀音有兩種拼法、同一個拼法又可表示兩個不同讀音，足見此種拼式並不嚴謹，只能反映原有讀音之大概，雖可應付日常需要，卻不宜作示範或教學用途。

嚴謹的拼音，同一個語音只會用同一個符號表示，一個拼音亦只會有一個相應讀音。以本書使用的拼音方案為例，「張」只會標成[zoeng1]、「鏘」只會標成[coeng1]。大家查字典看到的，就是這類較嚴謹的拼音符號。

國際音標(IPA)固然可以用來拼寫粵語讀音，專為粵語設計的拼音方式也有不少，例如有香港語言學學會（粵拼）式、耶魯式、黃錫凌式、劉錫祥式和教育學院拼音方案等。以下是相同的漢字在不同拼式下的注音例子：

| **晶** | 粵拼：zing1 | IPA：tsɪŋ˥ |
| | 教院：dzing1 | 耶魯：jīng |

| **瑩** | 粵拼：jing4 | IPA：jɪŋ˩ |
| | 教院：jing4 | 耶魯：yìhng |

> 國際音標根據 Handbook of the International Phonetic Association 中徐雲揚教授的方案。

可以看到，同一個讀音，不同的拼音方案，使用的符號或有差異。例如耶魯的「晶」拼作 jing，與粵拼、教院的「瑩」拼法相同，但兩者所反映的實際讀音顯然不同。因此初學者應緊記要將拼音視作「符號」而非「英文」看待，切忌先入為主將拼音符號當成英文字詞般理解其讀音；亦不要將一個拼式所用符號讀法套進另一個拼式的同一個符號（例如耶魯的 j 聲母與粵拼、教院、IPA 的 j 聲母絕不相同），以為可以通用。

第二節　本書使用的拼音方案

本書選用了香港語言學學會粵語拼音方案（簡稱「粵拼」）標示粵音。由於粵拼、教院一類方案可說是為粵語「度身訂造」，所以無法（也不需要）標示粵語沒有的音位，例如這些方案沒有對應英文 thumb、thin 首個音節/θ/的符號。談及「正音」問題，多少要旁及非粵音語系，在這種情況下本書會使用國際音標，即 IPA。

書中內文拼音會以方括號表示，例如「晶」字拼音會寫作 [zing1 精]，其中 zing1 是粵拼、「精」是直音。無直音字可用時則以同聲母、韻母的字代替，並注上聲調。例如「天[tin1]」可標作 [tin1 田 1]，意指直音是「田[tin4]第一聲」。至於 IPA 音標則會以斜線包圍，例如「精」標作/tsɪŋ/，以資識別（這只是示範，事實上如果是粵音本書一定會使用粵拼拼出）。

我們一般會將廣東話單字讀音離析為「聲母」、「韻母」和

「聲調」三個部份。以下用表格列出本書使用的聲、韻、調符號，並附上 IPA 音標，以供對照參考。

聲母

種類	粵拼	例字		IPA
唇音	b	巴[baa1]	兵[bing1]	p
	p	趴[paa1]	平[ping4]	pʰ
	m	媽[maa1]	望[mong6]	m
	f	花[faa1]	彷[fong2]	f
舌尖音	d	打[daa2]	擋[dong2]	t
	t	他[taa2]	燙[tong3]	tʰ
	n	拿[naa4]	奴[nou4]	n
	l	啦[laa1]	浪[long6]	l
舌尖面混合音	z	渣[zaa1]	裝[zong1]	ts
	c	叉[caa1]	倉[cong1]	tsʰ
	s	沙[saa1]	桑[song1]	s
	j	憂[jau1]	讓[joeng6]	j
舌根音	g	加[gaa1]	講[gong2]	k
	k	卡[kaa1]	抗[kong3]	kʰ
	ng	牙[ngaa4]	岸[ngon6]	ŋ
圓唇音	gw	瓜[gwaa1]	慣[gwaan3]	kʷ
	kw	誇[kwaa1]	逛[kwaang3]	kʷʰ
	w	娃[waa1]	黃[wong4]	w
喉音	h	蝦[haa1]	香[hoeng1]	h
	-	*鴉[aa1]	*安[on1]	-

*「鴉」、「安」只有韻母，沒有聲母。語音學上這稱為「零聲母」，標示讀音時不會有聲母符號。

韻母

種類	粵拼	例字		IPA
單元音	aa	巴[baa1]	沙[saa1]	a
	i	思[si1]	茲[zi1]	i
	u	夫[fu1]	孤[gu1]	u
	e	車[ce1]	些[se1]	ɛ
	o	波[bo1]	疏[so1]	ɔ
	yu	書[syu1]	朱[zyu1]	y
	oe	靴[hoe1]	鋸[goe3]	œ
複元音	aai	挨[aai1]	街[gaai1]	ai
	ai	雞[gai1]	西[sai1]	ɐi
	aau	膠[gaau1]	筲[saau1]	au
	au	兜[dau1]	收[sau1]	ɐu
	ei	希[hei1]	披[pei1]	ei
	eoi	居[geoi1]	虛[heoi1]	ɵy
	iu	燒[siu1]	焦[ziu1]	iu
	oi	哀[oi1]	哉[zoi1]	ɔi
	ou	澳[ou3]	告[gou3]	ou
	ui	輩[bui3]	悔[fui3]	ui
鼻尾/塞尾韻	am/ap	心[sam1]	濕[sap7]	ɐm/ɐp
	an/at	新[san1]	室[sat7]	ɐn/ɐt
	ang/ak	崩[bang1]	北[bak7]	ɐŋ/ɐk

種類	粵拼	例字		IPA
	aam/aap	三[saam1]	圾[saap8]	am/ap
	aan/aat	山[saan1]	殺[saat8]	an/at
	aang/aak	耕[gaang1]	格[gaak8]	aŋ/ak
	eng/ek	腥[seng1]	錫[sek8]	ɛŋ/ɛk
	eon/eot	詢[seon1]	恤[seot7]	ɵn/ɵt
	oeng/oek	傷[soeng1]	削[soek8]	œŋ/œk
	on/ot	漢[hon3]	喝[hot8]	ɔn/ɔt
	ong/ok	康[hong1]	學[hok9]	ɔŋ/ɔk
	im/ip	謙[him1]	怯[hip8]	im/ip
	in/it	軒[hin1]	熱[jit9]	in/it
	ing/ik	星[sing1]	色[sik7]	ɪŋ/ɪk
	un/ut	寬[fun1]	闊[fut8]	un/ut
	ung/uk	風[fung1]	福[fuk7]	ʊŋ/ʊk
	yun/yut	算[syun3]	雪[syut8]	yn/yt
鼻韻	m	唔[m4]		m̩
	ng	吳[ng4]	悟[ng6]	ŋ̍

「鼻尾/塞尾韻」即「非入聲」韻和「入聲」韻。只有鼻尾韻有相對應的入聲韻。

粵音韻母還可以再細分成「韻腹(Neucleus)」和「韻尾(Coda)」兩個音段。韻腹屬必備成份，例如「星」的韻母[ing]，就是由韻腹[i]加上韻尾[ng]組成。而韻尾則可缺省，例如「書」[syu1]就只有韻腹[yu]。上表的韻母，看似繁多，不過除了鼻音單獨成韻的[m]和[ng]，其實都是由下表的韻腹、韻尾組合出來。

韻腹表

aa	(巴/耕)	yu	(書/算)	a	(心/新/崩)
i	(思/燒/星)	oe	(靴/傷)	eo	(詢)
u	(夫/寬/風)				
e	(車/希)				
o	(波/哀/康)				

韻尾表

p	(濕/怯)	t	(失/熱)	k	(北/削)
m	(心/謙)	n	(身/軒/寬)	ng	(風/康)
		i	(雞/哀)	u	(膠/澳)

聲調

粵拼使用 1-6 調，將傳統以 7-9 標調的陰入聲(7)、中入聲(8)和陽入聲(9)併入 1、3、6 調。本書遵傳統以 1-9 標示粵音九個聲調。各調號及其代表的名稱、例字如下表。表中的「調值」是指聲調的音階高低流動，將 5 設為最高音、1 設為最低音，再用 1 至 5 之間的數字去表示聲調由開始到結束的音階變化過程。

7

調號	調名	調值	平仄	例字	拼音
1	陰平聲	55/53	平	分	fan1
2	陰上聲	35	仄	粉	fan2
3	陰去聲	33		訓	fan3
4	陽平聲	21	平	墳	fan4
5	陽上聲	13		奮	fan5
6	陽去聲	22		份	fan6
7	陰入聲	5	仄	忽	fat7
8	中入聲	3		發	faat8
9	陽入聲	2		罰	fat9

第三節　淺說入聲

粵音有「平、上、去、入」四聲，各分「陰、陽」，再加一個「中入」聲，構成九聲。從歷史上講，**「中入聲」屬於「陰入聲」的分支**，所以有些書會將「陰入」稱為「上陰入」、「中入」稱為「下陰入」。

「入聲」指的是以 p/t/k 韻尾收音的字，即韻母表中相對於「鼻尾韻」的「塞尾韻」。因此，只有 m/n/ng 韻尾的字才有相對應的入聲韻(7-9 調)。

入聲字讀到最後，發音部位會「閉塞」阻止氣流流出。例如「急[gap7]」字，讀到 p 韻尾，會雙唇閉合，中斷氣流，聲帶停止振動；相對的鼻尾韻「心[sam1]」字讀到最後，同樣是雙唇閉合，

但聲帶仍可以繼續振動。同樣道理，入聲韻[t]例字有「失[sat7]」字，收音時不截斷氣流就會變成[san1 身]；入聲韻[k]例字有「促[cuk7]」字，收音時不截斷氣流就會變成[cung1 匆]。

留意「心急」、「失身」、「匆促」三組字的收音部份，應能發現各組字有以下相同之處：

> ➤ 　心[sam1]和急[gap7]收音時是上唇和下唇緊閉；

> ➤ 　失[sat7]和身[san1]收音時是將舌尖抵住上牙齦；

> ➤ 　匆[cung1]和促[cuk7]收音時是將舌根後半部隆起提升到軟顎。

由於每組字韻尾的發音部位相同，我們會將其入聲和非入聲韻尾歸為相互對應的一組。這就解釋了為何介紹聲調的表格中，非入聲用[fan]，入聲則用[fat]。至於中入聲的「發[faat8]」，純粹因為[fat]中入聲有音無字，遂改用音近的入聲字[faat]做例。

第四節　辨九聲

漢語跟西方語言不同，屬於「聲調語言」，相同的聲母和韻母，因着聲調不同，會產生截然不同的意思：「分、粉、訓、墳、奮、份」六字的聲韻母完全相同，都讀[fan]，意義卻大相逕庭，正是聲調不同之故。所以需要聲調符號，將同一個聲韻母但不同聲調的字區別開來。

　　以粵語為母語的人，即使沒受過訓練，仍會掌握到聲調的大概。例如我們會覺得兒歌「世界真細小小小」唱起來很順口，聖誕歌「平安夜」聽來則似「拼安夜」。我們會覺得不合音，是因為廣東話聲調多，讀出來本身已經有音階的高低起伏，一旦本字的聲調高低與歌曲曲調相差太大，唱出來感覺便會很奇怪。

　　音調的「高」「低」是相對的。粵語陰平聲(調值 55)和陰入聲(調值 5)的音階最高，陽平聲(調值 21)的音階最低。其餘各聲調都在這兩個最高和最低值之間佔着不同位置。調值欄顯示，平聲和去聲的調形大概是平穩的，而上聲字如「粉、奮」則明顯有種音階「由下而上/由低至高」的流向，故這個「上」聲可以顧名思義。

　　要辨別聲調，初學者可以記住上述例如「分粉訓墳奮份忽發罰」的聲調變化，然後將其聲母、韻母剝離，只剩聲調，配上其他單字，並試用同樣的聲調念誦。若嫌「分粉訓……」難記，尚可以數字記誦，因為由「零」至「九」共十個數字本身已包含九個聲調（其中「一」和「七」同屬陰入聲）。代表第一聲至第九聲的數字分別是「三九四零五二七（或一）八六」：

聲調	陰平(1)	陰上(2)	陰去(3)
例字	三	九	四
拼音	saam1	gau2	sei3

聲調	陽平(4)	陽上(5)	陽去(6)
例字	零	五	二
拼音	ling4	ng5	ji6

聲調	陰入(7)	中入(8)	陽入(9)
例字	七/一	八	六
拼音	cat7/jat7	baat8	luk9

掌握了聲調的調值，就可以調出一個聲韻母在各聲調的讀音。例如給你一個「衰[seoi1]」字，套入「三九四零五二」的調式，可以唱出「衰水稅垂緒睡」六字；給你一個「詩[si]」字，套入「三九四零五二」的調式，可以唱出「詩史試時市是」六字。

不是所有讀音都有字可寫。例如「登」字，有[ng]韻尾，即有相應的入聲韻，套入「三九四零五二七八六」調式，得出「登等櫈○○戥得○特」，其中的○符號就是「有音無字」的位置。

一個有趣的小知識：粵音「平上去入」四字，本身已各從「平上去入」四聲：「平」是陽平聲、「上」是陽上聲（讀「上落」之「上」；此字亦有陽去聲 [尚] 音）、「去」是陰去聲，而「入」是陽入聲。還有「陰」字本身正是陰聲字，屬陰平聲；「陽」字本身亦係陽聲字，屬陽平聲。

11

　　準確分辨粵音的聲、韻、調對理解「正讀」問題尤有幫助。但本書並非「廣東話教程」，故只能扼要介紹之。如想知道本書所用拼音方案「粵拼」的更多資料，可瀏覽 http://goo.gl/nKDTY。網頁內有粵拼介紹，更有網上教室和練習，俾能熟習其音標符號。

解・救・正讀

【解】

第二章
「正讀」簡介

　　這一章是本書上半部份【解】篇的開始。何文匯致力在香港推廣「粵音正讀」，曾出版的粵音著作，我所知道的有《粵音平仄入門》(1987)、《粵語正音示例》(1989)、《日常錯讀字》(1989，布裕民合著)、《粵音正讀字彙》(1999)、《粵音自學提綱》(2001)、《粵讀》(2007)和《廣粵讀》(2010)。他亦主持過一系列的「正音正讀」節目，計有《羣星匯正音》(1989，港台電視)、《正讀妙探顯神通》(1996，港台電視部)、《粵講粵啱一分鐘》(2004，香港電台)、《粵講粵啱》(2006，港台電視部)和《最緊要正字》(2006，TVB)。香港傳媒，不論電視電台，亦多有參考甚至跟從他提倡的「正讀」音。本書討論的，就是目前對香港粵音影響甚大的何文匯一派的「正讀」學說，及在何文匯的影響力之下，傳媒的讀音取態。

　　有些人對「正音」問題，會指出「讀音應該約定俗成」，從原則上反對何文匯提出的「正讀」。本書不打算單以此論說明「正讀」的原則應該如何，因為如果對「正讀」的概念、理據一無所

知，你說應該約定俗成，我說應該跟從正音學者的見解，最終只會各執一詞，互不相讓，而對「正讀」一事的認識，卻不會加深分毫。作者希望通過解釋何文匯的「正讀」學說，解答一般人對「粵音正讀」可能會有的疑問，使大家了解「正讀」的實際面貌，從而對這個問題有一個判辨是非的基礎。

第一節　本書討論範圍

為免誤會，談正讀前，有幾個概念問題先此說明。

「正音」和「正讀」

一般人大概會將「正音」和「正讀」視為同義，而兩者的確可以同義。不過，在推廣正讀的學者眼中，兩個詞語所指未必相同。如果按照他們的定義來看，本書探討的，屬「正讀」問題，不屬「正音」問題。

我不止一次看過有人對「正音」問題作類似發言：認同糾正像「恒生」讀成「痕身」的問題，卻不贊成例如「機構」必須讀「機究」而不能讀「機扣」。但又有人會說，你反對「正音」，贊成「機構」可讀成「機扣」，就不能要求將「恒生」讀成「痕身」的人糾正讀音，否則就是雙重標準。其實，將恒生讀成「痕身」和將機構讀成「機扣」這兩個讀音問題，並不全同。

```
┌─────────────────────────────────────────┐
│           正音（正確讀音）                │
│  ┌──────────────┐  ┌──────────────┐     │
│  │    正音      │  │    正讀      │     │
│  │  (吐字清晰)   │  │  (發音準確)   │     │
│  │              │  │              │     │
│  │ 相對：懶音    │  │ 相對：錯讀    │     │
│  │「恒生」讀成    │  │「矗立」讀成    │     │
│  │「痕身」      │  │「直立」      │     │
│  └──────────────┘  └──────────────┘     │
└─────────────────────────────────────────┘
```

　　上圖顯示了所謂「正音（正確讀音）」包含兩個範疇：狹義地專指「正音（吐字清晰）」或廣義地涵蓋「正音（吐字清晰）」和「正讀（發音準確）」兩方面。

　　「恒生」讀成「痕身」，屬於「正音（吐字清晰）」問題。與這種「正音」相對的是「懶音」。將聲母 n/l 混淆（如將「你[nei5]」讀成「李 [lei5]」）、將韻尾 n/ng 混淆（如將「恒[hang4]」讀成「痕[han4]」），即屬此類。

　　語言學者將這種現象歸類為涉及音位的系統語音變異。「恒」「痕」不分的人，實際上是沒有[-ng]/[-n]兩個音位對立的意識（他們不察覺[-ng]/[-n]韻尾是兩個不同的讀音），所以這些人亦不會區分其他性質相同的字音，例如「生[sang1]」和「身[san1]」、「剛[gong1]」和「乾[gon1]」。由於他們的「不分」是將[-ng]讀成[-n]，換言之，在這些人的語音系統中可以説是沒有了[-ng]韻尾。

17

　　但是，本書討論的例子，比如「友誼」是否得讀成「友義」、「機構」應讀成「機究」還是「機扣」一類，則屬非系統性的異讀，即上圖右方的「正讀」範疇。為免爭議，圖中用了一個誇張的例子：「矗立」讀成「直立」。「矗」應讀[cuk7 促]，當無異議。讀成[zik9 直]立，顯然是有邊讀邊的錯讀。與「正讀（發音準確）」相對的，正是「誤讀」或「錯讀」。這類讀音不是發音者語言系統的問題：雖然「構」大多數人讀[kau3 扣]而不讀[gau3 究]，卻不意味着這些人的語言中沒有了[g]聲母；你不會因為將「構」讀成[kau3 扣]不讀[gau3 究]便連「救、咎、疚、究、垢」都一併讀成[kau3 扣]，也不會因此而察覺不到「扣」「救」二字原來不同音。

　　「正音」和「正讀」各有所指，純粹是學者為方便描述由不同原因造成的異讀現象。而一般人通常以廣義的「正音（正確讀音）」問題概括兩者也沒有錯，因為就結果而言，「恒生」讀成「痕身」，當然不能算是正確讀音、「矗」讀成［直］亦當屬錯誤。只是同一個「錯」的結果可以有不同的致誤原因，將「正音」和「正讀」分開，就可以將「致誤原因」區別。則大家應該明白：同意將「機構」讀機［扣］，未必就不能反對將「恒生」讀成「痕身」、否則就是雙重標準。

　　本書不討論系統性的音位變異/相混，即「正音（吐字清晰）」問題。所以，書中大多數時候「正音」「正讀」二詞同義，均指「正讀（發音準確）」現象。如有例外，會特別指出。

別義與非別義異讀

討論「正讀」問題，環繞的是一個字的異讀音孰「正」孰「不正」的問題。所謂「異讀」，意思是同一個字有多於一個讀音。但「異讀」亦可分兩類。一類是有別義作用的異讀，即所謂「因音別義」。例如「差」字，有[caa1 叉]音，又有[caai1 猜]音。兩個讀音承載不同意義：

➤ 讀成[caa1 差]，有「成績差」（不好）、「差一點」（欠）、「落差」（不同）等義；

➤ 讀成[caai1 猜]，主要是「派遣」之意，例如差遣、差人、衙差。

兩個讀音不能隨便互換，例如「差遣」不能讀成[caa1 叉]遣。

至於另一類，就是沒有別義作用的異讀。「簷」字，傳統字典音[jim4 嚴]，今用於「簷蛇」；一般讀作[sim4 蟬]，用於「簷篷、屋簷」；老一輩又有讀[jam4 吟]，用於「簷篷」。三個讀音的意思並無分別。這一類沒有別義作用的異讀是粵音正讀問題爭議的重點，亦係本書集中討論的重點。所以，我見過有人用這類有別義作用的異讀（例如「差」字有［叉］［猜］二音、「覺」字有［角］［教］二音）做例，解釋「一字多音很正常」，以反駁當前正讀爭議中有學者「限用一個讀音」的做法，其實並不恰當。

19

口語變調

此外，粵音的口語變調亦不屬本書討論「正讀」的範圍。變調就是將一個字的本調改變，讀成另一個聲調。這在粵音極為常見。變調原因很多，有習慣使然的，有順口使然的，有外文譯音使然的。變調後調值多作陰平或陰上聲。以下是一些變讀成陰上調的例子：

例字	本來讀音	變調例	變調音	變調方式
架	gaa3 駕	支架、棚架	gaa2 假	陰去⇨陰上
房	fong4 防	廚房	fong2 仿	陽平⇨陰上
女	neoi5	乖女、傻女	neoi2	陽上⇨陰上
話	waa6	廣東話、電話	waa2	陽去⇨陰上

以下是變讀成陰平調的例子：

例字	本來讀音	變調例	變調音	變調方式
璃	lei4 離	玻璃	lei1	陽平⇨陰平
晚	maan5	今晚、聽晚	maan1	陽上⇨陰平
邁	maai6 賣	清邁	maai1	陽去⇨陰平

有些字會有兩種變調。

➤ 「頓」讀[deon6 鈍]，陽去聲。於「嘉頓」時讀嘉[deon2]，變調陰上；於「牛頓」時讀牛[deon1 敦]，變調陰平；

➤ 「人」讀[jan4]，陽平聲。「一個人」有一個[jan2 忍]和

一個[jan1 因]兩種讀法。

變調與否並無特定規則。例如「祠堂」會變調讀祠[tong2 倘]，「池塘」卻只會讀池[tong4 唐]。又「花園」慣讀「花[jyun2 院]」，但「花園街」則讀本調「花[jyun4 完]街」。

雖然變調多數變作陰平或陰上，但例外亦不罕見。例如「薄扶林」三字，依足本調應讀陽入、陽平、陽平[bok9 雹 fu4 扶 lam4 林]，但實際上人們習慣讀成[bok8 博 fu6 父 lam4 林]。

還有一些變調是由高調值變讀較低調值。「姐[ze2]」字，人稱汪明荃「阿姐[ze1]」，變讀陰平聲，卻叫關菊英「菊姐[ze4]」、梅艷芳「梅[mui1]姐[ze4]」，變讀陽平聲。「灣[waan1]」是陰平聲字，說「土瓜灣」、「長沙灣」卻會轉讀成陽平聲的[waan4 環]音。「銅鑼灣」以前也習讀銅鑼[環]，現在這個讀音多出自年長人士之口。還有「新加坡」的「加」，變讀陰去聲[嫁]。

有些人以為「正讀」等於禁止上述變調，遂據此反對「粵音正讀」。此說不確。一般來說，「正讀」問題，尤其聲調，主要是針對「讀書音」規範。「讀書音」的口語變調情況比「口語音」要少得多（但也不是沒有）。所以提倡「正讀」的人不是想要、亦不可能會禁止上述變調（起碼目前我看是如此）。

但另一方面，有些人聽到變調音，查字典卻查不到，便以為是對方讀錯。例如「劉備」，大家習慣將「備」（本音[bei6 鼻]）讀成劉[bei2 比]，居然有人說錯。甚至有電視台指令配音片集讀回本

調劉［鼻］。這只能用不幸來形容。因為如此一來，大概林黛玉、賈寶玉也要被「正」成林黛［肉］、賈寶［肉］；徐小鳳([fung2])也得被「正」成徐小[fung6 奉]，連她的暱稱「小鳳姐」（[siu2 fung2 ze1]）也得被「正」成「小奉者」。說起來這家電視台也將「伊甸」（慣讀伊[din1 顛])讀成伊[din6 電]。我不知他們會否有始有終地將「占士甸」讀成占士［電］、「布甸」讀成布［電］、「砵甸乍」讀成［撥］［電］乍。這裏的問題在於讀音決策者的識見，實與當前香港「正讀」問題的始作俑者沒有直接關係。這些讀音可能是有些想要「正讀」、卻對「正讀」問題一知半解，但又擁有讀音生殺大權的人所造成。近年雖然很多人將「正讀」掛在嘴邊，但實際上大眾對「正讀」的認識不見有所增加，反而在傳媒間出現的「怪音」卻增加了。我說的「不幸」正在於此。

第二節　正讀：正反之爭？

釐清了本書有關「正讀」的討論範圍，現在可以開始探討「正讀」或「正音」（均指「發音準確」方面）問題本身。先問一條問題：你支持「正音」嗎？

有人一聽到這個問題，會二話不說喊着支持。理由是：正音，就是正確的讀音。反對正音，就是反對「正確的讀音」。反對正確的讀音，即是支持「錯讀」。我們不會支持、提倡做錯事，怎麼可以支持、提倡不使用正讀，反去使用一個錯的讀音呢？

以上論述，絕非憑空想像。我親眼看過有人寫類似的話去反駁質疑「粵音正讀」的人。驟眼看來，這番話的確很有道理——「錯」的事情，即如偷竊、搶劫等行為，我們沒理由支持。那麼我們怎能有音不正，叫人放心使用「錯讀」？

在我研究正音問題之前，對於「正音」與否的爭拗，是作如下理解：

> 一派主張讀音應該約定俗成，讀音不必每個字都唯字典是問。一些字，人人都這樣讀，不管這個讀音字典收不收，依然是正確的讀音。

> 另一派主張讀音應有根有據。一個讀音要從字典——甚至是從歷史久遠的字典——找到根據，這個讀音才算正確。不應該因為一個讀音「很多人讀」便當成正確，因為這只是習非成是，我們不應該將「錯」的當成「對」的。

文明社會，一切講求有規有矩，不能亂來。「有根有據」派現時在學校、傳媒之間似乎佔着優勢。那麼，問題出在哪裏？如果「正讀」是這麼理所當然，又怎會爭拗不斷？難道反對者都是無理取鬧，企圖顛倒是非、混淆黑白？

在解釋之前，我先舉一些「有根有據」的「正讀」例子，供各位參考。

機構、結構讀機[gau3 究]、結 [究]；購物讀 [究] 物，大家想必熟悉不過。屋簷的簷，正讀是[jim4 鹽]，不能讀[sim4 蟬]；彌

補的彌，正讀是[mei4 微]，不能讀[nei4 尼]；校刊的刊，正讀是[hon1 預]，不能讀[hon2 罕]。這一類正音，大家應該也不會陌生。

但其實，要「有根有據」，正讀豈止這麼少？比如還有：

> 孕，正讀是[jing6 認]。「孕婦」正讀 [認] 婦。

> 必，正讀是[bat7 不]。「必須」正讀 [不] 須。

> 旭，正讀是[huk7 哭]。「旭日」正讀 [哭] 日。

> 泣，正讀是[hap7 恰]。「哭泣」正讀哭 [恰]。

> 打，正讀是[ding2 頂]。「打人」正讀 [頂] 人。

> 捐，正讀是[jyun4 沿]。「捐輸」正讀 [沿] 輸。

> 規，正讀是[gwai1 歸]。「規矩」正讀 [歸] 矩。

> 速，正讀是[suk7 叔]。「速度」正讀 [叔] 度。

有沒有搞錯？沒搞錯，這些都是千真萬確有根有據的正讀，絕無花假。好了，如果你支持正音，那麼，將孕婦讀 [認] 婦、速度讀 [叔] 度，你支持嗎？若你反對，就有問題了：這些都是正讀，你卻反對，即是你反對正讀。反對正讀，反對「孕婦」讀 [認] 婦，就是要支持可以繼續使用 [刃] 婦這個錯讀了。但我們既然不應支持做錯事，怎能夠支持一個錯的讀音呢？

面對這種質疑，應該如何回答？

第三節　釐清「正讀」議題

如果要為「正讀」找一個性質相近的詞語，我認為是「正義」。因為像「正義」、「正讀」一類詞語，其中的「正」字，本身已隱含一種正面的價值判斷，很容易令人有一種錯覺，某種事物有着「正」的名號，這事物就不證自明地擁有「正」這種「好的」、「恰當的」、「值得推崇的」特質。

不過，對於「正義」一詞，時人普遍有戒心。例如，若有人告訴你「騎劫行駛中的客機撞向摩天大廈」這種行為叫「正義」，並邀你加入他們一起去「伸張正義」，你只會認為這是一羣瘋子，決不會因為他們將這種襲擊活動定性為「正義」就去支持、擁護。你更不會協助他們抨擊反對這種「正義」的人，說反對「正義」即是宣揚「邪惡」，所以反對劫機者是邪惡化身。

但不知何故，一講到「正讀」問題，情況卻多數相反：當有人說「某字讀如某音」是「正讀」（或「正音」），很多人卻不是先去探究「正讀」的底蘊，反而單純因為「正讀」二字之中有一個「正」字，便以為是無容爭辯的真理，甚至會協助抨擊反對「正讀」的人，發表「怎麼可能支持讀一個錯的讀音」、「錯的讀音不會因為辯論勝出就會變成對」之類言論。

為甚麼會這樣？我的推測是，可能因為「語言」對很多人來說依然是一個神秘而陌生的課題，於是一有人出來提倡「正讀」，很

多人便想當然地以為這是重視語言的表現，所以一定是好事。

看待問題時，不應被一些字眼所賦予的先入為主的觀念所迷惑。所謂**「反對正讀」，不一定就是「支持錯讀」**，一如反對某些人的「正義」，不等於「支持邪惡」。若有人說某某行為代表「正義」，我們要對這種說法表示「贊成」或「反對」，就必須先處理一些基本問題：「正義」有沒有一個可供驗證的標準？若有，我們又是否一定要接受這個標準？

同理，若有人說「某某音是正讀」，我們亦起碼應先搞清楚：

➤　　「正讀」有沒有一個可供驗證的標準？

➤　　我們是不是一定要接受這個「正讀」標準？

那麼，何文匯博士又寫書，又做電視，教大家「正讀」，他那些「正讀」是如何定出來的？

第四節　何文匯的「正讀」標準

講到「正讀」標準，何文匯毫不含糊：**「正讀」，就是以《廣韻》的反切為標準。**他在「粵語正音及粵音正讀標準我見」一文說 (粵音教學紀事，P.151)：

> 粵音是《廣韻》音系的遺裔，所以我心目中的粵音正讀是以《廣韻》反切為標準的。

另外，他在《粵音平仄入門／粵語正音示例》序言指：

> 粵語讀音應當依據《廣韻》。

同書並謂(P.38)：

> 所謂正確讀音，主要是參考《廣韻》的切音而得出來的……時至今日，我們還是奉《廣韻》的切音為圭臬。

又《粵音自學提綱》(P.67)：

> 要掌握正確粵讀，便要懂得用粵音字典和切音字典……不少粵音字典擬音時是漫無標準的，所以並不一定可靠。切音字典收的是中古切語，由每個方言各自推敲正讀，反而更覺可靠。

他與布裕民合著的《日常錯讀字》，布裕民在「編者的話」更謂：

> 粵語的讀音，是有明確的標準的。這些標準音，早已記錄在《廣韻》中，而當時是用反切來注音的。

種種證據顯示，何文匯的「正讀」依據，就是一本叫《廣韻》的書。這解答了「正音」的標準問題。標準是很清晰了，不過這個標準，是否一個「公認標準」，非接受不可呢？我們卻似乎無法從上引數段得到明確答案。

因為如果《廣韻》是何文匯「心目中的粵音正讀」的依據，那就是說，用《廣韻》來為粵音定正讀，是何文匯「希望如此」、「主張如此」。

　　不過如果說「粵語讀音應當依據《廣韻》」、「我們還是奉《廣韻》的切音為圭臬」，甚至如布氏所言粵語讀音「是有明確的標準」，那就是說，用《廣韻》來為粵音定正讀，是「事實如此」、故「應該如此」。

　　那麼，到底《廣韻》這個標準，是「事實上」的標準，抑或只是某些人「心目中」的標準？何博士以《廣韻》為正讀之意甚彰，到底這純屬一家之說，還是一個普世價值，港人（甚至全球粵人）必須遵從，不容挑戰？

　　那就要問，例如政府可曾立法規定大家讀粵音必須「奉《廣韻》為圭臬」？又或者在知識份子的圈子裏，是否人人都抱持「奉《廣韻》為圭臬」想法？在民間，又是否在沒有人為干預之下，人人自動自覺，依賴《廣韻》去讀每一個字音，成為一種心照不宣、隱性的社會契約？

　　翻查資料，我看到 1980 年 10 月 10 日《華僑日報》中國語文信箱回答有關正讀問題時，指出粵音尚未有一個官方統一標準：

> 粵音的字音還沒有規範可資遵循，上述混亂是在所難免的了……就因為粵語的字音沒有規範，要考慮哪本字典的粵語注音較正確的時候還要一并考慮怎樣的字音才算正確。

　　而我亦找不到有甚麼紀錄證明政府曾經刊憲確認《廣韻》在粵音正讀的地位。

　　至於民間，大家身為粵語使用者，不妨問問父母，閣下出生時，他們有沒有代你簽署聲明，確認閣下的粵音，必須「奉《廣韻》為圭臬」？又或者原來社會大眾已經約好，只要你在香港出生，就有「奉《廣韻》為圭臬」的義務？

　　若民間粵讀向來遵從《廣韻》，我們根本不必勞煩何博士來「正」我們的讀音。當每個人的讀音都以《廣韻》為標準，有某人忽然斗膽不從《廣韻》，必會有其他人拿出《廣韻》去糾正此人讀音。何文匯博士說「我們日常讀錯的字，可謂不勝枚舉」(粵音平仄入門，合訂本 P.38)，大概正因我們這幫刁民當《廣韻》無到。

　　明乎此，我們應能肯定，所謂 **「粵音正讀以《廣韻》為標準」，純屬個人主張，既非公認標準，更非絕對真理。** 所以，何文匯提出的「正讀」，準確點說，應該是「何文匯本人認為是正確的讀音」，故稱為「何氏正讀」，甚至不用「正」字，改稱「何氏粵讀」、「何氏音讀」，諸如此類，較為妥貼。如此亦可避免一些人望文生義，看到「反對正讀」就產生「反對正讀難道要支持錯讀」的聯想。不過本書着眼於何氏音讀之「實」，只要大家認清事實，何博士以「正」字命名自己根據「切音字典」「推敲」出來的「可靠」讀音，作者並不在意。所以本書仍沿用「何氏正讀」或「正讀」稱呼。

　　何博士發表他「心目中的粵音正讀」標準這個「我見」，問題不大。但如果讀者有看過何博士和一些中文大學學者主持的「正讀」節目（例如《最緊要正字》），應會知道，他們不會說一個讀

音的正誤是何文匯的「我見」，而是將何氏「心目中的粵音正讀」看成是「正音」，並將不符他「心目中的粵音正讀」稱為「錯讀」。**也就是說，不知何時，這個「我見」，忽爾移形換影，在電視電台的「正音」節目中變成一個「明確」、「應當遵從」的「客觀標準」。**此舉實有誤導之嫌。

當然，平情以論，「粵音標準」雖疑遭暗渡陳倉，學者主持節目時亦有欠坦白，沒有告訴我們「用《廣韻》做標準定正誤」只是他們的看法，卻不表示這一定是壞事。但話說回來，有些人以為用《廣韻》做標準是不容挑戰的真理、因為「正」所以「正」，亦只是想當然。將這個主張拿出來「驗屍咁驗」，不是甚麼冒天下之大不韙的禁忌。

大家現在應已知道，何文匯等人主張用《廣韻》來做粵音正讀的標準。但《廣韻》是甚麼？布裕民提到《廣韻》是用「反切」注音，「反切」又是甚麼？下一章會逐一介紹。

第三章
從廣韻看何氏正讀

　　何文匯以《廣韻》為正讀，在他的著作中經常引用《廣韻》來否定我們的日常讀音。例如「刊」字，他說「日常錯讀」是[hon2 罕]、「粵音正讀」是[hon1 頑]，原因是《廣韻》「苦寒切」。「銘」字，他說「日常錯讀」是[ming5 茗]、「粵音正讀」是[ming4 名]，原因是《廣韻》「莫經切」。同樣地，他和一些中文大學學者，主持「正音正讀」節目時，亦會引用《廣韻》的「乜物切」來解釋一個字的「正讀」。

　　《廣韻》和這些乜切物切，到底有何「把炮」？何文匯等學者引用《廣韻》，是不是因為《廣韻》所收的，就是廣州話/廣東話的讀音？有人批評這些學者「以廣韻音為正」的主張是要恢復古人的讀音，又是否正確？

> 粵語、廣東話、廣州話、廣府話一類稱呼有其廣義狹義所指，甚至有人否定「廣東話」一詞。本書不欲參與各稱呼及其指稱的種種爭拗，交替使用，純為避免行文過於單調。本書討論的是香港的粵音情況，使用上述名稱時，所指均為目前在香港地區通行的粵語（廣州音）系統，即「香港粵語」，敬請留意。

　　編寫本書之前，網上不時出現有關正讀的討論，而作者偶有參與其中，其中一次印象尤深。我自然是對一些何文匯博士提出的「正讀」置疑，卻遭反駁謂：讀了幾千年都是那個音，居然要反對，這些反對「正讀」的人（即本人）不可理喻。何文匯提倡的「正讀」，是不是真的歷千幾年甚至幾千年不變？

　　以上問題，本章會一一解答。首先要講的，就是《廣韻》。

第一節　廣韻簡介

　　《廣韻》是一本宋朝韻書。所謂「韻書」，就是按照字音歸納漢字的書。

　　現在大家如果想知道一個字的讀音、釋義，通常會去查字典。現代字典較常見的檢字方法是「部首檢字法」。「韻書」跟字典一樣，有釋義，有讀音，分別是用者須憑「韻」檢字。韻書是為滿足當時文學創作的需求而編，所以會將同韻字放在一起，以便詩文押韻。要留意的是，古人用來押的「韻」與今日我們所講的「韻母」不盡相同。關於這一點，稍後會再作說明。

　　韻書在魏晉南北朝時期大量出現。文獻記載最早的韻書是三國時期魏人李登的《聲類》，《聲類》之後又有呂靜《韻集》、夏侯詠《四聲韻略》等等。這些書都消失在歷史洪流之中，其實際內容、體例如何，現在已無從得知。

　　而陸法言在隋朝主編的《切韻》是現存最早出現的韻書，書成於公元 601 年。《切韻》雖存，卻只餘殘片。基於《切韻》並不完善，不少學者就對《切韻》進行增補修訂，例如有唐代王仁煦《刊謬補缺切韻》、孫愐《唐韻》等等。這些著作亦多已亡佚，或只餘殘卷。

　　《切韻》、《唐韻》之後，就是何文匯用來做粵讀依據、對漢語語音史影響甚大的《廣韻》，全名《大宋重修廣韻》。公元 1008 年，陳彭年等人奉詔修訂《切韻》、《唐韻》等韻書，是為《廣韻》，是現時保存得最完整的一部早期韻書。**《廣韻》的「廣」是「增廣」前作之意，千萬不要以為是「廣東話」的意思。**

　　《廣韻》之後還有《集韻》。學者研究得知，《切韻》、《廣韻》和《集韻》所載語音體系一脈相承，所以這些韻書一般概括稱為「《切韻》系韻書」，以《廣韻》為代表。又因《廣韻》之前的韻書殘卷是在清末民初才陸續發現，而《廣韻》承自《切韻》，所以清代學者都將《廣韻》當成《切韻》或《唐韻》來研究。例如陳澧《切韻考》、顧炎武《唐韻正》，所「考」所「正」的實際上是《廣韻》。

> 何文匯除以《廣韻》《集韻》作為「正讀」的主要依據，個別單字亦有參考其他古籍。為簡單起見，一般都用「以《廣韻》為正讀」概稱其立場。

　　《集韻》之後影響較大的韻書就要數到元代的《中原音韻》。但此書紀錄的是北音音系，與《切韻》所載的語音系統大不相同。

回說《廣韻》，其編排與體例如下：

（一）《切韻》原為檢索詩詞同韻字而編。古詩押韻講究平仄，即平聲字必須押平聲字、上聲字必須押上聲字，去、入聲亦同。所以韻書的「韻」已經包含聲調，「東[dung1]」、「董[dung2]」、「送[sung3]」雖然「韻母」相同，卻分屬不同「韻」，故不能相押。這是「韻母」和「韻」的第一個分別。《廣韻》將平、上、去、入四聲的字分輯成卷，平聲字多，再分成上下兩卷，《廣韻》遂有上平、下平、上、去、入共五卷；

（二）每卷之內按「韻部」分類，同一韻部的字可以用來押韻。古時沒有拼音符號，要表達韻的種類，就得求諸漢字本身。《廣韻》編者會在同韻字中選一個代表字作為標目，寫在目錄；

（三）每個韻部中，同音字類會放在一起，並用符號（一個小圈）分隔讀音不同的字；

（四）同音字類中，第一個會注明讀音；每個單字之下用小字釋義。

有道是「沒圖沒真相」，下面就附上《廣韻》的目錄頁。圖中「東第一」就是指平聲上卷第一個韻部「東韻」，「東」是整個韻部的代表字。然後「冬第二」即第二個韻部「冬」。

圖片轉自《新校宋本廣韻》，洪葉文化事業有限公司 2001 年版。此書以澤存堂翻刻宋本廣韻為底本，參照諸家校釋，刊謬補闕，並加注聲韻類等資料方便參考。圖中的羅馬數字頁碼和最左方的電腦楷書字體即為出

版社加上，並非原貌。韻部下方那些「同用」、「獨用」小字是古時科舉考試用，非本書討論範圍。本節有關韻書和反切的知識，屬漢語音韻學範疇，非三言兩語可盡釋。為緊貼題旨，只能刪繁就簡，擇其要而述之。

廣韻上平聲卷第一

上平韻	韻名	同用/獨用	上聲數	韻名	同用/獨用	去聲數
德紅	東第一	獨用	22	都宗 冬第二	鍾同用	32
職容	鍾第三		34	古雙 江第四	獨用	38
章移	支第五	脂之同用	40	旨夷 脂第六		50
止而	之第七		58	無非 微第八	獨用	63
語居	魚第九	獨用	66	遇俱 虞第十	模同用	72
莫胡	模第十一		80	祖美 齊第十二	獨用	86
古膎	佳第十三	皆同用	92	古諧 皆第十四		94
呼恢	灰第十五	咍同用	96	呼來 咍第十六		98
職鄰	真第十七	諄臻同用	101	之純 諄第十八		106

七百 【韻上平】一東 七 宋瑉

然後是「東韻」的內容頁：

【韻上平】一東

七百　　　　　　　　　　　　　　　　　　　　　　　七　　宋珛

側　臻第十九
佉　文第二十　欣同用　　108　　109
許　欣第二十一　　112
語　元第二十二　魂痕同用　　113
戶　魂第二十三　　116
戶　痕第二十四　相同用　　120
安　寒第二十五　　120
官　桓第二十六　　123
冊　刪第二十七　山同用　　127
所　山第二十八　　129

一東

東　春方也說文曰動也从日在木中亦東風菜廣州記云陸地生菫……英賢傳云今高密有東鄉姓宋本宋大夫東鄉為執……公封于忱後以為氏又漢複姓十三氏左傳魯……又漢有東宮得臣又有東關嬖五神仙傳有東陵聖母……前漢東方朔曹瞞傳有南陽太守……又東里昆何氏姓苑有東萊氏有　菄　上注俗加艸　鶇　鶇鳩鳥名亦作鶇　辣　出廣雅亦作辢　德紅切十七

……

可以看到東韻的頭一個字正是其韻目「東」（上圖標記 1）。「東」字條下有一大串此字的解釋（春方也……《何氏姓苑》有東萊氏），最後寫着「德紅切十七」（標記 2）。「德紅切」是「東」及其後同音字的讀音，「十七」是指「德紅切」條有 17 個同音字，即東、菄、鶇、辣……一直到䰃。䰃字之後的小圈代表「東」的同音字到此為止（標記 3）。然後就到第二組「同」字，解「齊也」，讀音「徒紅切」，有 45 個同音字。

至此大家應該大約知道《廣韻》的面貌。其中最令人費解的，

36

應是讀音一環。「東」字「德紅切」，「同」字「徒紅切」，是甚麼東西？其實，這正是《廣韻》一類韻書為單字注上讀音的方法，稱為「反切法」。

第二節　反切法

之前講過，《廣韻》的「廣」，並非「廣東話」。那麼學者又怎能憑它訂定粵音？關鍵就在《廣韻》使用了「反切」注音方法。

古人沒有拼音符號幫助，要描述一些不能用直音法表示讀音的字，相當困難。他們曾經嘗試不同方法，例如創製「讀若」、「外言」、「急言」甚至「縱橫」之類術語去解釋讀音（例如「旄，讀綢繆之繆，急氣言乃得之」）。但要是你不知道這個字的讀音，看了這些抽象解釋，仍只會茫無頭緒。

及漢代，佛教自印度傳入，梵文的拼音原理啟發了當時的人開始去分析漢字的音節結構，並發展成一種獨特的拼音方法，稱為反切。反切法的出現，促成了大量韻書的誕生。簡單來說，反切法就是將一個字的讀音「切」成兩部份，然後用另外兩個字去分別代表這兩個被「切」開的讀音部份。

在「東：德紅切」這個反切中，我們稱「東」為「**被切字**」，「德」是「**反切上字**」，而「紅」就是「**反切下字**」。「德紅切」的「切」《切韻》原作「反」。皇帝不喜歡人反反聲，有人遂改

「反」作「翻」，而官訂的《廣韻》則易「反」為「切」。

那麼，我們如何用「德」和「紅」得出（或切出）「東」這個字的讀音呢？複習一下：粵語讀音可分為聲母、韻母、聲調三部份，聲調則由「陰、陽」和「平、上、去、入」組合而成，再加中入聲。而用反切拼出讀音的法則就是：

➤　「反切上字」負責「被切字」的聲母、陰陽；

➤　「反切下字」負責「被切字」的韻母、平上去入。

也就是說，「東：德紅切」的意思是：

➤　「德」代表「東」的聲母、陰陽；

➤　「紅」代表「東」的韻母、平上去入。

以前沒有拼音符號幫忙，難以用文字表達反切切音法門，古時有人甚至形容反切為「絕學」。現在用拼音示範，可以說將學習門檻降低不少。先將「德」「紅」二字的聲、韻、調分列如下：

	拼音	聲母	韻母	陰陽	平仄
德	dak7	d	ak	陰	入
紅	hung4	h	ung	陽	平

按照反切規則，我們取反切上字「德」的聲母[d]、反切下字「紅」的韻母[ung]；配上反切上字「德」的陰陽——即陰聲、反切下字「紅」的平上去入——即平聲，便可得出以下結果：

d + ung + 陰 + 平 ＝ [dung 陰平] ＝ [dung1]

正是我們現在的「東」字讀音。以下再舉數例：

師，疏夷切

	拼音	聲母	韻母	陰陽	平仄
疏	so1	s	o	陰	平
夷	ji4	j	i	陽	平

得出讀音：[si1 斯]。

船，食川切

	拼音	聲母	韻母	陰陽	平仄
食	sik9	s	ik	陽	入
川	cyun1	c	yun	陰	平

得出讀音：[syun4 旋]。

止，諸市切

	拼音	聲母	韻母	陰陽	平仄
諸	zyu1	z	yu	陰	平
市	si5	s	i	陽	上

得出讀音：[zi2 紙]。

墾，康很切

	拼音	聲母	韻母	陰陽	平仄
康	hong1	h	ong	陰	平
很	han2	h	an	陰	上

得出讀音：[han2 狠]。

歲，相鋭切

	拼音	聲母	韻母	陰陽	平仄
相	soeng1	s	oeng	陰	平
鋭	jeoi6	j	eoi	陽	去

得出讀音：[seoi3 税]。「相」亦可讀陰去聲，但不影響結果。

郁，於六切

	拼音	聲母	韻母	陰陽	平仄
於	jyu1	j	yu	陰	平
六	luk9	l	uk	陽	入

得出讀音：[juk7 沃]。

　　韻書用反切法為漢字注音，而反切所用，皆為漢字。所以理論上你可以用廣東話、普通話、客家話、閩南話來切「德紅切」，並根據各個方言「德」字和「紅」字的聲、韻、調，拼出屬於符合該語言系統的「東」字讀音。這解答了為何《廣韻》不是記載粵音卻

可以用來做粵音正音的標準——其實它甚至可以用來做其他方言的正音標準。

但是，可以這樣做是一回事，這樣做有沒有問題又是另一回事。雖然反切注音法從結果來看是獨立於任何方言，但《廣韻》編者當年制訂反切時，背後理應有一個實際存在的語言系統作為反切注音的基礎。若這個語言系統與粵語近同，利用廣韻反切找出粵音，當無問題。否則，切出來的讀音也可能只會不倫不類。上述數例，用反切法得出的讀音正好符合實際粵音，一切似乎很順利，世界看來很美好。但事實上，《廣韻》的反切應用在當今粵語是否真能暢通無阻，永無撞板？

第三節　反切撞板例

「誇」字，《廣韻》「苦瓜切」。且看若依據反切規則拼讀，此字應讀何音？

	拼音	聲母	韻母	陰陽	平仄
苦	fu2	f	u	陰	上
瓜	gwaa1	gw	aa	陰	平

得出讀音是[faa1 花]。但這個字我們一般讀[kwaa1]，聲母顯然不同。那麼，所謂「以《廣韻》為正讀」的意思是不是我們應該將「誇張」讀做 [花] 張才「正」、將「浮誇」讀做浮 [花] 才「正」？

41

也有一個可能，會不會是「苦瓜切」中，我們將代表聲母的反切上字「苦」讀錯了，因而切出錯誤的 [花] 音？於是又查《廣韻》，「苦」字原來是「康杜切」：

	拼音	聲母	韻母	陰陽	平仄
康	hong1	h	ong	陰	平
杜	dou6	d	ou	陽	去

得出讀音[hou3 耗]。事情似乎更加撲朔迷離了——不談「苦」字的反切讀音與現實讀音[fu2]的差異，既然「康」字讀[h-]，難道「誇」其實不應讀[faa1 花]而應該讀[haa1 蝦]？「誇」的反切上字是「苦」，「苦」的反切上字是「康」，既然「上字定聲母」，誇、苦、康三個字的聲母理應相同，但實際上卻出現了[kw-]、[f-]、[h-]三個結果。這到底是甚麼回事？

是反切規則有誤？還是我們讀音真的極之「不正」？

事實一：反切規則在這些字中其實適用。

事實二：我們將苦讀[fu2]、誇讀[kwaa1]，並不算錯。

真正的問題是，上面將反切上下字套入粵音系統找出讀音的程序，本身包含了一個假設：一千年前《廣韻》編者制訂反切時的所依據的聲、韻、調關係，到了今天完全沒有起變化。**而這個假設是錯誤的。**

第四節　語言的變化

古漢語的歷史階段

　　知否世事常變？變幻原是永恒。《廣韻》初刻，距今千年。難道千年以來，語音不變？董同龢《漢語音韻學》開宗明義(P.2)：

> 從我們的祖先到現在，語言是天天變的。假如現代人能與古人會面一定不能互通語言。我們用的方塊字，它的變化速度趕不上語言的千百分之一。

因此研究古音的學者依時代將古漢語分為數個階段(古音之旅，P.127)：

階段	時期
上古音	周、秦、兩漢
中古音	魏晉六朝、隋、唐、兩宋
近代音	元、明、清

　　隋代《切韻》、唐代《唐韻》、宋代《廣韻》《集韻》都是「中古音」的代表典籍。但正如語言學家竺家寧指出(古音之旅，P.128)：

> 分期只是為研究上的便利，實際上，語言是漸變的，不是突變的，並不是說這一期和下一期的交接點上才發生了突然的變化。每一期的前段和後段也會有語音上的不同，因為變化是漸進的、累積的。

　　所以，上述分類不是說，漢代人人讀音遵用上古音系，到了魏

晉時期，一覺醒來，便「叮」一聲忽然人人悉依中古音韻。在同一
階段，例如從魏晉到兩宋逾千年間的「中古音」階段，語言依然在
持續變化，其差別之大，竺教授還特別提醒研究音韻學的人「至少
應該分清楚，中古音哪些現象是早期的，哪些現象是晚期的」。《切
韻》、《廣韻》所承載的音系是屬於早期的中古音系統。

　　古時的人多無「語言會變化」觀念，以為語音千年一貫。例
如，屬於中古音時期的學者，讀先秦時期屬於上古音系的《詩經》
內的詩歌，遇有不押韻情況，會用一些奇怪的理由去解釋。例如有
人主張不協韻是傳抄之誤，要改成另一個字才對；又有人主張應臨
時改變不押韻字的讀音使其押韻。到了明代，陳第才對這種「不協
韻」的現象有一個科學的說法。他在《毛詩古音考》（毛詩即《詩
經》）闡明：「時有古今，地有南北；字有更革，音有轉移，亦勢所
必至。」並在《讀詩拙言》謂：「一郡之內，聲有不同，繫乎地者
也；百年之中，語有遞轉，繫乎時者也。」明確指出語言會隨時間變
化。陳第的見解，為當時的古音研究打開了一條嶄新的道路。

　　「語言會變化」這一事實給我們的啟示就是：

> ➤　**沒有一個語言系統會歷千年而不變。**今日的語音與一千
> 年前的中古語音絕不會完全相同。

> ➤　**沒有一個讀音是與生俱來的「正」。**既然「今音」與
> 「中古音」不同，「中古音」與「上古音」就更不可能
> 一樣。就算將現時的「粵音正讀」籠統地視為「以中古
> 音（反切）為正」，我們也只是選擇一個歷史時期的讀

音將之奉為「正音」，卻不表示這些讀音擁有着與生俱來、不證自明的「正」的本質。

所以，有些人以為學者提倡的「正讀」就是一個**歷數千年不變**的**原來讀音**，其實大錯特錯。

那麼，為甚麼有人會主張用《廣韻》來做粵音正讀的根據呢？原來，語言學者發現，雖然語言會變化，但卻不是亂變一通，而是根據特定的條件而出現特定的變化；同一條件之下，按道理應該出現相同的變化。王力《漢語音韻》(P.56)：

> 我們不能說現代所有方言的語音系統都是從切韻系統發展來的；有些方言在六朝以前就跟標準語分開了。但是，即使是這樣，方言與切韻系統仍舊存在着對應規律。根據切語系統來調查方言仍舊是可行的。

這個「對應規律」，就是促成學者使用《廣韻》來做粵音正讀標準的原因。

但為甚麼不用「近代音」做粵語正音的根據呢？原因是近代如《中原音韻》所反映的系統，不接近粵音，倒接近北音。例如《中原音韻》將聲調分為陰平、陽平、上、去四聲，沒有入聲，正是北音系統。反而粵音保留較多切韻音系的中古時期語音現象，例如中古音的平、上、去、入四聲，在粵語完整保留。再者，《中原音韻》只反映一時一地的語言現象，與《廣韻》兼賅古今南北的系統不同。所以《中原音韻》與粵音沒甚麼可比性。

雖然《中原音韻》與國音系統相近，但今日的國音亦非循「《切韻》系統⇨《中原音韻》系統⇨現代國音」的模式直線演化而成。所以即使是國音，要做古今音變化的研究，比較的對象主要仍是中古音系(漢語音韻學，P.209)。此外，嚴格來說《中原音韻》其實仍有區分入聲，不過已不如中古時期-p/-t/-k 三分天下的局面。例如「覓蜜」韻「入聲作去聲」覓、蜜同音，「家麻」韻「入聲作平聲」達、踏同音，可見當時三個入聲韻已有相混，與粵音-p/-t/-k 依然涇渭分明的情況不可同日而語。

廣韻的語音系統

為免誤會，在這裏花一點篇幅指出：《廣韻》雖是宋代韻書，反映的卻不盡是宋朝語音。《廣韻》在公元 1008 年編寫，與它的前身《切韻》相距四百餘年（《切韻》序寫於公元 607 年）。六朝時期，反切興起，韻書蜂出；根據《切韻》編者陸法言所述，編寫《切韻》，乃不滿當時韻書，各地不同，分韻有異，詩文押韻，不便通行，於是「論南北是非、古今通塞」，設計出適合全國各地分韻體系的韻書。王力對此的評語是(中國語言學史，P.81)：

陸法言在序裡說明是「論南北是非，古今通塞」，我們就應當把它看成是兼包古今方國之音，而特別以古音為準的書。所謂「南北是非」，實際上是說合於古則是，不合於古則非；所謂「古今通塞」，實際上是說合於古則通，不合於古則塞。……以古音為準，仍然是古代士大夫的信條。這樣，《切韻》所代表的語音系統比成書時代的語音系統更古[。]

基於《切韻》的存古傾向，加上但凡字典辭書收錄的語言現象都會滯後於實際情況，可以相信**它所代表的語音系統比成書時代**

（隋朝）的語音系統更古，例如南北朝時期。就算假定《切韻》反映的確是隋代語音，但《廣韻》其實是承襲《切韻》的語音系統框架，兩者音系基本相同。所以，宋代《廣韻》代表的仍是數百年前隋朝的《切韻》系統。結果是，有些《廣韻》收錄的反切已經無法反映當時的實際語音狀況。

有關這一點，可以用語言變化中的「古無輕唇音」解釋。「古無輕唇音」是清代學者錢大昕提出的語言變化規律。為簡單起見，在此用粵語解釋這個現象。粵語「重唇音」指的是[b]/[p]聲母的讀音，而「輕唇音」就是指[f]聲母的字。「古無輕唇音」意思就是，中古後期讀成輕唇[f-]的字，古代都讀重唇[b-]或[p-]。

粵口語還保留了一些字的重唇音讀法。例如「仆」字，書面語音[fu6 赴]，口語讀[puk7]；「浮」字，書面語讀[fau4]，口語讀[pou4 蒲]（如「浮頭」，現多作「蒲頭」）。還有「伏」字，「埋伏」讀埋[fuk9 服]，口語「伏佢」讀[buk9 僕]佢。此外，「番」字讀[faan1]，「番禺」的「番」則讀[pun1 潘]，正是保留舊讀。從番、潘二字可知，「古無輕唇音」亦可以解釋一些形聲字的讀音關係，例如「捧[pung2/bung2]」之所以用「奉[fung6]」做聲符，正是因為古時「奉」不是讀[f-]而是讀重唇[b-]/[p-]，二字讀音相近。

> 本節旨在以粵語的一些存古讀音，解釋中古前期某些讀成[b-]或[p-]的字在中古後期讀成[f-]這一變化。在現代粵語中，讀成[f]聲母的字，尚有其他聲母來源，不盡是由古時的[b-]或[p-]演變而來。

輕唇音的分化，王力認為是在晚唐、五代之間開始(聲韻學，

P.306)。但《廣韻》反切因襲前作，故仍未區分輕重唇。例如「卑：府移切」、「頻：符真切」，就是用輕唇聲母切重唇字，當時的人逕用這些反切拼讀字音便會發生問題。《廣韻》在每卷末附有「新添類隔今更音和切」，將「類隔切」（與當時實際讀音失去對應的古代反切）改成「音和切」（與實際讀音諧協的反切），例如「卑」改注「必移切」、「頻」改注「步真切」，以作補救。

第五節　中古音演變

正因語言會變化，「中古音」與「粵音」分屬兩個系統，而《廣韻》反映的是前者，即中古音系統的讀音，所以看到「誇：苦瓜切」就不能因為「苦」字粵音讀[f-]而認定中古音一樣讀[f-]。正確的做法是了解《廣韻》系統與粵音的關係，再從反切推演粵音。

依然用「誇」字做例。要根據反切拼出讀音，必須先找出反切上字的「聲類」和反切下字的「韻類」。《廣韻》並無同一「類」的聲韻母就用同一個反切上下字的做法，但只要看到「誇：苦瓜切」和「苦：康杜切」就可以知道其實當時誇、苦、康三字的聲母都是相同的，也就是「誇」本身亦可以寫成「苦杜切」。研究音韻的學者用不同方法將反切整理，得出《廣韻》的語音系統有多少個聲（反切上字）類、韻（反切下字）類，再找一個代表字概括這些類。例如「德、都、東、顛」的聲母代表字是「端」，學者會說這些字屬「端母」或「端組」；「誇、苦、康」的聲母代表字是

「溪」，所以會説這些字屬「溪母」。

至於「韻」，道理大同小異。相比聲母，古人對「韻」比較講究。但韻書的「韻」（亦即詩文押韻的「韻」）與我們講的「韻母」並不完全相同。請看下圖(根據尉遲治平 2003 的附圖製作)：

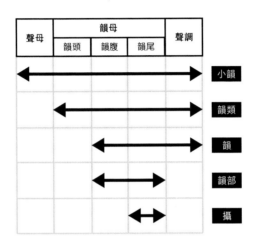

第一行「小韻」是一個完整字音，亦即是一個反切，可以不論。第二行「韻類」撤除了反切上字代表的聲母，亦即反切下字包含的部份——韻母和聲調。至於第三行，指的是《廣韻》目錄頁上「東韻」、「冬韻」、「鍾韻」、「江韻」一類的「韻」，原來不包括韻頭。至於我們一般説的「韻母」，則撤除聲調，但包括「韻頭、韻腹、韻尾」三個部份。

所謂「韻頭」即是介音。粵語沒有介音，得用普通話説明。例如「逍遙」漢語拼音拼作[xiao yao]，其韻之頭腹尾分別如下：

	聲母	韻母	韻頭	韻腹	韻尾	平仄
逍	x	iao	i	a	o	平
遙	y	ao		a	o	平

上表顯示，逍遙二字雖然韻母不同，但韻腹和韻尾相同，加上二字均屬平聲，故在韻書體例上算是同韻（事實上二字在《廣韻》同屬平聲「宵」韻），但反切下字的讀音並不相同。由於古人的「韻」針對的只是聲調和韻腹、韻尾的諧協而不包括韻頭，所以《廣韻》的一個「韻」可能包含不止一個「韻母」。學者必須進一步分析同一個「韻」之下各小韻的反切下字來考證《廣韻》實際上有多少個韻母。

這些知識對解釋「誇：苦瓜切」有甚麼幫助？以下一一說明：

1. 「苦」字在中古音屬「溪」母。原來，「苦」字讀[f-]，是變化後的狀態，我們用反切推導讀音，必須從其原始狀態入手。「溪」母字中古擬音是/kʰ/（古音音位一般會用 IPA 描述），對應粵音即是[k]。所以，「誇」的聲母可先擬作[k]。

2. 「瓜」字屬於有/u/介音的韻。粵語雖然沒有介音，但若中古韻母的起音有/u/成份，遇到/k/、/kʰ/（即[g]/[k]）聲母時，在粵音仍會保留/u/音的圓唇特徵。在粵音系統中這個圓唇特徵會併入聲母，並以[gw]/[kw]表示。既然「誇」的聲母初步擬作/kʰ/（=[k]），而「瓜」字有/u/介音，這個介音就得當成聲母的一部份處理。所以「誇」的聲母是[kw]。

3. 「誇」的聲母是[kw]，韻母是[aa]，陰平聲，拼出來就是
[kwaa1]，與現實中的「誇」字讀音相同。

而為甚麼「苦」字會讀[fu2]呢？這又是語音變化的結果。

1. 「苦」的反切是「康杜切」。聲母方面，「康」一樣屬
溪母，原始狀態是/kʰ/（=[k]）。原來，/kʰ/的聲母會有
一弱化現象，/kʰ/弱化之後，/k/的音素消失，只餘下/h/
（=[h]）。「苦」的反切上字「康」之所以讀[hong1]不
讀[kong1]就是弱化的結果。而[h-]遇上[u]韻會再變成[f-
]_(漢語音韻學，P.151)。「苦」讀成[fu2]即屬此例。

> 中古音另有一類「曉」母字，粵音聲母讀[h]，若遇上[u]韻同樣會變成[f]
> 聲母，例如「虎」字。

2. 韻母方面，「苦」的反切下字「杜」屬「模韻」，今讀
[u]或由這個韻變出而生的[ou]_(漢語音韻學，P.168)，所以
「苦」讀[fu]並沒有錯。

3. 至於聲調，杜字我們今讀[dou6]，陽去聲，但其實古時
這個字讀上聲。中古音有一種叫「陽上作去」的變化，
某些本來屬陽上聲的字，後來不知何故變成陽去聲。
「杜」字在《廣韻》收在上聲卷，自然讀上聲，處理反
切時必須先將之還原。「康」的陰聲加上「杜」的上
聲，「苦」就讀陰上聲[fu2]。

看到這許多解釋，大家應該了解：**要用《廣韻》下推粵音，反
切條例只是第一步。若反切上下字在今天的粵音已經起了變化，而
其變化軌跡與被切字不同，這時用反切拼讀字音便有可能搞錯。所**

以，要靠《廣韻》切出理論粵音，還必須明白諸多變化規則，並適時將反切上下字讀音甚至聲調調整。

中古音到粵音的變化可以很複雜，我還未有資格詳論這些變化，此亦非本書討論重點。簡單來說，這些變化大體可分兩類。一類是可以找到變化條件的音變現象，稱為「規則音變」。例如古時只有平上去入四聲，今天粵語之所以各分陰陽，其實是根據中古音聲母的某些特徵變化出來，當中有規律可尋。而另外一類，就是音變並無特殊的條件，稱為「不規則音變」，例如之前提到粵音的「陽上作去」現象。

同一反切的字，意味着古時讀音相同。理論上，如果要發生變化，這些字的變化軌跡應該一致，但事實卻非盡皆如此。例如《廣韻》「房久切」條下有「婦、負」二字，婦今讀[fu5]，負今讀[fu6父]。亦即同一個中古音，「負」出現了陽上作去的變化，「婦」則保留上聲。所以「陽上作去」並沒有甚麼特定規律可循，但如果發生了，你必須接受，而不是黐線到說那個轉讀去聲的是「錯讀」，要人將「勝負」改讀「勝［婦］」。也就是說，要知道一個讀音有沒有出現「陽上作去」這類「不規則音變」，不是靠中古反切演變規律推導出來，反而是訴諸大眾實際讀音，亦即**約定俗成**。

第六節　演變規律與正讀

何文匯「正讀」的真實意義

　　大家至此應可了解：既然語言會變化，「以《廣韻》為正讀」的意思，就不是要回復「古人的讀音」，而是「粵音系統中，符合古代字書反切對應的讀音」，因為韻書反切反映的只是字與字之間聲韻調的或同或異這層關係，而不是反映更底層的「實際讀音」。事實上，由於年代久遠，古時又沒有錄音機，我們縱然可以從《廣韻》及其他音義材料整理出中古音有幾多「類」聲母和韻母，卻已無法真正知道當時的人怎樣讀這些「類」。現在的中古音拼音（例如之前說溪母字讀/kʰ/）其實係由後人根據史料和現代各方言的讀法分析並構擬出來。且不提學者對於某些聲韻的測定音值不無分歧，就算沒有爭議，這個擬測出來的讀音，極其量也只能視為「直到目前最可靠的說法」。再者，古時平、上、去、入四個聲調的音值，亦已無從考究（切記你不能因為粵語如此讀平上去入便假設古人也是這樣讀法）。換言之，「恢復古音」是不可能的，搞「正讀」的人要復的也不是這種古。反對粵音正讀要一概跟從《廣韻》有時會說這種做法是「復千年之古」，針對的不是實際讀音，而是反切。

　　搞「正讀」的人要復的，是韻書所載的「反切對應」，即「字與字之間，聲、韻、調的異同關係」。而「符合反切」的意思，亦

不是「反切相同讀音便應該一樣」這般簡單。學者是通過對中古漢語和現代方言進行比較研究，找出兩者的對應關係，從而得出「變化規律」。以廣韻反切為正讀，實際上是將中古反切套進「變化流程圖」中，根據不同的條件，而導出不同的結果。這結果就是一個符合演變規律的讀音，而**「符合演變規律」的讀音，就是「符合反切」的讀音，亦即何文匯所謂的「正讀」。**

明白了何文匯的「正讀」是甚麼，自然不難明白這個「正讀」的反面——「錯讀」——是甚麼回事。錯讀，就是不符合「變化規律」的讀音。

例如中古有一類「見」母字，其變化規律很簡單：絕大多數的字今時今日粵語都讀[g]聲母。見母字中的「弓、公、攻、飢、歸、居、皆、該、君、姦」等字，都符合這個演變規律（歸、君二字讀[gw-]是因為中古韻母的/u/成份。討論中古音與粵音關係時會將[gw]/[kw]視為[g]/[k]的一類）。根據變化規則，任何中古屬見母的字，到了今天的粵語，都應該只有一個結果：讀成[g]聲母。於是，看到「蝸，古娃切」，既然我們知道「古」屬見母，這個反切，便理應只能有一個結果：

	拼音	聲母	韻母	陰陽	平仄
古	gu2	g	u	陰	上
娃	waa1	w	(u)aa	陰	平

上表顯示「蝸」根據反切應該讀[gwaa1 瓜]，蝸牛應讀［瓜］牛。這顯然與大眾實際讀音不符，因為這個字我們都讀[wo1 窩]。

另一個同樣是「古娃切」的「媧」字亦讀 [窩]，例如「女媧」，沒有人會讀女 [瓜]。但由於這個 [瓜] 音確係由廣韻反切推導出來，所以，以《廣韻》為正讀的人就會說：由於「古娃切」切出來應該讀 [瓜]，所以我們將蝸、媧讀成 [窩]，是錯讀。蝸牛要讀成 [瓜] 牛、女媧要讀成女 [瓜]，才算正讀。

「陽上作去」是不規則音變，「蝸」讀 [窩] 亦係不規則音變。「正音」學者承認前者而不承認後者的原因，我相信最主要是因為見母字讀成[w]聲母的字太少，而「陽上作去」的例子非常多（而且在其他漢語方言亦有出現），於是不得不承認。

「規律」的問題

可是，這個層面下的「正讀」，其實不無問題。何文匯「正讀」強調的是「反切對應」，而「反切對應」背後隱藏着「演變規律」。演變規律從何而來？就是當變化發生之後，學者將古時的語音和今時今日的實際語音進行比較分析歸納得來（而不是先定出一個「規律」，再由當時的人根據這個「規律」去將讀音改變）。將「古時的讀音」與「今日的實際讀音」比較，才會有「變化規律」。所以，要比較古今之別，就必須先承認「今日的實際讀音」，因為沒有「今日的實際讀音」就不會有「變化前」和「變化後」的對比，所謂「規律」更是無從說起。**談「變化規律」，必須先承認約定俗成後的「實際讀音」。**

這裏的啟示是：不要以為一用中古反切做正音，就叫做「有根有據」，一「有根有據」，「約定俗成」便無立錐之地。不少人以為用韻書或者古時反切字典找出來的讀音，一定比所謂「約定俗成」的羣眾讀音可靠得多。但其實兩者並非必然對立，因為約定俗成的讀音正是建立中古音與粵音對應規律不可或缺的元素。

將不合「演變規律」的讀音視為「錯讀」，就是利用「演變規律」來否定「語言事實」。但之所以有「演變規律」，卻正是因為先有「語言事實」。用根據「事實」得來的「規律」去否定「事實」本身，無可避免會有「雞先定蛋先」的矛盾和疑問。

2006 至 2007 年播放的《最緊要正字》引起了「正讀」問題的激烈討論。事有湊巧，2008 年香港高級程度會考中國語文及文化科的聆聽理解考試，就有談到用《廣韻》定「正音」、將不符變化規律的讀音視為「俗讀」或「誤讀」的問題。試題聲帶中飾演老師的角色如是說：

> 我們只能夠根據語音的實際演變來找出其中規律，不能因為某個音在一般情況下變為 A 音，所以就要求任何情況下都變為 A 音。如果在相同情況下真的出現個別不同演變，那就要承認在有關規律之下會有例外。……在語言學中，很少規律是沒有例外的，「有例外」本身就是一項規律，而「沒有例外的規律」本身其實只是例外。

或有人覺得上引言論只是一個聆聽考試中虛構故事的對白，沒有甚麼參考價值。那麼不妨看看《實用音韻學》中，有關「不規則變化」的說明(P.285)：

不規則變化並不是無緣無故，亂變一通。任何不規則變化都有具體原因，都是受了特殊因素的影響才出現的。對一般規律來說，它是不規則變化，然而它卻有着另一套規則。從另一套規則的角度去看，它又成了有規則變化了。

讀者或會問：那麼為何不修改一下「演變規律」，令「古蛙切」讀成[waa1]是符合規律？又或既然「規律」是由後人追尋語音變化軌迹歸納出來，現在既然有「蝸、媧」二字乖離了「規律」，這個「見母字今讀[g]」的「規律」不就自我推翻了嗎？

有關第一個問題，我想主要是因為「規律」所描述的現象必須有其**概括性**（絕大多數情況下如此），極個別的變化不能亦不應成為「規律」。在這裏要特別指出：**「不符演變規律即為誤讀」是「以《廣韻》為正讀」的學者的態度，不是語言學者的態度。**語言學者不會將不符演變規律的讀音視為「誤讀」，他們只會指這些讀音屬於「不規則變化」，或者「例外」，當中並無對與錯的價值判斷。「正讀派」將**概括性的規律**視為**絕對性的規律**，要求**語言必須機械地遵照他們所接受的規律去變化**，排斥「例外」，視「例外」為「誤讀」，始有「雞先定蛋先」的矛盾。

至於第二個問題，容我再用《實用音韻學》同頁的說明：

前邊舉例敘述了語音演變規律的嚴整性，但這並不是說語音演變沒有例外現象。事實上，在語音變化規則之外，總有一些不規則的變

化存在，只是這些不規則變化總是佔少數罷了。……這種例外不能
否定語音演變的規律性，只能說明語音演變的複雜性。

如果例外越來越多，最終粵語與中古音的對應連繫就會慢慢消
失。既然粵語和古音關係密切，從心理上（又或者從語言保育的立
場上）看，大概會希望「例外」越少越好。但「例外」是無可避免
的，一個「紀律森嚴」的語言只是某些人的烏托邦。不過，我們不
妨先順從一下這些人的主張，再看看若真的要以《廣韻》、以嚴謹
變化規律做正讀的基礎，我們日常的「錯讀」，到底有多少？

第七節　連爸媽都讀錯

有些人覺得，不管你是否接受，總之是「正讀」就一定沒錯。
有些較「開明」的人會說，我們不妨使用習非成是的讀音，但不能
說一個「正讀」是「錯讀」，也不應該批評堅持使用「正讀」的
人。大概在他們眼中，「正讀」必然是「不應反對」的「好事」。

誠然，粵音與《廣韻》保持對應者佔了多數，但不妨看看人人
真以《廣韻》為正讀時會有甚麼後果。

「爸」、「媽」二字，大家一定以為自己識讀。

不過以《廣韻》為正讀，大家一定讀錯。

先看「爸」字，《廣韻》捕可切。

	拼音	聲母	韻母	陰陽	平仄
捕	bou6	b	ou	陽	去
可	ho2	h	o	陰	上

依反切規則，「捕可切」切出來讀[bo]、陽上聲，即[bo5]。基於陽上聲讀音必須送氣這一反切變例（在此從略，容後再述），此字實應讀[po5]。[po5]沒有直音，是「婆[po4]」的陽上聲，要讀出此音得自行調聲。嫌難讀或不懂讀，尚可選擇《廣韻》不收而見於《集韻》的「必駕切」：

	拼音	聲母	韻母	陰陽	平仄
必	bit7	b	it	陰	入
駕	gaa3	g	aa	陰	去

「必駕切」音[baa3 霸]，容易多了。但原來任你查遍中古韻書，也不會查到「爸」字讀[baa1 巴]的根據！

然後再看「媽」字，《廣韻》莫補切。

	拼音	聲母	韻母	陰陽	平仄
莫	mok9	m	ok	陽	入
補	bou2	b	ou	陰	上

依反切規則，「媽」應該讀[mou5 母]，不應讀[maa1]。所以，以《廣韻》（或同系韻書）、以反切為「正讀」，將「爸爸」讀「霸霸」、將「媽媽」讀「母母」，才是「正讀」。**原來人人將老豆老母叫錯了幾十甚至幾百年！**

59

無怪乎何文匯博士說我們日常錯讀的字,可謂不勝枚舉!

要以《廣韻》為正,港人連「爸媽」這兩個再簡單顯淺不過的字也讀錯。不難想像,拿韻書反切作為當今粵音正誤標準,港人日常讀錯的字音,肯定過百。而事實的確如此。我在上一章舉出的一些「正讀」,正是來自《廣韻》:

> ➤ 孕,以證切,故得正音[jing6 認];

> ➤ 必,卑吉切,故得正音[bat7 不];

> ➤ 旭,許玉切,故得正音[huk7 哭];

> ➤ 泣,去急切,故得正音[hap7 恰];

> ➤ 打,都挺切,故得正音[ding2 頂];

> ➤ 捐,與專切,故得正音[jyun4 原];

> ➤ 規,居隋切,故得正音[gwai1 歸];

> ➤ 速,桑谷切,故得正音[suk7 叔]。

若嫌未夠喉,尚可多舉數例。

> ➤ 殖,常職切,正音[sik9 食]。「繁殖」正讀繁[食]。

> ➤ 閘、壓,烏甲切,正音[aap8 鴨]。「鐵閘」正讀鐵[鴨];「壓力」正讀[鴨]力。

> ➤ 歉,苦簟切,正音[him2 險]。「道歉」正讀道[險]。

> ➤ 鄭,直正切,正音[zing6 靜]。大概全港鄭姓人士都將自己姓氏讀錯成[zeng6]。

> ➤ 臉,七廉切/力減切,正音[cim1 簽]或[laam5 覽]。張學

友名曲〈輕撫妳的臉〉，要「正讀」就得唱成「輕撫妳的［簽］」，或「輕撫妳的［覽］」。

➤ 竊，千結切，正音[cit8 切]。「偷竊」正讀偷［切］。至於「竊賊」，我們兩個字都讀錯，因為正讀是［切］［摘］！

以上所舉「正讀」只是冰山一角。我拜讀何文匯博士的字彙天書《粵音正讀字彙》，**粗略估計，此類「錯讀」，接近一千。**要以《廣韻》為正讀，綜上所見，我們日常錯讀，的確不勝枚舉。所以，何文匯在他的著作中只是隨手舉出一百個日常錯讀字，要我們改正，其實已經非常「畀面」！

第八節　思考正讀、錯讀的意義

何文匯提倡「粵音正讀」以廣韻反切為標準。卻原來，若有人翻開《廣韻》，如獲至寶，以為一俟修練成功，即可憑「正讀」獨步天下，人人稱羨，於是起勢背誦，務求每字讀得跟《廣韻》切語一模一樣，先作正音表率，繼而垂範公眾，於是叫自己父母「霸霸」「母母」，結果必然撞板，甚至可能被送入青山。

為甚麼會這樣？是《廣韻》錯了？還是我們錯了？

韻書的收音原則

要解答這個問題，不妨想想：在「音無恒正」這個大前提下，

到底字書作者是根據甚麼原則去收錄一個讀音？為甚麼「爸」字《廣韻》會收「捕可切」一音？

按常理推斷，這應該是當時的人真的將此字讀成「捕可切」的讀音之故。而《集韻》增收「必駕切」一讀，亦應該是當時的人真的將這個字讀成「必駕切」之故（也可能是以前的人讀過「必駕切」，《廣韻》欠收而《集韻》補收）。

> 若《廣韻》將「爸」注讀「捕可切」不是當時的人真的將此字讀成「捕可切」，而只是例如《切韻》的編者訂定的標準，我們就更沒有理由要跟從一個沒有事實根據、憑空捏造的人為讀音。

那麼，若《廣韻》收「捕可切」一音之所以沒錯，是因為當時的人真的將此字讀成「捕可切」、有事實根據，那麼《集韻》豈不是錯了？但《集韻》其實也只是收錄當時的實際讀音（或者一個歷史上曾經存在過的讀音）而已。這有甚麼錯呢？

既然《廣韻》沒錯、《集韻》沒錯，難道是我們錯了？但今天我們為甚麼會將「爸」讀[baa1 巴]？**原因不就是事實上我們父母確將「爸」字讀[baa1 巴]、我們父母的父母也一樣將爸字讀[baa1 巴]嗎？**那麼，為甚麼我們今日讀 [巴]，反而錯了，而錯的原因，竟是因為我們的讀音與千幾年前的古人讀音不合（不對應）？

> 竺家寧《古音之旅》指出，其實上古時代「爸」與「父」讀音相近(P.190-191)。另外，「爸」字中古屬「戈」韻，這個韻的韻尾與今日的[-aa]讀音接近，但由於「戈」韻絕大多數字今日都讀成[-o]，所以爸讀[-aa]便不合規律。不過此非本節重點。

從另一個角度看，假設《廣韻》或《集韻》切語真的是「對」的讀音好了。但今天我們若將「爸」字依《廣韻》讀成婆上聲[po5]，或依《集韻》讀[baa3 霸]，有人會聽得懂嗎？說一個一代傳一代、實際存在而且有效溝通的讀音是一個「錯讀」，會不會有點荒唐？

但是，如果我們認同何文匯的立場，認同以《廣韻》為「正讀」，我們就必須接受：**任何一個沒有人認識、多年來不見得有人用過的讀音，都可以稱為「正讀」；一個人人都用、人人都懂的讀音，卻可以變成「錯讀」**。以《廣韻》為「正讀」，就是將《廣韻》視為規範粵音的一個絕對的界線。

很多人對待讀音的態度是，非字典有收不可。我認為，現代字典的讀音固然是一個很好的參考，但是否逢字典音必跟，還得看實際情況。不過，退一步看，就算認同大家必須以字典所收的讀音作為標準好了，我們仍要問：應該跟哪一本、幾時出版的字典做標準？何文匯將「標準」一推推到千年之前，用《廣韻》做絕對標準，以為「可靠」，又是否一個合理、恰當的選擇？語音變化畢竟是事實，用一千年前的韻書制約今日的粵語，是否講得通呢？我們又是否真的可以完全無視社會現實去讀一個字音呢？

「正讀」的目的

說到這裏，還要問一個問題：**「正讀」是為了甚麼？** 或曰：

「語言是人類溝通的媒介，一個字，一批人讀A音、另一批人讀B
音，會造成訊息混亂，影響溝通。所以必須有一個標準，即『正
讀』，俾大家遵從，使人與人之間能有效、準確地溝通。」要是這
個說法成立，我們必須留意，**何文匯「正讀」的核心價值，並不在
於溝通，而在於與《廣韻》的反切對應。**即如將「爸」字讀成
[po5]，據《廣韻》確係「正讀」，但這「正讀」能否與人有效溝
通，自不待言。那麼，這裏的問題就是：粵語存在目的是不是純粹
為了「對應《廣韻》」？抑或我們其實可以有其他考慮，令「廣韻
音」不是絕對？一個不符字典，但能令人與人之間有效溝通的讀
音，是否應該可以成為一個凌駕「廣韻音」的重要指標？

如果我們將「以《廣韻》為正讀」視為絕對，上述問題的答案
很簡單：不能。但如果一個說出來別人無法聽懂、無法用來溝通的
讀音可以是「正讀」，那就要問，大眾承認這些無法聽懂、無法用
來溝通的讀音為「正」，對社會有甚麼好處？

何文匯以《廣韻》為正讀的意思，正是舉凡用廣韻反切切出來
的讀音，都是「正」音，神聖不可侵犯。但假如這個「正」真這麼
神聖，我們該如何面對像「媽」讀成［母］、孕讀成［認］之類的
「正」？

按一般人的理解，「正」的對立，不外「反」、「偏」、
「負」、「誤」。既如此，「正讀」的相反，就是「誤讀」。「誤
讀」就是「讀錯了」。我相信大部人對「正」的理解，正是這種
「非正即誤」的概念。只是他們不一定知道，在「何氏音讀」立

場，如果不是「正讀」就是「錯讀」，不單「簷」讀[sim4 蟬]是錯讀、「綜」讀[zung1 宗]是錯讀，其實連上述如爸、媽、孕、必、旭、泣等字，我們今天所讀字音，均為錯讀。

如此「正讀」，不僅是指香港人將前述數十字和尚未舉出的數百字全部讀錯，還可能表示市面字典都將這些字音標錯。一些我們日常聽慣、說慣，甚至獲字典承認的讀音，都可以是「誤讀」；一些我們聞所未聞、聽了也無法理解對方是這個意思的讀音，反變成「正讀」。

我不是說我們不能為一個時期的語言訂立標準，又或者但凡「正讀」均不可信。我只是想指出，有時候「正讀」問題不是「正讀就一定對」、「正讀就一定好」般簡單，更**不要因為有學者將某個音稱為「正」，就反射性地對這個讀音產生「正面」的、「好」的、「對確」的、「優秀」的、「高尚」的、「屬於知識份子」的讀音等等先入為主的聯想。**

第九節　「何氏正讀」實質選擇性跟廣韻

不過，解說至此，讀者大概會思疑：將「爸媽」讀錯，不是比將「刊」字、「綜」字、「簷」字讀錯更嚴重更離譜嗎？為甚麼以《廣韻》為「正讀」的何文匯博士沒有出來糾正我們（或糾正他們自己）「爸媽」的讀法呢？為甚麼看《羣星匯正音》，看《最緊要正字》，中文大學的博士、學者，沒有嚴詞指斥我們讀錯了這些常

見常用的字，眼巴巴看着我們將老豆老母的「正讀」搞得陰陽失調、平仄錯亂？

我們甚至可以根據《廣韻》質疑這些學者的讀音。例如學者在節目中說我們讀錯音時，説到「錯」字，他們的讀音都是[co3挫]。可是，根據《廣韻》，「錯」字「倉各切」，應該讀[cok8削]。為甚麼沒有學者説我們讀[cok8]音？

> [cok8 削]即時人説「chok 樣」的那個「chok」音。

以《廣韻》為正讀標準，不只影響我們，其實還影響那些標榜「正音正讀」的學者。他們根本不能獨善其身，他們同樣是錯讀連篇。那麼，**為甚麼他們就可以讀錯，我們就不可以？**

要解答這個問題，我們就必須先了解這些學者是如何看待異於《廣韻》的日常讀音。

當廣韻切音與實際粵音相同時，就是説我們的實際粵讀，在社會上屬於正讀，在何文匯「以《廣韻》為正讀」的立場上，亦係正讀。這些讀音自是沒有「糾正」的必要。

倘若實際粵音不幸地與廣韻切音不同，就是出現了兩個讀音。一個是學者根據反切拼出來的讀音，亦即**「韻書音」**。當然，大家應已明白，「韻書音」這個字眼並不十分準確，因為這實際是指「符合演變規律的讀音」。由於理論上我們的讀音都是從《廣韻》的中古音系演變過來，當社會上一個字的讀音不符《廣韻》，起因**多數**是由於這個讀音在後來出現了無法遵常理解釋的「畸變」。所

以這個不符韻書反切的讀音，可以稱為「**後起音**」。

「韻書音」和「後起音」已經算是中性字眼。在「何氏正讀」立場，「韻書音」之外竟然出了個「後起音」，其實即是「正讀」以外出現了一個「錯讀」。爸、媽二字就是明顯的例子。

卻原來，**根據何文匯的「正讀」原則，「不是正讀」，不一定「要將這些『不是正讀』改正為『正讀』」。「錯」，不一定要「改」。**

為甚麼？因為在何文匯的「正讀」標準之下，一個音是不是後起音/誤讀，與現在能否使用，嚴格來說毫無關係。何文匯《粵音正讀字彙》對後起音有三種處理方法：

1. 本今讀

第一類是將「韻書音（正讀）」視為「本讀」，「後起音（誤讀）」視為「今讀」。何文匯對「本今讀」的界說如下(粵音正讀字彙凡例第十一點)：

> 如正讀［按即根據《切韻》系韻書反切擬出之讀音］今已不用而為其誤讀所取代，則前者為『本讀』，以Ⓑ號表明；後者為『今讀』，以Ⓣ號表明。

意思大概是，原來的「《廣韻》正讀」被我們讀錯了，錯到我們數典忘祖，連「正讀」也不認識。何博士無可奈何，惟有承認我

們的「誤讀」，是為「今讀」，恩准我們繼續使用。之前指「孕婦」要讀〔認〕婦一類，就屬何書中的「本讀」。以下是其他例子：

例字	反切	本讀		今讀	
給	居立切	gap7	急	kap7	吸
窒	陟栗切	zat7	質	zat9	疾
奢	式車切	se1	些	ce1	車
鏡	居慶切	ging3	敬	geng3	
助	牀據切	zeoi6	罪	zo6	坐
綺	墟彼切	hei2	起	ji2	椅
兆	治小切	ziu6	趙	siu6	紹
櫻、鸚	烏莖切	ang1	鶯	jing1	鷹

「韻書音」嚴格來說即是「符合中古音演變規則的讀音」，與之對立的是「非韻書音」（不符中古音演變規則的讀音），但「非韻書音」卻不一定是「後起音」。「習非成是」只是導致「今日實際讀音不符韻書反切」這個結果的原因之一，另還有變化軌跡不同、保留舊讀等因素，故不能一概而論。例如之前提到屬戈韻的「爸」字，與其説是後人讀錯，不如説是保留舊讀（可參考陳新雄《古音研究》P.41）。所以其實「如正讀今已不用而為其誤讀所取代」這句話的觀點是有問題的，因為這就假定了所有不符反切的讀音都是後起音，始有「誤讀取代正讀」之説。「韻書音」和「後起音」這兩個稱呼用在對立層面時，亦有作此假定。不過，無可否認的是，異於反切的今音還是「後起音」佔多數，為免將事情過份複雜化，只要大家明白實際情況並非如此簡單，逕用這些稱呼亦無妨。

2. 正語音

第二類是將「正讀」依然視為「正讀」，但以「口語讀音」容納錯讀。《粵音正讀字彙》的說明如下：

> 正讀另有沿用已久、習非勝是的誤讀，則前者為『正讀』，以⑮號表明；後者為『口語音』，以⑯號表明。

意思大概是，某個字被錯讀久了，但又未錯到「本今音」的程度，大家仍然知道這個字的正確讀音。故將二音並收，以廣韻音為「正」，錯音則成為「口語音」。例子如下：

例字	反切	正讀		口語音	
廿	人執切	jap9	入	jaa6	
孖	子之切	zi1	支	maa1	媽
拉	盧合切	lap9		laai1	
貓	莫交切	miu4	苗	maau1	
	武瀌切	maau4	矛		
癱	他丹切	taan1	灘	taan2	坦
框	去王切	hong1	康	kwaang1	
跛	布火切	bo2		bai1	
瑰	公回切	gwai1	歸	gwai3	貴
僧	蘇增切	sang1	生	zang1	曾
構	古候切	gau3	究	kau3	扣
滴	都歷切	dik7	的	dik9	敵
摸	慕各切	mok9	莫	mo2	

3.　錯讀

最後一類，當然就是錯讀了。例如何文匯博士在《粵音平仄入門》舉出一百個「日常錯讀」，並將「正讀」注出。在此隨便抽出十個，表列如下。

例字	反切	日常「錯讀」		粵音「正讀」	
棟梁	多貢切	dung6	洞	dung3	凍
僭建	子念切	cim4	潛	zim3	佔
綜合	子宋切	zung1	宗	zung3	眾
糾紛	居黝切	dau2	斗	gau2	九
刊物	苦寒切	hon2	罕	hon1	頇
星光熠熠	為立切	jap7	泣	jap9	入
友誼	宜寄切	ji4	宜	ji6	義
妖豔	於喬切	jiu2	繞	jiu1	腰
鬆弛	施是切	ci4	池	ci2	始
雛鳳	仕于切	co1	初	co4	鋤

第十節　讀音的原罪

何博士雖然要我們以《廣韻》為正讀，但依然將「非正讀」——即「誤讀」——分為三類。所以，對於「為甚麼他們就可以讀錯，我們就不可以？」這個問題，答案其實非常簡單：

因為一些字音，他們容許我們讀錯，所以不會說我們讀錯音；

另有一些字音，他們不容許我們讀錯，所以會說我們讀錯音。

你可能會說，這不是很霸道嗎？但他們說這叫「情理兼備」。2007 年，「正讀」問題鬧得熱烘烘之際，有網民不滿何文匯「正讀」取向，電郵何博士查詢其《廣韻》大晒之理據(http://goo.gl/0jtql)。何博士不直接回答，亦非用例子回答，而係轉交「香港中文大學粵語研究中心」代答。此「粵語研究中心」有此回覆（節錄）：

> 南方方言的漢字讀音一般都沿自《廣韻》系統，這是正音南移的現象。……《廣韻》的切音是粵讀的依據。
>
> 在學校裡談讀音，不能不以官訂韻書為規範，否則便沒有共同標準。談讀音先從嚴，掌握了標準，然後於嚴處論寬，以期照顧一些習非勝是的讀音，那就法與情都兼顧。

「香港中文大學粵語研究中心」說粵讀要依官訂韻書始有「共同標準」，而且這個「官」還必須是宋朝的「官」，令人咋舌。你掌握了這個《廣韻》標準，與之不符的讀音，便是「誤讀」。換言之，所有不對應《廣韻》反切的讀音，都有「錯」的「原罪」。這我覺得可叫「讀音原罪論」。讀音原罪論，就是讀音悖逆了《廣韻》這官訂韻書的「共同標準」，使之與《廣韻》的反切系統隔絕。所以，你一將「數字」讀成 [素] 字、「祈禱」讀成祈 [土]、「櫻花」讀成 [英] 花，便是讀錯，便有罪了。不符反切的讀音永不會變成「正讀」，這原罪更會一代傳一代，永不磨滅。

> 根據《廣韻》和何文匯的推音結果，數要讀[seoi3 稅]、禱要讀[dou2 島]、櫻要讀[ang1 罌]，才是「正讀」。

　　「原罪論」令人心裏彷彿有種罪惡感，惶惶不得終日——原來我們日常所讀字音，竟然犯下諸般彌天大錯！我們實在對不住列祖列宗！愧對中華文化！那究竟如何是好？毋須沮喪！何文匯和這個「香港中文大學粵語研究中心」，就是我們的救贖！他們赦免我們部份的罪，「嚴處論寬」，來照顧我們這些「習非勝是的讀音」！如是者，「法與情都兼顧」了！何文匯和香港中文大學粵語研究中心，真是有大愛，又有恩慈！叫人怎生不如久旱逢甘露般，去渴望、尋求何文匯和香港中文大學粵語研究中心的國，和他們的義？

　　參透此理之後，我們不難得出結論：容許你們繼續使用「錯讀」（與《廣韻》不符的讀音），是人情；不容許你們使用「錯讀」，是道理！何文匯已經「嚴處論寬」，容許你不必將「數字」讀成〔稅〕字；你居然還咄咄逼人，要求他容許你不必將「友誼」讀成友〔義〕？還要他容許你將「週刊」讀成週〔罕〕？貪得無厭，實在人心不足。**你是不是人？還有沒有人性？**

　　此風一長，大概再過十幾廿年，小學老師只會這樣教學生：你將「媽」讀〔嗎〕，錯！不過何博士「嚴處論寬」，所以我們可以讀。你將「孕」讀〔刃〕，錯！不過何博士「嚴處論寬」，所以我們仍可以讀。你將「誼」讀〔而〕，錯！這回何博士「從嚴」，所以一定要讀〔義〕。然後老師和學生們感動流涕，同聲頌曰：「何爺爺真是既嚴厲又慈祥啊！我們一定要同心合力，加緊學習友〔義〕、屋〔鹽〕、〔腰〕怪、〔微〕敦道啊！」

　　上述虛構故事將何文匯的「粵音正讀」講得好像是在搞個人崇

拜般，而事實竟相去不遠。大家看到電視上一眾以「正讀」為己任的博士、學者，經常搬出《廣韻》去糾正大家的讀音。觀眾看在眼裏，《廣韻》像極一柄斬妖除魔的尚方寶劍，用以斬殺那些奸邪「錯讀」；博士們搬出的廣韻切音，似乎就是捍衛我們粵音正讀的神兵利器。卻原來，何文匯口口聲聲「奉《廣韻》為圭臬」，輒引《廣韻》糾正讀音，予人一種「《廣韻》這樣寫，所以大家要這樣讀」的感覺，實際只是假象。因為「字音不符廣韻反切」其實還未等同錯讀。**「字音不符廣韻反切，而何文匯視之為錯讀」才是錯讀**。一個字音不符廣韻反切，但何文匯容許我們讀，就不再是錯讀。

當然，看電視的觀眾不會知道學者縱引廣韻切音，這些切音卻未必要跟；學者教授亦不會在他們的節目中一邊援引《廣韻》，一邊告訴觀眾原來我們日常生活所讀很多字音已經不符《廣韻》，自毀「正讀高地」。

中大的「粵語研究中心」將何文匯的那套「正讀」理論照單全收，詡為「法與情都兼顧」。但其實，是不是必須遵何文匯之意奉《廣韻》為「法」，本身已經可以討論；即使接受奉《廣韻》為「法」，也不等於不能質疑何文匯的「情」的尺度。而且，一講到「情」，就不免有主觀因素在。

既如此，何文匯說甚麼「我心目中的粵音正讀」要跟《廣韻》，不如說是借《廣韻》「過橋」，最終出來的，依然是「何文匯認可讀音」，即「何氏音讀」，而不是純正廣韻反切音。

　　那麼，「正讀」問題，原來已不單純是「應不應該用《廣韻》來做粵音正讀標準」般簡單，而是：何文匯聲稱正讀跟《廣韻》，但又選擇性承認或不承認某些不符反切的讀音。那麼，**口口聲聲要人「正讀」，實則是否只是借《廣韻》之名，自神其教，迷惑他人以為自己的學說神聖不可侵犯，從而掩飾自己「是古非今」的泥古傾向而已？**

第十一節　總結

　　這一章先從《廣韻》看粵語正音問題，說明了以下各點：

1.　　《廣韻》並不是收錄「廣州話」讀音的韻書。書中的讀音以反切紀錄，代表的是宋朝甚至更早的中古音系；

2.　　語言會變化，一千年前的中古音與今時今日的粵音並不相同，頂多是「對應良好」。所謂對應良好，就是說對比二者異同，可以找到變化軌迹，得出「演變規則」；某些無法找到變化原因的，就得尊重羣眾實際讀音，即約定俗成的結果。何文匯以《廣韻》為正讀，實際上是要求粵音字字要以廣韻反切為依歸，讀音不能逾越「演變規則」；

3.　　接受了「以《廣韻》為粵音正讀」，就會造成很多常用字音——例如「爸」和「媽」——都變成錯讀。但原來何文匯會選擇性地承認某些不符《廣韻》的所謂錯讀。換言之，《廣韻》只是手段，讓何文匯對讀音操生殺大權才是目的。結果就是：**要人跟《廣韻》，實際上是要人跟何文匯。**

4.　　「溝通」是語言存在的一個重要目的。當我們說一個音是

「正音」或「正讀」時，這個讀音理應是值得鼓勵、提倡、跟從的。但是，以《廣韻》為正讀，就會出現「爸讀［霸］是正讀、媽讀［母］是正讀」的荒誕場面。這些讀音，不會促進溝通，反會窒礙溝通，根本不值得鼓勵、提倡、跟從。雖然何文匯以「古今音」之辨，似乎並不鼓勵我們將爸媽二字讀成廣韻音，但問題在於，以《廣韻》為正讀，但又補上「本今讀」、「口語音」的尾巴，結果就是**將《廣韻》之「正誤」與今日之「對錯」割裂，其實反而是模糊了「對錯」的分界線。**

粵音「正讀」無既定標準，**何文匯聲稱用《廣韻》做標準，令人聽來覺得很有根據，但實際執行時卻不能一以貫之**，廣韻音可跟可不跟。而跟與不跟，只能由他決定。他容許你不必將「孕」讀成[jing6 認]，所以不會搬出《廣韻》「以證切」說你將「孕」讀[jan6 刃]是錯讀。但如果你決定「綜」不跟《廣韻》讀[zung3 眾]而讀[zung1 宗]，他（和他的徒弟）就會搬出《廣韻》「子宋切」說你讀錯音了。

我期望大家看罷本章，下次再見到有學者在電視或電台講「正讀」，又搬出例如某字《廣韻》是甚麼反切，所以應該讀甚麼音之類的說法，不會一頭霧水，或者被嚇窒。《廣韻》並不神秘，更非至高無上的權威。學者在節目中用《廣韻》佐證讀音，並無問題。可是，他們若以《廣韻》否定一個讀音，我們就必須提高警覺：這可能只是代表主持節目的學者的意見。

在本書下半部份【救】篇討論一些被傳媒改讀的字音時，會帶

出更多有關用「反切」切出「正讀」的問題。下一章我們先看看「用《廣韻》做正讀」以外的選擇。

第四章
從字詞典和學者意見看何氏正讀

大概近年香港人對粵語正音正讀的意識提升,所以對於讀音「約定俗成」的反對程度,亦見有所增加。因為說語言是「約定俗成」,難聽一點即是「習非成是」。叫人不必改正某個讀音,就是叫人「習非」,而提倡「習非」,就好像叫人是非不分,鼓勵人犯錯而不必愧疚,簡直罪大惡極。

不過,認為某個字音不必改正,不一定是說大家可以放任地「讀錯」一個字音。因為還有另一個可能,就是那個字音根本沒有錯。沒有「錯」,就沒有所謂「改正」。

我們如何判斷一個讀音有沒有錯呢?如果覺得「大家讀甚麼音,就讀甚麼音」不夠可靠,查字典相信是比較好的辦法。

何文匯在他的著作中也經常強調查字典的重要。遇到不認識或不知道讀音的字,查字典當然沒錯。但何文匯對「正讀」有自己的定義,對於接不接受非「正讀」又有自己一套看法。所以,他強調「查字典」,其中「字典」二字,可否按常理解釋,我十分懷疑。

接下來我謹遵何博士教誨，帶大家查一查字典，由此看看是否查了字典，我們就不會讀錯字。

第一節　「何氏正讀」與字詞典注音

「誼」字

在何文匯的眼中，「友誼」的「誼」只能讀[ji6 義]不能讀[ji4 而]。他認為讀成 [而] 是「日常誤讀」(粵音平仄入門，合訂本 P.48)。但大家查字典卻不難查到 [而] 音：

	書名	年份	ji6 義	ji4 而
1	道漢字音	1939	✔	
2	部身字典	1967	✔	又
3	廣州音字彙	1971	✔	
4	現代粵語	1972	✔	✔
5	粵語同音字典	1974	✔	又
6	兩用中文字典	1977	又	✔
7	李氏中文字典	1980		✔
8	中華新字典	1982	又	✔
9	中文多用字典	1984	又	✔
10	廣州音字典	1985	又	✔
11	新雅中文字典	1985		✔
12	粵語查音識字字典	1985	✔	又
13	廣州話標準音字彙	1988	又	✔

	書名	年份	ji6 義	ji4 而
14	香港小學生中文詞典	1988		✔
15	商務新詞典	1990		✔
16	常用字廣州話讀音表	1990	又	建議
17	中華新詞典	1993		✔
18	字正音準正字正音手冊	1993		✔
19	朗文中文基礎詞典(袖珍本)	1993		✔
20	國音粵音索音字彙	1995	✔	✔
21	小樹苗學生辭典	1996		✔
22	朗文中文高級新辭典	1996	✔	✔
23	同音字彙	1997	✔	
24	中文新字典	2000	✔	✔
25	朗文中文新詞典(第二版)	2001	*	✔
26	廣州話、普通話速查字典	2003		✔
27	朗文中文高級新辭典(第二版)	2003	*	✔
28	中華高級新詞典	2004		✔
29	廣州話正音字典	2004		✔
30	新時代中文字典	2004	*	✔
31	粵音檢索漢語字典	2006		✔
		總計	16	28

上表中《道漢字音》另注有[ji5 以]音。一般情況下，這些極個別而又不屬比較重點的讀音，本書會從略而不另作說明。此外，注*號的字典有收〔義〕音，但讀音只限古與「義」字相通時用，不適用於「友誼」今讀。

「僭」字

何文匯根據《廣韻》的「子念切」，為「僭建」的「僭」字擬出「正讀」[zim3 佔]，並指我們的「日常錯讀」是[cim4 潛](粵音平仄入門，合訂本 P.39)。可是，我日常聽到的，卻不是[cim4 潛]建，也不是[zim3 佔]建，而是[cim3 暹]建。這個[cim3 暹]音，亦為不少字典收錄：

	書名	年份	zim3 佔	cim3 暹
1	道漢字音	1939		✔
2	部身字典	1967		✔
3	粵語同音字典	1974	罕讀	✔
4	兩用中文字典	1977	✔	又
5	李氏中文字典	1980	✔	✔
6	中華新字典	1982	✔	又
7	中文多用字典	1984	又	✔
8	廣州音字典	1985		✔
9	新雅中文字典	1985		✔
10	粵語查音識字字典	1985		✔
11	廣州話標準音字彙	1988	又	✔
12	香港小學生中文詞典	1988		✔
13	商務新詞典	1990		✔
14	常用字廣州話讀音表	1990		✔
15	朗文中文高級新辭典	1996		✔
16	中文新字典	2000		✔

	書名	年份	zim3 佔	cim3 暹
17	朗文中文新詞典(第二版)	2001		✔
18	廣州話、普通話速查字典	2003	✔	✔
19	中華高級新詞典	2004		✔
20	廣州話正音字典	2004		✔
21	新時代中文字典	2004		✔
22	粵音檢索漢語字典	2006		✔
		總計	7	22

「弛」字

何文匯博士不准我們將「弛」讀[ci4 池]，而要根據《廣韻》「施是切」讀[ci2 始](粵音平仄入門，合訂本 P.58；粵音自學提綱，P.119)。於是「鬆弛」便要讀「鬆始」。然而，有不少字典卻收錄這個「日常錯讀」：

	書名	年份	ci2 始	ci4 池
1	道漢字音	1939	✔	
2	部身字典	1967	✔	又
3	粵語同音字典	1974	✔	
4	兩用中文字典	1977	✔	又
5	李氏中文字典	1980	✔	
6	中華新字典	1982		✔
7	中文多用字典	1984		✔
8	廣州音字典	1985	又	✔

	書名	年份	ci2 始	ci4 池
9	新雅中文字典	1985		✔
10	粵語查音識字字典	1985	又	✔
11	廣州話標準音字彙	1988		✔
12	香港小學生中文詞典	1988		✔
13	商務新詞典	1990		✔
14	常用字廣州話讀音表	1990		✔
15	中華新詞典	1993		✔
16	國音粵音索音字彙	1995		✔
17	小樹苗學生辭典	1996		✔
18	朗文中文高級新辭典	1996	✔	✔
19	同音字彙	1997		✔
20	中文新字典	2000		✔
21	朗文中文新詞典(第二版)	2001		✔
22	廣州話、普通話速查字典	2003		✔
23	朗文中文高級新辭典(第二版)	2003		✔
24	中華高級新詞典	2004		✔
25	廣州話正音字典	2004		✔
26	新時代中文字典	2004		✔
27	粵音檢索漢語字典	2006		✔
		總計	8	24

「閩」字

何文匯又認為我們日常將「閩南」讀成[man5 敏]南是錯的，

因為這個字在《廣韻》的反切是「武巾切」，故應讀[man4 民] (粵音平仄入門，合訂本 P.52)。不過，我卻發現市面有超過廿本字典收錄這個「日常錯讀」：

	書名	年份	man4 民	man5 敏
1	道漢字音	1939	✔	✔
2	部身字典	1967	✔	又
3	廣州音字彙	1971	✔	✔
4	粵語同音字典	1974	✔	罕讀
5	兩用中文字典	1977	✔	又
6	李氏中文字典	1980		
7	中華新字典	1982	✔	又
8	中文多用字典	1984	✔	又
9	廣州音字典	1985		✔
10	新雅中文字典	1985		✔
11	粵語查音識字字典	1985	✔ (福建)	✔ (閩江)
12	廣州話標準音字彙	1988		✔
13	香港小學生中文詞典	1988		✔
14	商務新詞典	1990		✔
15	常用字廣州話讀音表	1990	又	建議
16	國音粵音索音字彙	1995	✔	✔
17	小樹苗學生辭典	1996		✔
18	朗文中文高級新辭典	1996		✔
19	同音字彙	1997		✔
20	中文新字典	2000	✔	✔

	書名	年份	man4 民	man5 敏
21	朗文中文新詞典(第二版)	2001		✔
22	廣州話、普通話速查字典	2003		✔
23	中華高級新詞典	2004		✔
24	廣州話正音字典	2004		✔
25	新時代中文字典	2004		✔
26	粵音檢索漢語字典	2006		✔
		總計	11	26

「熠」字

大家就算未聽過「熠耀」一詞，亦應知道《星光熠熠耀保良》這個長壽籌款節目。星光熠熠讀成星光[jap7 邑][jap7 邑]，在何文匯眼中是不可原諒的錯讀；他說應該根據《廣韻》的「為立切」讀成星光[jap9 入][jap9 入](粵音平仄入門，合訂本 P.47；粵音正讀字彙，P.416)。實際上到底多少辭書收錄錯讀［邑］，又有多少收錄正讀［入］？答案頗出人意表：

	書名	年份	jap9 入	jap7 邑
1	廣州音字彙	1971		✔
2	粵語同音字典	1974		✔
3	兩用中文字典	1977		又
4	李氏中文字典	1980		✔
5	中華新字典	1982		✔
6	中文多用字典	1984		✔

	書名	年份	jap9 入	jap7 邑
7	廣州音字典	1985		✔
8	新雅中文字典	1985		✔
9	粵語查音識字字典	1985		✔
10	廣州話標準音字彙	1988		✔
11	香港小學生中文詞典	1988		✔
12	商務新詞典	1990		✔
13	香港中學生中文詞典	1994		✔
14	朗文中文高級新辭典	1996		✔
15	中文新字典	2000		✔
16	朗文中文新詞典(第二版)	2001		✔
17	廣州話、普通話速查字典	2003		✔
18	中華高級新詞典	2004		✔
19	廣州話正音字典	2004		✔
20	新時代中文字典	2004		✔
21	粵音檢索漢語字典	2006		✔
		總計	0	21

《兩用中文字典》的又音是相對於[juk7 郁]音。

「噤」字

「噤若寒蟬」這一成語，何博士說我們日常錯讀為[kam1 衾]若寒蟬，而噤的正讀是[gam6 撳]。同樣地，我沒有聽過有人將「噤若寒蟬」讀成[kam1 衾]若寒蟬。那麼字典又如何取音？

	書名	年份	gam6 撳	gam3 禁
1	道漢字音	1939		✔
2	部身字典	1967		✔
3	粵語同音字典	1974		✔
4	兩用中文字典	1977		✔
5	李氏中文字典	1980		✔
6	中華新字典	1982		✔
7	中文多用字典	1984		✔
8	廣州音字典	1985		✔
9	新雅中文字典	1985		✔
10	粵語查音識字字典	1985		✔
11	廣州話標準音字彙	1988		✔
12	香港小學生中文詞典	1988		✔
13	商務新詞典	1990		✔
14	常用字廣州話讀音表	1990		✔
15	中華新詞典	1993		✔
16	朗文中文高級新辭典	1996		✔
17	同音字彙	1997		✔
18	中文新字典	2000		✔
19	廣州話、普通話速查字典	2003		✔
20	廣州話正音字典	2004		✔
21	新時代中文字典	2004		✔
22	粵音檢索漢語字典	2006		✔
23	朗文中文新詞典(第三版)	2008		✔
		總計	0	23

　　何文匯將他根據《廣韻》擬出來的讀音稱為「正讀」，他不認可的非廣韻音稱為「錯讀」，在他的著作中臚列出來，然後打上大交叉。但查了上述六個何文匯書中的「日常錯讀」字，我們卻發現，這些字的「錯讀」居然見諸市面字詞典。為甚麼？難道字典已經不再可靠？難道所有字詞典編者都是空心老倌，並無真材實學，才會標出大堆「錯讀」？難道只有何文匯博士才看得懂《廣韻》，亦只有何文匯才能用《廣韻》擬出「正讀」？

第二節　審音的標準：從切與從眾

　　時移世易，一個字的寫法、意義也會隨時間而有所不同，何況讀音。字詞典編者的責任之一，就是決定一個字可以讀甚麼音、不可以讀甚麼音。這種讀音取捨的過程可稱為「**審音**」。

　　普通話有國家級機關進行審音工作，一錘定音，為字音訂標準。標準一定，其他字典只須搬字過紙。粵語則沒有「國家級」或「政府級」機關做類似工作。正因如此，辭書編者對俗通字音的接受程度，不盡相同。何文匯用他自己的「正讀」標準，先以《廣韻》擬出粵音，再將不符合「廣韻音」的粵音分為「本今讀」、「正語音」或「錯讀」，其實亦係審音方式之一。

　　那麼，是不是一講到審音，就必須以韻書反切為大前提，別無他選？1980 年 10 月 10 日《華僑日報》中國語文信箱專欄如是說：

> 要確定字音，起碼有兩個標準。一個是追溯歷史，一個是約定俗成。《粵音韻彙》的字音偏重前一個標準，馮田獵的《粵語同音字典》則偏重後一個標準。現在相當通行的《中華新字典》和喬硯農編的《中文字典》的粵語注音基本上根據《粵音韻彙》，因此《粵音韻彙》的注音在香港的影響力很大。

可見「審音」起碼可以分成兩派。一派着重讀音的歷史源流，即接近何文匯那種讀音必須跟反切、不跟就是錯的主張，或可稱為「從切派」。另一派則主張約定俗成，認為字音不必被反切綁死，或可稱為「從眾派」。所以，字典收載了何文匯不承認的讀音不一定是因為他們標錯音（除非你看待讀音問題永遠將「何文匯審出的讀音」視為「正」），只是審音者在字音取捨的立場上不盡相同。

「從切」和「從眾」的分野，暨南大學教授詹伯慧在《淺談粵語正音》(文匯報，2009/4/27)有很清楚的解釋：

> 當前出現在香港的有關粵語正音問題的爭議，實際上就牽涉到是否在重視歷史繼承性的同時，也認真貫徹今讀從今從眾原則的問題。爭議的焦點是一方認為應該「從切」，確立現今正確音讀基本上以是否符合《廣韻》等韻書的反切為依據，可稱為「從切」派；另一方則不贊成今音讀法概以古韻書的反切為依據，不考慮或少考慮當今粵語使用者的實際讀法，強調今讀應首先面對當今社會上的普遍讀法，貫徹從今從眾的原則，古韻書上的反切只作為定音時必不可少的參考，但不作為唯一的依據。這可稱為「從今從眾」派。

某些人對於「約定俗成」一說甚有戒心，以為這就代表可以放

任民眾亂讀字音。但其實所謂「從切」還是「從眾」，只是一個相對稱呼：「從切」固然不是無視習讀完全從切，「從眾」亦未必無視韻書完全從眾。例如《華僑日報》提到馮田獵的《粵語同音字典》屬「從眾」派，不過此書「誼」仍收 [義] 音、「僭」亦有收 [佔] 音。

所以，**是否傾向《廣韻》音而排斥約定俗成的實際讀音，可以說是「派別」之分，或「光譜」之分，卻不應視之為「高低」之分。**不能說工具書若以韻書切音為優先，其學術水準或實用價值就必然較高，反之就較低。

> 固然我們可以從字詞典的收音觀察其「從切」或「從眾」取向，不過很多字音沒有所謂「從切」和「從眾」之分。例如「東」字，從切的讀音和從眾的讀音是相同的，都讀[dung1 冬]。沒有人會因為「從眾」而得出第二個讀音。你不能將這個字讀成例如[tin4 田]音，然後說這叫約定俗成、從眾。到底應該「從切」抑或「從眾」，是在讀音於「韻書音」和「實際讀音」有分歧時，始有探討必要。所以不要以為「從眾」就是放任大眾胡亂去讀字音、「從眾」就是包拗頸到符合反切的讀音均不接受。另外，這裏所講的「實際」讀音當然是指在社會上普及流通的讀音，而不是例如有一兩個人這樣讀便將之看成是「實際存在」的讀音。

第三節　粵音韻彙

何文匯屬於「從切」一派，認為粵音應以《廣韻》為宗，取態極端保守，有人諷之為「正音塔利班」。這種對粵語讀音的保守取態，實可追溯至 1941 年的《粵音韻彙》。《粵音韻彙》乃中國首

部以國際音標注出粵讀的工具書，甚具江湖地位，更獲教育學院長期採用(范國、郭永賢 1999)。正如上引《華僑日報》一段所言，此書影響後世不少字詞典逐用其注音，或以該書注音為基礎，亦間接導致它的讀音在香港有很大影響力。

《粵音韻彙》作者黃錫凌在書中不少地方強調字音的「正讀」或「標準音」，但沒有交代決定讀音正誤的依據。不過，學者指出，這些所謂「正確讀音」，其實即是符合反切的讀音(劉鎮發、馬顯慈 2011)。

雖然《粵音韻彙》可以說已是「神枱級」的書，過去仍有學者批評此書所標示的讀音。究其主因，就是此書對讀音的保守取態，導致**紙上讀音與實際讀音差距甚大，老師、學生無所適從**。例如黃氏指，「僧」字誤讀[zang1 增]，正讀是[sang1 牲]；「聯」字誤讀[lyun4 鑾]，正讀是[lin4 連]；「隸」字誤讀[dai6 第]，正音是[lai6 麗]。恐怕當時的教師也很難昧着良心教學生這些「正音」。

單周堯教授（歷任香港大學中文學院主任、明德教授）早於 1980 年已為文指出，雖然黃錫凌《粵音韻彙》在當時仍是粵音權威，香港中文教師大多人手一冊，甚至喬硯農《中文字典》和中華書局《中華新字典》的粵語注音亦多以黃書為依據，但這些書有不少注音卻與香港通行的實際粵音不同(單周堯 1980)。例如：

> ➤ 倩，《中華新字典》音[sin3 線]，實際粵音[sin6 善]；
> ➤ 嚷，《中華新字典》音 [joeng5 養]，實際粵音 [joeng6

讓];

➤ 昆，《中華新字典》音[gwan1 君]，實際粵音[kwan1
坤]。

單教授思疑，這些注音到底是來自反切還是實際讀音：

> 由於上述字典、韻彙的粵語注音跟實際的粵音有距離，而較接
近傳統的反切，我們不禁懷疑這些字典、韻彙的粵讀到底是根據實
際語音，還是根據中古的反切。**語音是不斷演變的，古今字音不盡
相同，也不必相同，我們似乎不必放棄已經約定俗成的語音來遷就
古代的反切。如果字典中的讀音只照顧古代的反切而不顧實際的讀
音，那麼，它們的注音價值便不免大打折扣了。**

> 較早期編纂的字典（例如《康熙字典》，書成於公元 1716
年）一般都用反切來注音，但不是人人都懂得怎樣用反切來拼音，
而且這些反切大多是唐宋時代的產品，拼出來的音與現代的讀音也
不盡相同。因此，要查檢一個字的粵語讀音，《粵音韻彙》、《中
文字典》、《中華新字典》等仍是較方便而又可靠的工具；而**改善
這些韻彙、字典的注音，使它們更準確、更切合這個時代，也就成
為目前當急之務了。**

單周堯的說法，對很多人來說可能很新鮮：

1. 讀音不一定「以古為正」、「以韻書為正」；
2. 字典注音與實際讀音不同，不表示實際讀音一定是錯
讀；
3. 字典注音與實際讀音不同，未必是我們的問題，可以是
字典的問題。

而何文匯將「正讀」根據一推推到千年以前，上述三例，在《粵音正讀字彙》中各有遭遇：

> 「倩」以［線］為「正讀」，不收［善］音(P.198)，換言之實際粵音［善］是「錯讀」；

> 「昆」以［君］為「正讀」、［坤］為「口語音」(P.102)；

> 「嚷」與「壤」同音，而「壤」讀［養］是「本音」、［樣］是「今音」(P.315)。

何氏自稱他這「第一本以學理為依據」的字典已是「懂得反切而對反切持比較包容的態度」、「嚴處論寬」、「在韻書的規範內騰出空間」(廣粵讀，P.55)。當然，我們不能說他沒有騰出空間，只是這些空間不是給倩讀［善］、誼讀［宜］一類讀音而已。於是他便可以不斷要求人人都遵照他的讀音，進而將「遵照他的讀音」移形換影為支持「粵音正讀」。

何文匯《粵音正讀字彙》以「學理」自居，彷彿搬出《廣韻》，審出來的讀音就高人一等。不過，單教授的文章帶出一個很重要的訊息：**何文匯的「正音」取態，不見得是學術界的統一主張**。事實上，其他學者不拿《廣韻》做令箭，亦不表示他們不識貨，何博士獨具慧眼執到寶。

第四節　學者的觀點

　　我以前對粵音毫無研究，接收到的「正讀」資訊，概從電視電台製作的文教節目而來。而負責這些節目的「專家陣容」總少不了何文匯和一些中文大學學者。所以，對於諸如「刊」讀[hon1]、「簷」讀[jim4 嚴]、「綜」讀[zung3 眾]一類他們不斷宣揚但與我自幼所學並不相同的「正音」，覺得怪、不想跟是一回事，卻也認為他們的主張在學理上、在事實上是無容置辯，甚至以為電視台宣揚的他們的主張是學術界一致或者最主流的看法。直到數年前我決心查找「粵音正讀」真貌，從粵音論著、學術論文、字典詞典看到的，卻是截然不同的景象，令我頗為震驚。本節會介紹這些著作和學者的態度（排名不分先後）。

莫朝雄：粵語教學與讀音研究 (1961)

　　1961 年出版、莫朝雄的《粵語教學與讀音研究》中，論及粵音的異讀問題，就先指出了語音會隨時間變化(P.58)：

> 又因語音是有時代演變性的，先期的韻書跟後期所注的音，也常有不同。中原音以至現在的國音，也不免如此；粵音大約有二三千個常用的字音代表其特殊性之外，原以跟隨中原音的轉變原則而訂的字音，故視為正讀，但也不免仍有又讀（或讀）的。

該段之後又提到「本讀與今讀」的問題(P.59)：

> 我們對於字音，必須正視它的時代演變性；這即是說，對於字音，
> 不必一定追溯到原始的讀音才算正確。因此正讀的『正』這個觀
> 點，就可能發生問題，──某時期認為是俗讀的音，若干時間後，
> 卻變成最通行的音了。本讀和今讀的論據在此。下面所舉的例子，
> 雖不取「習非成是」的態度，但今讀的音確是現在通行的讀音；而
> 本讀的音，反而少見了。

書舉「僧」本讀[sang1 生]而今讀[zang1 曾]、「瀰」本讀[mei4 微]而今讀[nei4 尼]、隸本讀[lai6 麗]而今讀[dai6 第]、締本讀[dai3 帝]而今讀[tai3 替]、溝本讀[gau1]而今讀[kau1]為例，指出字音具有「時代演變性」。其中僧、瀰、隸、溝四字都是黃錫凌在《粵音韻彙》中特別提出的所謂「誤讀」音。而何文匯判瀰讀成［尼］、締讀成［替］為「錯讀」；僧讀成［曾］、隸讀成［第］則屬「習非勝是的口語讀音」。

林蓮仙：粵讀反切音標兩用正音表 (1975)

1975 年，語言學者林蓮仙博士出版《粵讀反切音標兩用正音表》，自序一頁寫到：

> 先說正音的工作吧，目前坊間的粵音字典，不外兩類，一類是用傳
> 統的反切記音法，一類卻是用新式的音標記音法。但是，自從漢末
> 開始使用反切方法以來，千餘年間，反切韻書多相因襲，由於語音
> 的變遷，我們常感不易從切字的拼合去掌握一個字的正確音值……

> 有些聲調的演變且超出了粵語語音演變的內在規律之外，於是反切
> 法往往窮於應變。

此書以《廣韻》反切與拼音矩陣表示粵音，一個反切/注音配搭只標一字，所以字數很少。但從中仍可找到一些此書承認而何文匯不承認的讀音，例如「彌」讀［尼］、「溺」字讀陰入調。

至於何文匯博士的「正讀」論，是絕對不會出現反切法窮於應變的情況。因為「超出了粵語語音演變的內在規律之外」就是我們讀錯，既然是讀錯，除非得他首肯，否則就不是反切切語要適應我們而作改變，而是我們要適應反切而更改日常讀音。

黃耀堃：音韻學引論 (1994)

中大中國語言及文學系教授黃耀堃著有《音韻學引論》一書，1994 年出版。既為音韻學論著，當然會介紹反切。雖然黃教授知道《廣韻》，研究《切韻》系韻書亦是他的興趣，但他倒沒有將《廣韻》及其反切當成粵音正讀的絕對標準。例如書中就有指出反切法的缺點(P.50)：

> 由於漢字不表音，音變難以表明出來，因此古代的反切需要通過複雜的條例才可讀出現代讀音……由古代的反切拼切出的讀音往往與實際有很大出入，而一些人強調自己拼切出的讀音準確，往往造成語音混亂。

黃教授在講解使用反切切出粵音的原則時，甚至特別強調**常用**

字要按約定俗成的讀音(P.179)：

> 使用反切條例時，必須具備音韻學的知識，包括等韻學和《切韻》
> 音系的常識。這裏再次強調一下，就是常用字要按約定俗成的讀
> 音，反切條例的作用只適用於非常用字。

為甚麼「常用字要按約定俗成的讀音」？該書「單元三：語音
為甚麼會變化」就有解釋(P.79)：

> 語音不同於一般聲音，在於人類用語音來承載語意，因此語音的社
> 會性質最為重要。語音不是一個簡單的物理和生理現象，語音和語
> 意緊密結合，具有表意的功能，因此每個民族各有不同的語音結構
> 和系統，單從物理性質和生理性質是解釋不了的。而語音和語義的
> 關係，是約定俗成的，不能隨意改變，否則就會失去表意的功能。
> 譬如很多人提倡讀正音，只從古書推求出一些自認為正確的讀音，
> 要求社會各階層人士依照他的唸法，結果往往造成混亂，因為他們
> 違反了語言的社會性質。

　　這一段簡直是對現在盲目正音者的當頭棒喝。原來不是所有學
者都同意一拿出《廣韻》講讀音，就一定「大晒」！有些人以為
「非正讀」才混亂，「正讀」可以解決混亂，其實不然。當一個社
會的人九成九都使用「非正讀」，你硬要以《廣韻》的「正讀」否
定實際讀音，才是製造混亂的人。

單周堯教授的觀點

之前提到單周堯教授在 1980 年的文章探討過字典標音與實際讀音差距。他在 2012 年《能仁學報》發表的〈正字與正音〉，亦再次指出審音並非一味尋求韻書對應：

> ……以香港通行的粵方言為例，目前沒有一個統一的粵音標準。粵音怎樣才算正確，到現時為止，仍然莫衷一是。
>
> 決定規範讀音，不論普通話或粵語，一般都會參考《廣韻》的反切，反切是審音的一個重要依據。不過，參考古代反切，只是審音的原則之一。……趙元任先生舉了很多例子，說明《廣韻》的反切不一定可靠。此外，趙先生指出，即使不合反切，如果已錯了幾百年，甚至即使只錯了幾十年，都沒法子改，已經習非成是，只好將錯就錯。趙先生舉的是國語、普通話的例子，其實粵語又何嘗不一樣！

他在文章中就有質疑「友誼」的「誼」今時今日是否非讀成 [義] 不可：

> ……「誼」即古書中的「義」，把「誼」唸作去聲，固然顯出個人的中文修養。但既然「友誼」的「誼」，無論普通話還是粵語，一般人都已唸陽平聲，早已約定俗成，把它唸作去聲，反而會覺得不自然。尤其是粵語，極少唸去聲，不自然的感覺特別強烈，那就是為甚麼在第七屆國際粵方言研討會中，82.4%的投票者認為應讀陽平聲。

我們不寫「艸蟀」而寫「草莽」，不寫「酬醋」而寫「酬酢」，不寫「蝯猴」而寫「猿猴」，不寫「劈歷」而寫「霹靂」，不寫「冰結」而寫「凝結」，都是因為約定俗成的緣故。從這個角度考慮，字典是否可以完全不理會早已約定俗成的語音，把「友誼」的「誼」標去聲呢？考試又是否可以完全不理會早已約定俗成的語音，要求考生把「友誼」的「誼」唸作去聲呢？那似乎不是不可以斟酌的。

饒秉才教授的觀點

現任暨南大學文學院教授饒秉才寫有〈粵方言字音的訂音問題〉一文，刊於《語文雜誌》第五期(1980 年 8 月)。這篇文章主要是關於他對訂定標準粵音的一些看法，當中提到：

語言是隨着社會的發展和人們之間交際的需要而發展變化，有些字音在某個歷史時期本來應該讀作某個音，但是到了另一個歷史時期絕大多數人已經用另一個音代替它，而原來的音反而不講或少講。這種情況，我們就應該承認發展了的音為正音，而不應加以排斥。……只要人們公認它，又能很好地為人們服務，就應該承認它是正統音。

陳永明教授的觀點

陳永明曾任香港浸會大學中文系系主任和香港教育學院語文教育學院院長。他在 1996 年開始主持香港電台節目《中文一分

鐘》，七百多集節目中亦有講述讀音以至「正音」（即「正讀」）問題。其中一集他如是說(http://goo.gl/Vl yLc)：

> 其實我不太想用「正音」和「錯音」這兩個詞。反而說「今天一般人所接受的讀音」與「今天一般人不接受的讀音」或較準確。說話無非為了溝通，若我讀一個字出來，這個讀音卻沒有人聽得懂我是在讀這個字，又怎能稱得上是『正音』？

他在另一集節目又謂(http://goo.gl/m3ATL)：

> 中國字正音問題很複雜。顏之推說：「從正則懼人不識，隨俗則意嫌其非。」……我的原則是，服從當時絕大多數人的讀音。假如所謂「正音」與當時絕大多數人的讀音不同，我們會將之當作一種知識去傳授，告訴他們這個字，曾經一度是這樣子讀，而且曾經一度是這樣子讀才是正確。有人可能會說，我們怎麼知道絕大多數人的讀法？其實很多時候，我們是知道的。

2010 年，陳永明教授亦在《澳門日報》撰文評論近年的「正讀」風氣。他指字典雖然不失為一個大家遵守的好標準，但「如果把字典，尤其是好幾百年前的字典的讀音，視為『正』，以今日約定俗成通行已久的讀音為『錯』，必須改正，那就忘記了字典本來並不是規約性這個事實了。」他舉了「煙視媚行」、「慘綠少年」和「愚不可及」三個成語的古今用途的差異——這些成語本來用於讚美、褒獎之意，現在卻只用於貶義。他認為，上述成語，老師可以在課堂傳授其原本意義，卻沒有多少人會在現實社會堅持用這些成語去稱讚對方。然而**一講到讀音，不少人卻要當「語言警察」，堅**

持「構」必須讀〔究〕而不能讀〔扣〕、「雛」必須讀〔鋤〕而不能讀〔初〕，無視這些字音在當今社會如何通行。他於是問：「為甚麼？」(「正音」，澳門日報，2010/3/13)

詹伯慧教授的觀點

中國語言學家、暨南大學中文系教授詹伯慧於 2009 年 4 月 27 日《文匯報》的文章談到「正讀」問題，題為〈淺談粵語正音〉。文中他強調，正讀問題，除了注意韻書反切，亦應該尊重現實：

> 在確定每一個字的正確讀音時，除了充分考慮漢語語音發展的歷史規律，緊密聯繫反映古代語音系統的韻書反切以外，同時也應充分尊重現實的讀音情況，因為語言始終是發展的，現代人的讀音固然跟古代的讀音有一定的繼承關係，但也不排除出現由於語言的發展而導致今音的實際讀法與古音格格不入、甚至大相逕庭的情況。
>
> ……儘管粵語音讀存在著較多與《廣韻》反切吻合的地方，但粵語畢竟也是發展中的一種方言，在發展中受到各種內部外部因素的影響，甚至還可能受到某些偶然因素的制約，從而使得現在通行的個別讀音有可能完全背離了《廣韻》的反切。面對這一類情況，我們在審訂粵語今讀時，也就不能不考慮到，在參照古音反切的同時，也貫徹「今音從今」、「從今從眾」這樣的原則了。語言文字是約定俗成的產物，這是語言學中最基本的道理，適應於任何一種語言，也包括地方方言。我們在釐定現代粵語正音的態度上，正是充分尊重「約定俗成」原則的體現。

> ……我們在粵語正音中，既要把握語音發展的歷史繼承性，又不能對已在群眾中廣為流行的俗讀熟視無睹，而必須採取兩者兼顧的做法。萬一現代的普遍讀音跟古代反切已失去聯繫，我們就只能以從今從眾的態度來對待今音的釐定了。……今人用今音，現代香港人用現代粵音，這是天經地義的事。強求人們把不符合古音反切的粵音「改正」過來，有什麼必要呢？

張群顯教授的觀點

張群顯是香港理工大學中文及雙語學系副系主任。他在 2008 年的《中國社會語言學學報》發表了一篇名為〈粵語正音的社會語言學視角〉的英語論文，從社會語言學角度看（一）正音的定義、（二）誰可以判斷正音、（三）正音工作的本質以及（四）正音工作的社會代價和社會效益四個問題。

張博士指出，語言使用者應該明白（一）沒有一個讀音是生而具有「正」的本質，（二）決定何謂「正音」總牽涉某些人的判斷。他期望更多人認識這兩點事實可以有助糾正**一些讀音明明僅屬部份人審音後得出的偏好讀音，有傳媒卻將之當成與生俱來、本質上的正確讀音，並昭告天下**這種狀況。

他續指，「正音」在社會語言學觀點是屬於語言規劃的一部份，其目的應在「優化(optimize)」語言的功用和效率（即改善溝通和教育成效）。那麼，做正音工作之前，應先弄清楚如何正音方可達致此一目的。比方說，減少一字多讀應能優化語言的功用和效

率。反之，若正音會導致異讀增加，則無異「逆優化(de-optimization)」，只會對溝通和教育產生不良影響。八十年代有人將「時間」改讀時[gaan1 奸]、「核子」改讀[wat9]子，即屬後者。這兩個讀音的「正音」運動失敗，其實反而對使用此一語系的社羣有利，因為這些「正音」本質上其實是削弱了語言的功用。

論文並提到，當傳媒企業將時 [奸] 取代時 [諫] 用於「時間」一詞的讀音並將之廣泛傳播時，他們立即獲得「有學識」和「關注正音」的正面形象。**但當社會已經耗費大量資源適應這種讀音的傳播，而這些行動最終徒勞無功時，傳媒本身卻無任何損失。**張博士於是提醒，正因傳媒多數有其自身目的，**社會絕不應以之為語言規劃的合適代理人。**

范國教授的觀點

曾在浸會大學任教的范國教授與郭永賢曾發表〈兩部四十年代前後出版的粵音韻書所記常用字讀書音的比較給我們的啟示〉論文(1999)，提到正音問題，「我們認為趙元任的意見值得參考」：

7.1 趙元任在 1968 年《語言問題》中第八講談到「何謂正音」。歸納他的意見，他認為：

a.　語言會變，若以三十年為一世，過了三十年，語音變了，就可以另訂標準。

b.　語言的變化是動態的，是時間的變數。隨著時間的發展，舊訂的標準就不一定再適用了。

c.　所訂標準應以知識分子無警覺性的讀書音為準，要那些他們中間約定俗成的。只要是他們中間約定俗成，就是習非也可成是。

d.　雖然現在的方言跟古韻書有非常密切的脈承關係，但不能死守韻書，而應以上文 7.1c 項為準。

e.　趙元位談正音是以國語（即普通話）為對象。但正如趙元任說，國語也只不過是種方言，所以我們認為他上面所述的原則，也可應用到地方方言，例如粵語身上。

第五節　學術界的審音著作

看過學者的態度，不妨再看看一些由這些學者主導的審音著作的取態。大部份的字詞典都是由一兩個人負責讀音審訂，這裏介紹的是較多人參與的粵語審音行動。

常用字廣州話讀音表 (1990/1992)

香港教育署語文教育學院中文系編有《常用字廣州話讀音表》，1990 年初版，1992 年出版修訂本。針對坊間粵音工具書注音不一，令人無所適從之弊，教育學院組織「常用字廣州話讀音研究委員會」，成員來自香港各大專院校，為一些有爭論性的字音定

出「建議讀音」，供教師參考使用。而單周堯和羅忼烈教授在前言中講解此書出版因由，值得參考：

> 在香港，廣州話最流行，目前它仍是中文教學的主要媒介，因此許多在香港出版的字典都有粵語注音，但這些粵語注音，卻有部分跟香港通行的實際粵音有距離，令人感到無所適從……**字典音比香港通行的實際粵音更接近傳統的反切。可是，要全面照顧韻書上的反切是不可能的……同一反切的字，到了現在，也有分化為不同音的……正如明代陳第 (1541-1617)《毛詩古音考・序》所說：「時有古今，地有南北，字有更革，音有轉移，亦勢所必至。」文字和語音，都是會演變的。……同樣地，廣州話的訂音，也有許多學者贊成約定俗成。問題是，哪些音我們接受，認為是約定俗成；哪些音我們不接受，認為是誤讀。**

廣州話正音字典 (2002/2004)

　　2002 年出版、2004 年修訂的《廣州話正音字典》，是以《常用字廣州話讀音表》為基礎，集合粵、港、澳三地數十位學者的努力成果。其取音原則是採用「在尊重科學的前提下以從今從眾的原則」，以歷史音韻學為基礎，並盡量照顧通行的讀音，是「學術性」與「實用性」的結合(「介紹《廣州話正音字典》」，施仲謀，現代教育通訊第 65 期，2003/3)。編者詹伯慧如此解釋審音原則(「關於《廣州話正音字典》」，詹伯慧，學術研究，1998。轉引自「《廣州話正音字典》與《常用字廣州話讀音表》粵語注音比較研究」，李素琴，能仁學報第十一期，2012/5)：

首先都以今音為基礎，既考慮語音發展、語音結構的規律性，也考慮語言應用的通用性。特別重視那些已經深入人心，家喻戶曉的讀音，對一些不合古音及反切的字音，只要已在社會上廣泛使用，也考慮承認現實，適當加以保留，或作「俗」讀看待。

粵語拼音字表 (1997/2002)

《粵語拼音字表》由香港語言學學會編寫。香港語言學學會是由語言學家和語言教育工作者組成的學術組織，創製了「粵語拼音方案」（粵拼，即本書所用音標），以語言學原則用羅馬字母拼寫香港粵語。這本《粵語拼音字表》正是用「粵拼」方案標示粵音的字表，錄有《粵音韻彙》、《廣州話標準音字彙》和《李氏中文字典》三本工具書的讀音（惟不設釋義）。在這個層面，自然不算有審音成份。值得留意的是，香港語言學學會粵拼小組成員提供了好些字音，屬於「一群語言學家對一般知識分子觀察所得的記音」(范國、郭永賢 1999)。這些均為較貼近現實社會而不見於傳統字書的讀音，例如「嬪」讀[ban3 殯]、「澡」讀[cou3 醋]、「捍」讀[hon5]、「桿」讀[gon3 幹]、「訌」讀[hung3]、「漪」讀[ji2 倚]之類。好些口頭讀音亦有收錄，例如「彎」轉讀[waan4 環]，「剩」讀[zing6 淨]等。

> 學會成員提供的主要是不見於《粵音韻彙》的讀音。例如「嬪」字，范國教授提供的[ban3 殯]音，《李氏中文字典》亦有作為「語音」收錄。順帶一提，這個 [殯]音早已為學者和知識份子所承認，收錄此音的工具書有《民眾識字粵語拼音字彙》(1931)、《中華新字典》(1937)、《道

漢字音》(1939)、《粵語同音字典》(1974)、《粵語查音識字字典》(1985)、《常用字廣州話讀音表》(1990，列作唯一讀音)、《廣州話正音字典》(2004)、《朗文中文新詞典(第三版)》(2008)等等。此音亦早見於《分韻撮要》(1782，1825 新鐫)，惟不獲何文匯承認。大概無綫電視的配音部門在自覺有「教育下一代責任」，進行「正音」行動，廢去了這個實際流通的 [殯] 音，於是，現在各位看配音劇集，例如 2012 年 8 月播放的《宮》，只會聽到 [貧] 音。

第六節　與何文匯審音理論的比較

將「何文匯式審音」（先擬出符合廣韻反切的讀音，是為「正讀」，再將不合反切的讀音分成今讀、語音或錯讀三類）與上述學者的態度比較，我們可以見到：

> 不是所有學者都贊成以《廣韻》為正讀的「正音」立場。**「正讀」必須根據《廣韻》，只是一個主張，並非盤古初開就顯明的真理。**

> 由於語言會變、反切不可能盡跟，**很多學者都贊成讀音約定俗成。**

相對於傾向「從眾」，即同意讀音約定俗成的學者，我們固可將何文匯一派歸為「從眾」的對立面，即「從切」派。例如《廣州話正音字典》「以今音為基礎」的審音原則與何文匯《粵音正讀字彙》的主張可謂南轅北轍(粵音正讀字彙，P.392)：

一本擬音準確而有學術價值的粵音字典，一定要先參考中古和近古的切語，然後才參考「約定俗成」和「習非勝是」的現象，擬出每個字的粵語讀音。

不過，所謂「從切」抑或「從眾」，重點只是在決定「正音」時「韻書讀音」與「民間流讀」所佔比重問題。不能忽視的是，即使同是「從切」派，何文匯的立場比諸例如黃錫凌的「從切」立場，仍有一大不同之處，那就是如何看待《廣韻》一類古代韻書在定出粵音正讀時的地位。

對「何文匯派」來說，**《廣韻》一類韻書就是絕對**，所以必須根據韻書反切拼出粵音，而這個粵音就叫做「正讀」。韻書的反切不會無端改變，假設從反切推出粵音的過程沒有爭議，這個**「正讀」將是千秋不易、萬世不移的。**

可是，語音流變，日常生活很多讀音已不復「正讀」，這些「正讀」音未必能夠用來溝通。「何文匯派」的補救措施是將後起音分成三種，分別是「今讀」、「口語音」和「誤讀」。

在這種情況，韻書音（「正讀」）就像是大婆，後起音就像是二奶。將後起音視為錯讀，亦即大婆不承認二奶的地位，認為她是狐狸精，不准她入家門。這是一個極端。

將「韻書音」與「後起音」分別判為「本讀」與「今讀」，原因是「今讀」已取代「本讀」。那麼，這類「本讀」，便理應不宜用作教學或推廣。換言之，「正讀」不一定應該讀，「正讀」讀出

來不一定沒有問題。但**就算不應該讀、讀出來無法溝通，這個讀音依然是「正讀」**。「今讀」則永世不能成為「正讀」。情況就像大婆死了，該頭住家就由二奶擔起責任，但終此一生也不用指望可以「坐正」。這是另一個極端。

而「誤讀」和「今讀」之間，就是後起音已見普遍，但尚未完全取代韻書音。此種情況，何文匯仍會視韻書音為「正讀」，不過亦承認後起音為「口語讀音」。驟眼看來，「何文匯派」對這類讀音的立場是兩者皆接受（至少在口頭上）。不過必須留意，兩個讀音的地位絕不平等。何文匯將這類讀音以「正讀」和「習非勝是的口語音」二分，正宣示了其價值取向：韻書音是「正讀」，一定是較上等的讀音；後起音既然是「習非勝是」，肯定屬次等讀音。韻書音的「正讀」地位不會因為「口語讀音」在現實中佔主導而有所動搖。感覺就像大婆勉強讓二奶入家門，但貴賤尊卑，唔該分清楚。

「從切」派雖然偏重韻書音，卻不一定像何文匯般抱有「韻書音就是正音」的立場。何文匯其實是要在「從切」派的基礎上建立一個核心思想，就是**「以古為正」**，或「以韻書為正」。設立「正讀」，是為了**確立古韻書在一個語言系統內絕對、不容挑戰的價值**，所以才有一個千秋萬世的「正讀」。無論語音怎樣變，無論未來會再有幾多「今讀」、「口語音」，韻書反切音的正讀地位都絲毫不能有變。

而從眾派的「正讀」，則是現世適宜使用、提倡及作為教學標

準的讀音。決定何為「正讀」，固然要參照韻書、字典的注音，亦須考慮目的社會上各階層的唸法。如果兩者有衝突，就得斟酌「哪些音我們接受，認為是約定俗成；哪些音我們不接受，認為是誤讀」。

在從眾派的層面，「正讀」會因時而異，而非亙古亙今始終一貫。「正讀」沒有絕對標準，卻是專家們經審議後認為最切合社會現實的讀音；這個**「正讀」是適宜用來溝通、教學、推廣的。**

所以從眾派對「正音」的着眼點是社會現實，使語言於教育、溝通等職能上更有效率。由於韻書並非絕對，一個不符古韻書的讀音，依然可以「坐正」。若「韻書音」與「非韻書音」共存於世，學者亦會承認，但並不會以「韻書音優先」為前提。

理論上即使如「何文匯派」般以廣韻反切為「正」，依然可以認為某些廣韻音已經不合時宜，然後承認很多實際讀音。例如技術上何文匯可以將「誼」讀［宜］承認為口語讀音、將「熠」讀［邑］承認為今讀。但實際上，基於「從切派」的價值取向，承認太多實際讀音，變相就是自己推翻了《廣韻》在審音時的絕對性和權威性。所以由他們審出來的讀音，無可避免會傾向保守。

第七節　正讀所為何事

原來，因着「（何文匯式）從切」和「從眾」的分野，其「正

讀」所指，亦有分別。「從眾」派的「正讀」，是一個學者認為適用於現代的讀音，「何文匯式從切」的「正讀」，嚴格而言，卻未必適合這個時代。那麼，誰較合理？如何取捨？要解答這個問題，我會嘗試循「『正音』的目的應該為何」這條路去思考。

一般人想要知道一個字的正讀，大概根本沒興趣知道甚麼中古音發展至粵語的演變規律，亦無興趣了解所謂正讀的釐定準則，更不會在意這個讀音是不對應《廣韻》反切。甚至「正讀」究竟是甚麼一回事，他們亦未必能說得出個所以然。在他們心中，總之一個字就一定會有一個「正讀」、「正讀」就是「正讀」，重視語文就要學習、使用這些「正讀」。

但遵常理推敲，既然他們想要知道一個字的「正讀」，這個「正讀」，理應是當下社會一個「可以使用」並且「應該使用」的讀音。他們追求正讀的動機，着眼點不是這個音能不能與韻書反切對應、不是這個讀音是否符合「變化規律」，而是這個讀音在社會上是不是絕大多數人明白並且接受的讀音；又或者好學一點、上進一點，想知道這是不是一個廣為知識份子認同的讀音。總之，他們肯定不會追求一個「用了反而會出問題」的「正讀」。

要驗證這種推論是否正確，應該不難。你問人支不支持正音，我想，大多數人都會答支持（少數人會答不支持，更少數人會懂得問你這個「正音」是根據甚麼定義）。然後，你將根據韻書反切得出來的「正讀」呈現在他們面前，例如「孕婦」要讀［認］婦、「扒手」要讀［拜］手、「拘捕」要讀［居］捕、「旭日」要讀

［哭］日、「幫助」要讀幫［罪］、「究竟」要讀究［敬］、「殖民」要讀［食］民、「饅頭」要讀［民］頭、「所以」要讀［水］以、「鸚鵡」要讀［嬰］鵡，再看看他們會否仍然繼續支持這些「正音」。

若上述推論正確，這就與何文匯以《廣韻》為正讀的原教旨不同。何文匯要以韻書音為正讀，這個「正讀」未必與「可不可以讀、應不應該讀」扯上關係，因為就算是社會上絕大多數人不接受、聽不懂，所以理應不值得提倡、使用，甚至連作為知識向公眾傳授亦大可不必的讀音，都可以是「正讀」。這就似乎跟一般人學習正讀之目的相去甚遠了。

第八節　約定俗成非萬惡

「約定俗成」的問題也應該談談。提倡「正讀」的學者不喜歡「約定俗成」四字，經常將「習非勝是」這個帶貶義的字眼扯上關係。例如我們看看何文匯在 1989 年出版的《日常錯讀字》中，〈談談「約定俗成」和「習非勝是」〉一文如是說：

> 我首先談談「約定俗成」。讀音沒錯是約定俗成的。在中國，讀音最全面和最有效的「約定俗成」在隋朝開始。當時的語音專家陸法言和他的幾位朋友以洛陽語音為標準，再參以南北古今的音，編成《切韻》。……［《廣韻》］不但是真真正正的約定俗成，而且得到官方承認，成為我國中古音的標準。……千多年來，《廣韻》的聲母和韻母在粵語所起的變化也大致上有軌迹可尋。可以

説，我們的粵讀已經俗成了。既然已經俗成，又有一套現成的切音做指引，為甚麼還要費神重新約定呢？由誰負責約定呢？用甚麼方法約定呢？哪些字需要重新約定呢？有多少人會心悦誠服地接受別人重新約定呢？一連串的問題，恐怕很難回答。

其實在今天才再為粵音提出約定俗成，恐怕只不過是希望一己的錯讀得到別人的默許罷了。換言之，提出約定俗成的人，主要就是希望習非勝是。

由此大家可以見到，大概在何文匯眼中，上述學者都是「希望一己的錯讀得到別人的默許」的衰人。

但是，何文匯這種説法是非常可疑的。到底怎樣才算是「真真正正的約定俗成」？既然有「真真正正的約定俗成」，那怎樣才算「假的約定俗成」？難不成比如「熠」字廿幾本字典都收［邑］音，人人都讀［邑］音，何博士卻看穿了這是「假的約定俗成」，才不予承認？還有，何博士説《切韻》底定，千多年來，粵音流變，讀音可以説「已經俗成了」。但粵語又未消亡，憑甚麼説「已經俗成了」？何博士究竟有甚麼根據為「最全面和最有效的讀音約定俗成」定一個起始點（隋朝），又憑甚麼為粵讀的約定俗成定一個結束點，斷言「嗱，某年某月某日之後有人再提出讀音約定俗成，其實都只是想習非勝是」？

我不知道「某年月日前是約定俗成、某年月日後是習非勝是」此等理論有何根據，因為文字和語言本來就是約定俗成，或習非成是的。而「約定俗成」亦不如某些人想像般就等於「沒有標準」，

又由於沒有了標準，語言必然會混亂不堪。

以文字為例，「空間」、「間隙」的「間」字，我們現在寫成「門」中有「日」字。稍有接觸古籍的人都知道，「間」本非正寫。以前這個字是寫成從門從月的「閒」字，也就是我們今天用作「空閒」、「得閒」的「閒」（但仍讀[gaan1 奸]/[gaan3 諫]）。換言之，古時「間隙」寫成「閒隙」。《隸辨》：「閒從月，俗從日，**非是。**」清顧藹吉《經典文字辨證書》：「今人謂從月為閒暇，從日為兩間者，**非是。**」今天我們的用法正是「從月為閒暇，從日為兩間」。而清代學者特意指出這個寫法，並說「非是」，就表示這種用法當時雖然已經普遍，他們卻認為這是錯的。

今天，原來的「閑」變成「閒」（而「閑」沒有消失），原來的「閒」變成「間」（而不再將「間」寫作「閒」），就是約定俗成的結果。如果約定俗成就是沒有標準，會導致混亂，請問我們現在對於「間」和「閒」的分工和運用，可曾混亂過？幾時有標準覆亡？反而如果有人翻閱《康熙字典》，驚見「間」是「閒俗字」，以為天大發現，心痛時人「習非勝是」（以《康熙字典》的標準為「是」，今人寫法不遵《康熙字典》，當是「非」了），高舉「正字」旗幟，要人將「時間」寫成「時閒」、「空間」寫成「空閒」，又居然有人（或傳媒）遵用，結果必然是人人無所適從，看到「空閒」二字還要猜這究竟是指「空間」還是「空閑」。這固然否定了「習非勝是」，乃為正字派的一大勝利，但難道標準又會清晰了？就不會造成混亂了？

讀音亦是同樣道理。以《廣韻》為正讀，將其後的不規則變化全盤否定，之後再「照顧」，聽來好像很權威。但首先，變化規則本來就建基於約定俗成的語音。再者，假如約定俗成會天下大亂，難道人人依足「正讀」，即孕婦讀成〔認〕婦，賺錢讀成〔暫〕〔前〕，戲劇讀成戲〔極〕，逛街讀成〔廣〕街，就能天下太平？

有些人會用「約定俗成」作為對語文得過且過的藉口，這固然不足為訓。但問題並不在「約定俗成」，而是那個人對待語言文字的態度。文字和語音都是約定俗成的，否定約定俗成，等同否定我們現存的所有文字和語音。這種做法同樣荒謬。所以，我們要反對的，應是濫用「約定俗成」的人，不應是「約定俗成」本身。

無論稱為「約定俗成」也好，喚作「習非勝是」也罷，一個變化後的讀音，既成事實，並為社會接納遵用，廣泛流通，在這個特定時間點上，就再不能說是「錯」了。由現代的觀點看，這就叫「約定俗成」。古人若有命看到未來的我們，大概就要慨嘆我們「習非勝是」了。

任何人都可拉一條長長的時間軸，從兩個極端去比較兩個時代的人的文字和語音。中立的，可以說語言文字起了變化；好古的，又可以說這千百年來我們不斷讀錯音、寫錯字。但站在現代的一端，你又可以說語言不斷發展。何博士說港人錯讀「不勝枚舉」，正是將時間軸拉到千多年前，站在古人的觀點，去非議今人讀音。設定兩個時間點，將時期較早的標準定為正確，其後任何悖於這個標準的情況，自然可以視之為錯誤了。但這又有甚麼意義呢？你將

「空間」寫成「空閒」來一發思古之幽情，用以自娛，不妨；用來「導人入正途」，恐招食古不化之譏。某些所謂「正讀」，何嘗不是如此？

何文匯要求大家用韻書來做共同標準。但這樣做必須付出代價，就是「共同標準」上的「正讀」，可以是一個只存留於韻書上、實際卻沒有人用的「死音」。用「死音」做「正讀」，無異用「死字」做「正字」，例如以「萅」代「春」、以「㓛」代「列」。說起來，何博士依然不承認「歹」字的寫法，堅持據《字彙》以「歺」為正寫(粵音正讀字彙，P.12)。於是「歹徒」、「為非作歹」就要寫成「歺徒」、「為非作歺」才合何博士的心意。

好古無罪。惟將自己的好古僻強加諸人民，則令人非常反感。如果學者可以用《廣韻》全盤否定其後的約定俗成讀音，那我們豈不同樣可以用《康熙字典》甚至《說文解字》全盤否定其後成為事實的文字發展？

第九節　以古非今的顧炎武

何文匯博士說，粵讀已經「俗成」，遂以韻書之反切糾正粵音之舛誤。這令我想起一位音韻學書籍介紹過的學者。

顧炎武(1613-1682)，字亭林，明末清初經學大師。他對音韻學的貢獻，在於利用《唐韻》（其實是《廣韻》）考證上古音韻的卓

見。他在考得了上古時期的韻部後，在《音學五書》敘言謂：

> 天之未喪斯文，必有聖人復起，舉今日之音而還之淳古者。

意思就是，他既考得上古韻部，便可以將今日的讀音，扭回昔日尚未被人「讀錯」時的面貌。原來，他確實認為後人韻書與古人用韻不合，乃後人讀錯字音之故(漢語音韻學，P.243)，所以才期望有「聖人復起」，以古律今。他的《音學五書》就有〈唐韻正〉二十卷，內容都是「糾正」《唐韻》的「錯謬」。

從我們今日還未字字都讀如上古音韻、從何文匯博士仍可以用顧氏眼中錯謬連篇的《廣韻》來「正」今日之粵音可知，顧炎武失敗了。清代江永(1681-1762)在《古韻標準》對顧氏有如此批評：

> 愚謂此說[按即上引顧炎武的復古主張]亦太難。古人之音，雖或存方音之中，然今音通行既久，豈能以一隅者概之天下？……若廢今人之所日用者，而強易以古人之器，天下其誰從之？……顧氏《音學五書》與愚之《古韻標準》，皆考古存古之書，非能使之復古也。

另外，《四庫提要》指出：

> 唐韻則本為四聲而設，非言古韻之書，聲隨世移，是變非誤，概名曰正，於義未協，是則炎武泥古之過，其偏亦不可不知也。

竺家寧說，「泥古之過」一語十分中肯(聲韻學，P.482)。

有份決定《切韻》審音標準的顏之推也是一個復古主義者(中國

語言學史，P.78)。今天來看，《切韻》的存古傾向令此書在音韻研究上比單純記錄一時一地語音的韻書更有價值（因為更有利於上推古音、下推今音）。不過王力亦指出：

> 以古音為是非的標準，這是不合理的，也是行不通的。

何文匯博士以《廣韻》為「正讀」，就是將《廣韻》視為「正」，再指現代音不同於廣韻反切者乃現代人將字音錯讀的結果，其「考古」目的正是要「復古」。當然，我們明白，何博士執着的是反切對應而非韻部，而且他將「錯讀致無法還原」的音接受為「今讀」此舉亦似比顧氏「開明」。不過，若論兩者本質，即「古為是、今為非」的精神，令我看到顧炎武的故事時，總覺得似曾相識。

第十節　總結

有些人會覺得，講正音標準，「有根有據」總比「約定俗成」好，因為前者很客觀，而約定俗成即是漫無標準，不夠客觀。有些人甚至認為，支持讀音約定俗成的人，是因為這個人無學識，才希望用「約定俗成」掩飾自己的不足。

通過字詞典的取態和學者的意見，我希望指出：以為講「根據」就很「學術」、「約定俗成」就是「非學術」甚至「不學無術」，純屬誤解。**支持「從切」不一定比支持「從眾」佔領更高、**

更堅固的「學術高地」；贊成讀音約定俗成的也不一定是讀書少、不識《廣韻》、沒有學術背景的人。

況且大家不要忘記：

➤ 要憑韻書反切切出粵音就必須承認「約定俗成」的變化；

➤ 如果依足《廣韻》正讀，雖然很客觀，但所有人都會立即變啞巴，因為大家連爸媽二字都讀錯；

➤ 如果不用依足《廣韻》正讀，而由某些人（例如何文匯）決定哪些音要跟、哪些音不必跟，《廣韻》的「客觀性」又變得名存實亡。

最極端的「從切」就是每個讀音都依足《廣韻》，而極端如何文匯也不會如此做；最極端的「從眾」是不理好醜但凡社會有人用的讀音都收錄，例如見有些人將「恆[hang4]」讀成「痕[han4]」，就乾脆將「恆」標讀[han4]。但同樣地，暫時我也未見有字典這樣做。既然「有根有據」派不見得完全客觀，「約定俗成」派亦非將韻書棄若敝屣、不問因由地承認讀音，「從切」就不一定高人一等，「從眾」亦未必可怕。

本章列出各位學者對於「正音」的意見，尤其值得參考。因為一般讀者恐怕未必知道原來學術界不少人的觀點與大眾日常在電視電台所看到、接收到的那種「以古為正」的「正讀」思想迥異。希望上引學者的主張能讓讀者以更廣闊的眼界思考「正讀」問題。

我不知道讀者看罷本章，會傾向「從切」抑或「從眾」一方。但是，無論大家認同哪一方，我們仍可從上述「從切派」和「從眾派」的不同立場，看到以下兩個問題：

何文匯叫人查字典的問題

何文匯博士說，多查字典可以減少錯讀(粵讀)。從本章的例子可以見到，如果讀音對錯得遵照何文匯的說法，又如果你查的不是由何文匯編寫或照抄何文匯「正讀」的字典，而是比方說由粵港澳三地學者聯合審音的《廣州話正音字典》，那麼你仍然可能會查到一個（何文匯眼中的）錯讀、誤讀。

多年來，對推動所謂「正讀運動」不遺餘力的博士、學者，提倡「講正讀」，又叫人「查字典」。但**這些人卻同時以「正讀」為名，攻擊一般字典已經收錄的實際通行讀音是誤讀、錯讀**。在他們的立場，這樣做是有根有據的：他們既然將《廣韻》奉為聖經，將廣韻反切奉為「正」，當然可以根據《廣韻》、根據他們自己心中的「正」，作為前設，去指斥其他字典的「誤」；並透過傳媒公器，**以「正音正讀」作感召，令公眾以為「從切派自己心中的『正』」就是「客觀事實上的『正』」**。

既然「何氏正讀」與「字典音」有分歧，那麼，一邊宣揚自己的「正讀」，一邊又叫人「多查字典」，何博士是想叫人查甚麼字典呢？如果不查他寫的《粵音正讀字彙》，不查他寫的《粵音平仄

入門》，不查他寫的《粵音自學提綱》，不查使用他審音結果的字詞典，大概在這些「正讀」人士眼中，都不算查字典，只算是想「習非勝是」而已。

所以，何文匯博士叫大家多查字典，根本意義不明。如果他口中的「字典」是指市面一般字典，那麼他根本不可能建議大家查字典，因為他一直在否定這些字典。他以《廣韻》為正讀，就是用《廣韻》來賦予自己否定市面所有字典和實際讀音的權力。但何博士又提過「正統中文字典」，意思是提供中古音反切的字典。如果他叫人多查的是這一類字典，那其實主要就是叫大家去查《廣韻》，要人人像他一樣以廣韻反切為尊。不過，每個字的讀音概從《廣韻》會產生甚麼問題，相信大家已經十分清楚；而且就連何文匯的《粵音正讀字彙》也不會每個字都依足《廣韻》注音。

既然查《廣韻》決定所有讀音不切實際，跟隨市面字典的讀音又恐怕會錯讀纍纍，何博士容許大家查的字典，大概只剩一種：由何文匯本人根據《廣韻》擬出粵音「正讀」，再由他決定哪些讀音必須跟，哪些讀音不必跟的字典，即《粵音正讀字彙》。

傳媒的立場問題

看到這裏，我想應能說服大家相信正讀標準尚未有一致共識。既然如此，**傳媒作為社會公器，實不宜在此時「歸邊」**，尤其傾向從切派那些不實際讀音的邊。在文教節目講正讀問題，亦不應該將

一家之說，當成客觀事實般去宣揚。一個不合反切的後起讀音，只要有字典接受，就更不應該因為一個學者的倡議或批評而棄若敝屣，貿然復古。

遺憾地，「正讀」問題在大氣電波並非一個百家爭鳴的狀態，反而是「從切派」的「正讀」學者在電子傳媒佔盡優勢。原因很難說，可能是這班從切派學者較擅長與傳媒老闆打交道使然，可能是何文匯與傳媒的關係（他在搞正讀之前已是佳視藝員，又曾為香港電台主持《百載鑪峰》節目）使然。也有可能是傳媒想製作這類節目突顯自己有社會責任，但在「從眾派」的立場，我們很多讀音都不算錯，那還有何「錯」可「糾」？如何顯示他們是要匡扶正道，挽狂瀾於既倒？

如果一個人只從電視電台接受「正讀」知識，不難會有一種《廣韻》就是至高無上、人人應以《廣韻》為正讀的印象。基於大眾對《廣韻》並不熟悉，學者一拿出《廣韻》來正我們的讀音，便好像很權威；見到電視台樂於製作此類節目糾正誤讀，甚至「以身作則」起用這些學者提倡的「正讀」，便會覺得這些傳媒很有社會責任。當權威形成，當一些罕用讀音透過這些教育節目引入社會，不免造成混亂。結果，**學者獲得了權威身份，電視台獲得了社會責任光環，受害的，卻是社會大眾。**

不過，這不見得是傳媒的一貫作風。1983 年，林佐瀚為無綫電視主持《每日一字》節目，並有同名書籍印行。在該書序言中，林佐瀚憶述主持節目之前，問過陳綸緒神父和饒宗頤教授的意見，

121

而二人均不約而同地提點他「千萬不可輕易説別人錯」。由是他表達了對字音正誤的看法：

> 凡字音已俗通慣用的，我一定接受，因為字音是與時間活生生地轉變的，不應堅持正音，過於執着泥古。

此一立場可見諸書本各處。如提及「嶼」字發音時，他説：

> 在字面上來説，「大嶼山」應讀為「大『敍』山」，但既然在香港，大家已通俗讀「大嶼山」為「大『漁』山」，我們又何必執着不接受呢？

其餘還有他接受「茜」讀 [西]、「糾」讀 [斗]，亦因「字音是與時間活生生地轉變」的緣故(P.211-212)：

> 黃錫凌先生的《粵音韻彙》寫於一九四一年，註「糾」音為「九」，喬硯農先生的《中文字典》寫於一九六二年，並註明「粵俗讀斗，實應讀九」。李卓敏先生的《李氏中文字典》寫於一九八二年，註明「糾」音「九」，語音「斗」。可見字音是隨時間而慢慢轉變。……據在廣州讀書的老學者，他們説粵音亦應讀「糾」為「矯」。……總括來説，粵音「糾」可讀為「九」，亦可讀為「矯」，俗音可讀為「斗」。讀為「斗」……既已通俗如斯，為何不可以接受？

正如林氏在《每日一字》P.131 所言：

> 電視廣播是普羅大眾的傳播媒介，必須與普羅大眾的生活息息相關。……所以我便不能把字的音、形、義拉得太古，不合時宜。

　　講起「糾」字讀音，順帶一提，我自幼所學，「糾」就是讀〔斗〕。糾察、糾正就是〔斗〕察、〔斗〕正。這個讀音早在1916 年《廣話國語一貫未定稿》、1939 年《道漢字音》已有收錄，並獲近世字詞典如《粵語同音字典》(1974)、《商務新詞典》(1990)、《廣州話正音字典》(2004)承認。今時今日，電台廣播劇的一個茶餐廳老闆角色將「糾」字讀廿幾本字典有收的〔斗〕音，卻會有聽眾寫信投訴該角色「讀錯音」，罵節目監製「不查字典」（「正音塔利班」，光明頂，商業電台，2009/12/8）。

> 接受「糾」讀〔斗〕音的還有《廣州音字彙》(1971)、《李氏中文字典》(1980)、《新雅中文字典》(1985)、《粵語查音識字字典》(1985)、《廣州音字典》(1985)、《廣州話標準音字彙》(1988)、《中華新詞典》(1993)、《字正音準正字正音手冊》(1993)、《朗文中文高級新辭典》(1996)、《同音字彙》(1997)、《廣州話、普通話速查字典》(2003)、《中華高級新詞典》(2004)、《新時代中文字典》(2004)、《粵音檢索漢語字典》(2006)、《朗文中文新詞典（第三版）》(2008)。

　　數十年來，科技急速發展，人們尋找、接收資訊的便捷程度，前所未見。按理說，這個社會的視野應該越來越廣闊才對。下一章開始，本書會討論個別漢字的異讀音問題。大家不妨在看罷傳媒如何處理這些讀音之後，再與本章提及的學者之言比較，看看當今香港傳媒對待讀音的態度，是開明了，還是保守了？

解・救・正讀

【救】

第五章
粵音正讀商榷

　　這一章是本書第二部份：【救】篇的開始。承接【解】篇，作者會對香港目前常見的粵音異讀問題一陳己見。

　　港人對待讀音，現在似乎正呈兩個極端。一種人對讀音不認真，遇到不認識的字，不查字典，不去求證，亂讀一通，一旦被指出錯誤，就用「語言是約定俗成」做藉口來蒙混過關。這些人亂讀字音，削弱語言的交際職能，製造混亂，影響溝通，殊不可取。

　　近來，香港多了一些人，對讀音非常認真。這本來是好事。不過，這些人所謂注意讀音、對讀音認真的心態，卻多是標奇立異，對「正讀」二字望文生義，不加思考，又欠缺常識，疏於考查，致令所選讀音，蔽於一偏，矯枉過正，製造語音分歧，影響溝通。

　　由是觀之，上述兩種做法，單論後果，即在製造混亂、影響溝通而言，並無二致。惟後者每自居高地，遇有質疑，旋即搬弄「正音」「正讀」術語為憑，圖令反對者噤聲。「正讀」二字甚具威嚇力，因為時人多以為反對「正讀」等於支持「錯讀」，乃顛倒是

127

非，混淆黑白，導人為惡，與恐怖主義無異。

近年，由何文匯提倡的一些他稱為「正讀」的讀音，入侵電子傳媒，在電視電台「開花結果」，更有將日常習用且有學者承認的讀音取而代之之勢。無綫電視配音部門「忽然正讀」，唾棄不少沿用已久、有大量字詞典承認、符合生活習慣的讀音，改用剛好符合何文匯心意的讀音（我說「剛好」是因為他們否認只參考何文匯一人之見），更在報章說他們此舉是因為自覺有「教育下一代責任」使然，令人關注。

在這一章，我挑選了一些被電視台「正讀」的字音，和一些學者倡議但我認為值得商榷的「正讀」字音，進一步說明「正讀」問題。文章多有引用字典辭書的收音比較，篇幅所限，不可能逐一介紹，現只略說重點。

首先，以表格形式列出的讀音，所選工具書均合於現代粵語音系。其中《廣州音字典》(1985)、《廣州話標準音字彙》(1988)是內地學者所編，收音或有別於香港實況。某些字典作者會簡述對字音的看法，如黃港生《商務新詞典》(1990)：

> 廣州話（讀音）……有人以古代辭書的切音為準，有人以現代通行的讀音為準，經常爭論不休。本詞典注音採用「兼收並蓄」的辦法，將兩種讀音都注錄，使讀者瞭解到該字的粵讀的演變情況。

又如馮田獵《粵語同音字彙》1997 年再版前言：

> 孔子曰「先進之禮樂野人也，後進之禮樂君子也，吾用之則吾從先進」
>
> 此處可改為：「習讀者大眾在不知不覺中，習慣之讀法也，原讀者較為原始且追溯歷史之讀法也，吾用之則吾從習讀」
>
> 至於語音何時可升級變成習讀，那就要看看歷史的考驗了。如用風趣的話加以剖析，則原讀可說是頻臨絕境的讀法，而習讀則居於讀法正統之中，至於語音可能是未來讀音候補中之一輩。

部份漢字讀音還會列出其他參考資料佐證，包括收錄舊時粵語語料的文獻，如《廣東省土話字彙》(1828)、《廣東俗語考》(1933) 等。亦有本屬字書韻彙者，因某些原因，決定分開列出：

➤ 王頌棠著《中華新字典》(1937)由廣州環球書局出版，與現在市售、中華書局發行之同名字典並無關係。此書表明讀音是依據「廣州音」，標音與現代粵音大體對應，卻非完全一致，姑分列之。

➤ 《民眾識字粵語拼音字彙》於 1931 年出版，趙雅庭編寫。初步看來，其語音系統與現代粵音相同。此書在臨付梓前取得，故以補充資料附上。

➤ 《廣話國語一貫未定稿》於 1916 月出版，李澹愚、林仲堅、李月華編寫。此書以反切形式注上廣東話讀音，本書依其反切推出粵讀。

至於《分韻撮要》、《初學粵音切要》、《英華分韻撮要》三書，有些問題要特別說明一下。先簡介三書資料：

> ➤ 《分韻撮要》是清代至民國年間廣東地區常見字彙，乃目前最早可考的粵音韻書。作者和初版年期存疑，現存最早版本刊於 1782 年。本書參考的是道光五年(1825)版。書中將同音字輯錄，絕大多數情況下不標讀音。

> ➤ 《初學粵音切要》於 1855 年由香港倫敦傳道會出版，沒有註明原作者，大概是來華的傳教士所寫。序言指出，作者熟習了《分韻撮要》的「粵東土音二十三韻」後，以反切形式拼出「廣東土音(Canton pronunciation)」。

> ➤ 《英華分韻撮要》於 1856 年由廣州的羊城中和行出版，由衛三畏(Samuel Wells Williams)編寫，目的在於讓來華洋人學習粵語。書中每字詳附釋義，並以廣東方言(Canton Dialect)標示讀音。

　　《分韻撮要》的音系與現代廣州話不合。黃錫凌《粵音韻彙》指此書大概是根據南海順德的方音而編，不能代表二十世紀三十年代廣州最通行的語音。劉鎮發、張群顯認為，《分韻撮要》代表的是清初，即 1700 年左右的廣府話這種說法理應成立(劉鎮發、張群顯 2002)。趙彤同意這種判斷(趙彤 2007)。根據羅偉豪的分析，雖然此書顯然不能代表當時廣州的通行讀音，卻也不盡是南海順德音。他認為《分韻撮要》很可能是 20 世紀前以廣州話為主，兼顧傳統讀書音以及南海順德等次方言，即比「廣州話」範圍更廣的「廣府話」的一部粵語韻書；從該書聲韻的大格局看，可算是清代「廣府話」的代表(羅偉豪 2008)。而馮田獵在《粵語同音字典》的再版序言指出，雖然《分韻撮要》本身有許多韻部混淆之處，但基於紀錄早期

粵音的作品極少，其影響過去粵讀之深亦甚具，故仍有不可忽視的
價值。

至於《初學粵音切要》和《英華分韻撮要》的"Canton"到底是
否像今天一樣以珠三角地區的廣府人口音為標準亦成疑。不過在二
書中可找到從百年前到現代廣州話的發展痕跡。李新魁的〈一百年
前的廣州音〉以清代學者王炳耀《拼音字譜》(1897)觀察廣州話在
一百年前的形式，指當時的廣州話有[om]、[op]韻母(李新魁音韻學論
集，P.429)。這跟二書的描述相同。另《初學粵音切要》以「石」字
為例指出粵音有[ek]韻，為《拼音字譜》所無，卻合今讀。而《英
華分韻撮要》亦有描寫本屬[i]韻母的字讀成[ei]的現象。

《初學粵音切要》和《英華分韻撮要》二書均為來華傳教士所
寫，目的是供來華洋人學習粵語之用。考慮到這一動機，他們應該
不會選擇一個並非通用、難以與省城人民交流的語音做基礎（即如
今天要寫書教人講廣東話，不會以四邑話為標準）。而兩書的一些
標音與《分韻撮要》不盡相同，例如「隸」讀［麗］，符合廣韻反
切，亦與《分韻撮要》相同，但《初學粵音切要》、《英華分韻撮
要》卻收錄［第］音，可見二書均有參酌實際讀音。

所以，雖然時地不同、我們不能貿然拿他們的讀音作是非標
準，不過對於與中古反切不同卻見於上述三書而與現在流通讀音相
合者，我認為仍有一定參考價值。

冥

「冥」字的一般讀音是[ming5 皿]。例如冥冥中讀［皿］［皿］中、「冥界」讀［皿］界、「冥鏹」讀［皿］鏹、「冥通銀行」讀［皿］通銀行。只有成語「冥頑不靈」通常讀成[ming4 明]頑不靈。

九十年代初在香港首播的日本動畫《聖鬥士星矢》是不少港人的集體回憶。2007 年，無綫電視播放其續章《聖鬥士星矢冥王十二宮篇》，改變了「冥」字的慣用讀音，將「冥王星」、「冥界」，還有為故事劇情所創製的專有名詞「冥鬥士」、「冥衣」（不是用來燒的「衣紙」，是劇中角色所穿戰鬥盔甲的名稱），一概讀成［明］。於是，「冥王星」變成［明］王星，「冥界」變成［明］界。這完全違反一般人的慣用講法，觀眾怨聲載道。

《最緊要正字》在 2006 年 10 月中首播，《聖鬥士星矢》新章則在同年 12 月底播放。根據何文匯博士在《粵讀》所言，《最緊要正字》播出後，全城掀起了「談論正讀的熱潮」。遺憾地，我的觀察是，這個「熱潮」之下，多是「鸚鵡學舌的風氣」，而非「尋找真相的慾望」。冥王星變成［明］王星，大概就是這個熱潮下的產物（或怪物）。亦由於這個「熱潮」，有人開始盲目追捧這些獲封為「正音」的讀音。當然亦有人反對，認為「正」出來的讀音非

常礙耳。不過此言一出,通常之後就會被支持「正音」者教訓,指「正音」是好事、不應該阻止,並着反對者「聽聽下就慣」。

在某些人的思維模式下,其實「正讀」沒有甚麼可以「談論」:一個讀音縱然違反多數人的使用習慣,但只要有人(或是傳媒,或是學者)說這是「正讀」,就一定是正讀。既是正讀,推廣就屬好事,不應阻止。反對者不同意,純粹因為被指出錯誤,覺得「冇面」,感情上接受不來,不願面對而已(我就曾經被人以此論「教訓」)。至於這個所謂「正讀」,真的是「正讀」?傳媒撲殺的讀音,真的是「錯讀」?「正讀」是甚麼意思?有甚麼根據?卻不見有人在意。2008 年夏天,雷曼兄弟「爆煲」,買下雷曼「迷你債券」的人血本無歸,結果掀起為甚麼「迷你債券」明明不是「債券」卻可以掛上「債券」之名的討論。學者大搞「正音正讀」,很多讀音忽獲掛上「正讀」之名。對於這些讀音,有多少人只看「名稱」辦事而忽略「實質」?值得深思。

以下解釋為甚麼我認為「冥」字讀 [皿] 沒有問題。

一、收錄「皿」音的工具書

當然,大多數人將「冥」字讀成[ming5 皿],學者未必接受。到底有多少字典接受「冥」字讀 [皿]?坦白說,並不多:

	書名	年份
1	道漢字音	1939

	書名	年份
2	李氏中文字典	1980
3	常用字廣州話讀音表	1990
4	中文新字典	2000
5	粵語拼音字表	2002
6	廣州話、普通話速查字典	2003
7	粵音檢索漢語字典	2006
8	朗文中文新詞典(第三版)	2008

　　本書從不同角度探討字音問題，我的宗旨是：一個非廣韻音，若得坊間字典多數收錄，固然可喜；字典少收，亦不一定不能接受。上述工具書中，《道漢字音》、《李氏中文字典》、《粵語拼音字表》和《廣州話、普通話速查字典》均傾向收錄實際讀音，而《常用字廣州話讀音表》亦接受此音，足以證明學者有注意這個讀音的客觀存在，而且《道漢字音》在 1939 年出版，可見此音歷史悠久。讀成 [皿] 音在現代粵語中不算全無根據。

二、口語變調的可能性

　　粵語的口語變調豐富，諸如玻「璃」（不讀「玻離」）、荷「蘭」「豆」（不讀「荷瀾逗」）、效「率」（不讀「效栗」）、伯「爺」公（不讀「伯耶公」）、寶「玉」（不讀「寶肉」）等等，例子不勝枚舉，字典不可能盡收，但沒有音韻學家會否定粵語變調。

粵語變調多是變作陰平、陰上聲。變調陽上聲或算特例，但只要多加留意，其實亦有一些例子是以陽上聲為習讀：

➤ 「韻」字，本讀「運」，《廣韻》王問切，陽去聲；現讀變調音［允］，陽去聲轉陽上聲。「韻律泳」不會讀成「運律泳」。

➤ 「銘」字，陽平聲轉陽上聲，如「銘記」讀［皿］記。

➤ 「濫」字，本讀陽去聲［艦］，但「濫交」、「濫用」以及作單字用時變調陽上聲。

➤ 「儲」字《廣韻》讀音是陽平聲的[cyu4 廚]，今讀陽上聲［柱］。

➤ 憔悴的「悴」，花絮的「絮」，本讀陽去聲，音［睡］。一般讀［緒］。

➤ 「浪」字，字一般讀陽去聲。但「流離浪蕩」的「浪」卻有變調成陽上聲（音同［朗］）的情況。

➤ 樣子、樣貌的「樣」字，一般讀[joeng6 讓]，用於口語「咁樣」、「點樣」、「衰樣」時讀[joeng2]，但「有樣學樣」多數聽到的都是有[joeng5 養]學［養］。

還有兩個十分普遍、陽平聲轉陽上聲的字。一個是「無」字，變調為［武］音，後來衍生出「冇」字。還有「佢」字，有考據本字是「渠」，陽平聲，作第三人稱時，變調陽上，後寫成「佢」。如果口語變調算錯，上述諸例，便必須全部「改」回「正音」，即「佢無錢」必須讀成「渠毛前」。

三、形聲字「暝」的轉讀

　　讀音和文字的發展很相似。以文字為例，無先例可循的字最初會被視為「錯誤」，一旦通行，學者也不能視若無睹，盲目地說一個後起字是「錯字」。同樣道理，冥、暝二字，若根據古韻書，均只能讀成「明」音，但現在一般二字均讀 [皿] 音。《最緊要正字》中，康寶文博士亦承認「暝」讀成 [皿] 是「俗音」。康博士說的這個「俗音」，早見於百多年前的《分韻撮要》。同聲符的字有時會互相影響導致讀音轉變，既然「暝」字讀 [皿] 可作「俗音」看待，「冥」今讀 [皿] 為何不能接受？

　　而且即使「俗」，又有何不可？俗未必「粗俗」，可以是「通俗」。通俗，就是顯淺、易明、大眾化。口常生活根本不可能擺脫「俗」事，例如「一號風球」、「一號波」是「一號戒備信號」的俗稱，甚至「赤鱲角機場」其實也只是「香港國際機場」的俗稱。接受這類俗稱而對日常的「俗音」嗤之以鼻，令人費解。配音動畫、劇集並非文教節目，選擇一個「顯淺、易明、大眾化」的讀音，有甚麼問題？即使是文教節目，讀音的正俗，又是不是一兩個博士說了算？強求一個「雅」字，對觀眾有何裨益？清人范寅在〈論雅俗字〉有言：「今之雅，古之俗也；今之俗，後之雅也。與其雅而不達事情，孰若俗而洞中肯綮乎？」就是說，與其選擇「雅」到令人唔知你噏乜，何不取「俗」而能夠「中 Point」？范寅論的是文字，但讀音又何嘗不是如此？

更何況，無綫在配音節目放棄通用音，即使是以「正讀」顯示出師有名，其實理據依然薄弱。

四、集韻有記載「皿」音

說「冥」讀 [皿] 是錯讀，從「實際情況」考慮，顯然無法服眾。但最大的問題是，即使從「歷史源流」層面來看，此說依然沒有道理。

因為反對讀音可以約定俗成者，即所謂的從切派，會要求在現代出現的每個讀音都必須從古代韻書找到依據。沒有根據的讀音，皆為「錯讀」。《廣韻》的「莫經切」，正是「冥」字讀成[ming4 明]而不能讀[ming5 皿]的根據。

不過據《康熙字典》，其實古韻書中，**《集韻》有收[ming5 皿]音**。翻查《集韻》，上聲四十一迥韻確是有收「母迥切」一讀，釋云：「冥，暗也。詩：『維塵冥冥』。」「母迥切」即是[ming5 皿]音，而《廣韻》讀 [明] 的釋義「暗也，幽也」與《集韻》的「暗也」意思根本沒有分別。可見 [明] 和 [皿] 並非別義讀音。

《集韻》是《廣韻》之後的韻書，宋仁宗景祐四年（1037年）由丁度、李淑等人奉詔修訂，成書於寶元二年（1039 年）。趙振鐸《集韻研究》(P.59-60)：

> 《集韻》的切語多根據前代學人和經師讀音，凡是見於前代典籍的
> 音切，它都盡量收錄，因而有許多字會出現多個讀音。這和六朝末
> 年學者講求正音規範有很大的差別，和《切韻序》所說「論南北是
> 非，古今通塞」的旨趣也有不同。他的目的是「今並論箸，以粹羣
> 說」。……《集韻》在收錄前代讀音方面，其取捨標準是較寬的。

好些不見於《廣韻》的讀音，會見於《集韻》，大概就是這個
原因。而何文匯正是講求像《廣韻》的正讀規範。他在《粵音平仄
入門》序言中說：「不過《集韻》的讀音頗為蕪雜，參考取捨時要小
心。」一小心之下，「冥」字讀成 [皿] 就沒有好下場：何博士在
《粵音正仄入門》(P.53)、《粵音正讀字彙》(P.417)、《粵音自學提
綱》(P.116)中列出「冥」字，**在 [皿] 音上畫上大交叉**，判為「日常
錯讀」，再將《廣韻》讀成陽平聲的「莫經切」（即[ming4 明]
音）封為「粵音正讀」。

原來同是中古韻書，「反切」也有分高低。但是，何文匯是不
是凡《集韻》有收而《廣韻》不收的讀音皆拒絕承認？

「係」字，《廣韻》古詣切，套入今日粵音，理應讀[gai3
計]。用《廣韻》來「正讀」，「關係」便要讀「關計」。然則
「係」今讀[hai6]，依照「何氏正讀分類法」，是今讀？是口語
音？還是誤讀？

原來都不是。「係」讀[hai6]，是「正讀」。朱國藩在《粵音
正讀字彙》解釋，該書以《廣韻》為主要根據，《集韻》則為輔。

他說，**現在一些字的粵語讀音，不合於《廣韻》，卻合於《集韻》**，「可見《集韻》有時反映自《廣韻》以來的語音變化……這一類字我們依《集韻》注音，不視為《廣韻》切音的例外」(P.421)。「係」字《集韻》收「胡計切」，切出來正是讀[hai6]。

與「係」字情況近似的還有「櫻」字。櫻桃、櫻花的「櫻」，我們慣常讀[jing1 英]。可是，查《廣韻》，這個字卻只在下平十三耕韻收有「烏莖切」一讀，換言之應讀[ang1 罌]（事實上罌、鶯同係烏莖切）。不過，《集韻》下平十四清韻「伊盈切」亦有「櫻」字，而這個反切，正與今日的［英］音完全匹配，可能同是「反映自《廣韻》以來的語音變化」。只是與「係」字不同，櫻讀成［英］，《粵音正讀字彙》並不承認，遂成「錯讀」。比冥字幸運的是，何博士認為櫻字錯讀習非勝是，無可救藥，於是恩准我們繼續使用「錯讀」［英］。至於冥字讀［皿］，就沒那種運。

那麼，「冥」讀成［皿］，收在《集韻》，是否表示這個讀音比［明］音晚出呢？不妨看看《集韻》對冥字讀「母迥切」的釋義：「冥，暗也。詩：『維塵冥冥』。」「詩」就是《詩經》。《詩經‧小雅》：「無將大車，維塵冥冥。無思百憂，不出于熲（音[gwing2 迥]）。」《詩經》最晚的作品成於春秋時期(770B.C.-476B.C.)中葉，此一時期的讀音是屬於上古音系，比《廣韻》的中古音更古。換言之，這個讀音的根據可以追溯至超過二千年前。

語言學者研究讀音，會試圖在古書找到今讀的根據。冥字讀［皿］，亦係「不合於《廣韻》，卻合於《集韻》」者。然而，**何**

博士犀利之處，在於可以憑其天眼通，一眼睇穿我們「冥」讀成《集韻》有收的［皿］不是上古音的遺留，亦非「《廣韻》以來的語音變化」，而是「誤讀」，於是將［皿］音判環首死刑。此誠其他語言學者所不及也。

五、何文匯取捨由心，前後不一

何文匯博士為甚麼不承認這個讀音原因不明。但他在《粵讀》中態度卻有戲劇性變化，首次坦承我們冥字有［皿］的讀音(P.104)：

> 粵口語「冥冥中」的「冥」一般都讀作「茗」（《集韻》：「母迥切。」《廣韻》不收此讀），陽上聲；但有時候「冥冥」在詩中卻要讀平聲，主要視乎這組疊字在詩中的位置。

他先引前述的「無將大車，維塵冥冥」指出冥、頲押韻所以要讀上聲，但強調：「在後世的詩作中，『冥冥』便多數讀平聲。」何博士這次倒不像前作般在「冥」字讀成［皿］音打上大交叉。可是他僅指粵「口語」「冥冥中」的「冥」一般都讀作［皿］，似欲將這個讀音規限在「冥冥」這組疊字的範圍之內。問題是，難道書面語「冥冥中」我們不讀［皿］？難道冥鏹、冥想、冥王星、冥通銀行的「書面語」我們就會讀［明］？難道《廣韻》不收此讀，何博士就可以大條道理將一個實際使用而且有《集韻》為根據的讀音判為「日常錯讀」？抑或「後世詩作」比《詩經》高檔，所以我們的「粵音正讀」便要一概跟從「後世詩作」的平聲？莫非我們即使不

讀詩,「冥冥中」、「冥王星」、「冥衣」、「冥通銀行」一類詞語的讀音亦因説話時要根據不知甚麼「格律」必須全部讀平聲,故非［明］不可?又或者沒那麼複雜,其實説到底,一個字應該怎麼讀才對,是由何文匯「玩晒」?

何文匯口口聲聲以韻書為宗,但韻書有收、人民普遍使用的讀音,他可以不承認,然後打個大交叉,繼而要人用他承認的韻書音,「霸氣」之處,顯而易見。不過電視台對這一套似乎非常受落,於是現在所有無綫配音節目「冥」字只會讀［明］。甚至何文匯指我們粵口語會讀成「皿皿中」的「冥冥中」,到了無綫配音部,一樣必須讀成「明明中」(如黃曉明版《鹿鼎記》,2009/2/16 無綫電視翡翠台播放)。

為調查「冥」字讀音,我特意翻查了一些 90 年代影視配音作品,看看當時配音員是怎樣讀「冥」字。當然,礙於人力物力,我不可能大海撈針般翻遍全部節目,只能針對性地尋找。結果有以下發現:

> 90 年代初首播的《聖鬥士星矢》,第 48-50 集中,剛好有描述「冥界」的劇情,所有配音員提到「冥」字,一律讀成［皿］。

> 1995 年左右播放的《幽遊白書》動畫,劇情中有所學校叫「冥屋敷中學」,又有一處地方叫「冥獄界」,劇中角色一律將「冥」字讀［皿］。在成語「冥頑不靈」時則讀［明］。

> ➤　1993 年，無綫播出台灣劇集《包青天》，風靡全港。當時最戲劇性的莫過於無綫播放此劇搶佔高收視，亞視居然覷準合約漏洞，成功購入此劇，並在同期播出，引發一輪電視大戰。劇中的「魚美人」單元，有一角色名為「冥河姥姥」，無綫版本的配音員即以 [皿] 河姥姥喚之。

這顯示在此字「被正讀」之前，電視台的配音員的讀音非常統一，與社會大眾的讀音相同。

六、結語

無論從歷史源流、學者觀點、約定俗成三方面，我認為將日常使用的「冥」字由 [皿] 音改成 [明] 音是不必要的、電視台的配音部門限死用 [明] 音是不妥當的。原因如下：

1. 為甚麼要改變一個有粵音工具書做根據，而且實際流通的慣用讀音？

2. 何必將一個普及通用的讀音，改成可能符合一些人願望、卻與實際讀音相異、而且會惹來爭議的讀音？

3. 「冥」讀成 [皿]，有可能是傳承了逾二千年的傳統讀音。何必甘冒消滅文化傳承之險而「寧枉毋縱」？

我明白，何文匯博士宣稱以《廣韻》為正讀，但讀音接受與否，始終由他話事，他有絕對權力不承認 [皿] 音，將之視為「錯

讀」，並將這種觀點當成客觀事實宣之於眾。我甚至懷疑，就算這真是個有二千年歷史的讀音，卻因為何博士一句要「正讀」而被大眾羣起消滅，何博士也絲毫不感可惜。因為將這個字讀成上聲，嚴重乖戾了何博士所重視的唐宋詩韻平仄。可能在何博士眼中，《廣韻》平仄就是絕對。不合《廣韻》平仄的讀音，無論是《廣韻》以前的遺留，或者是《廣韻》之後的變化，都最好早死早着。

其實，冥讀 [明] 還是 [皿]，我們分得非常清楚：冥頑不靈讀 [明]，其餘時候，絕大多數都讀 [皿]。我在《戲曲品味》網站看過一系列「談正字正音」文章，用粵曲引證字音正讀。這些正讀，多與反切相符。但是，對「冥」字（以及「銘」字）讀音，作者也特別指出可平可仄：

> 談到「銘」字讀法，陽平的「明」及陽上聲的「皿」俱可……現實生活中，「刻骨銘心」、「銘記於心」以及「座右銘」等，習慣俱讀之為「皿」。試翻粵曲五十韻腳之二十三「英明韻」，「銘」係列入「陽上」一欄。此亦所以唱曲之時，工尺譜書「銘」字曰「合」（何）者，應唱作「明」，遇「上」則唱「皿」音了。
>
> 與此幾乎雷同的「冥」字，也是平仄可讀，這字辭書只有註曰「明」音，例如對於一些頭腦固執者，成語有「冥頑不靈」作形容。
>
> 不過眼前所見，紙紮舖發行陰司鈔票的銀行曰「冥通」，溪錢是為「冥鏹」，玄學家所稱的「冥冥中有主宰」等等，「冥」字悉數讀成「皿」音。

> 粵曲中，「冥」字可以兩讀，如《牡丹亭之幽媾》，杜麗娘對
> 柳夢梅説：「勿誤過辰牌時份，否則過了冥期所限。」這兒末句的
> 「冥期」是讀「皿期」；而在《白蛇傳之天宮拒情》裡的「九九幽
> 冥閣，何處覓嬋娟」，前一句的「幽冥」，就要唸為「幽明」了。

所以，我認為「冥」字讀 [皿] 不但不應該視為錯音，亦值得
粵音工具書編者重視，應該收入此音，反映實際情況。

無綫電視配音組搞「正讀」，我第一個接觸到而覺得極之離譜
的讀音，就是這個「冥」字。可以説，如果他們沒有將「冥」字讀
成 [明]，也未必會有本書批評何文匯的「正讀」。在他們將
「冥」字「統一」讀成 [明] 音時，我已經從多方面向有關當局反
映這個字不宜單取 [明] 音。當然，做人要有自知之明，我是甚麼
身份，平民百姓的意見，《集韻》的源流，字典的認可，當然比不
上正讀權威的一個大交叉。更何況，我用歷史和現實觀點期望電視
台收回成命，亦似乎太天真。因為電視台一改此音，即時自動享有
「教育下一代責任」光環(蘋果日報，2007/5/13)：

> TVB 大台作風，一向政治正確，近排搞埋正字，製作《最緊要正
> 字》教市民讀正音，連卡通片角色都唔例外。月前播出嗰套日本動
> 畫《聖鬥士星矢冥王十二宮篇》，主角「冥（音皿）鬥士」，忽然
> 變成「明鬥士」，「冥王星」讀成「明王星」，原來 TVB 下「聖
> 旨」，成班正義聖鬥士都要以身作則讀正字，咪教壞細路，可憐星
> 矢 fans 被人由細呃到大，偶像「冥」鬥士原來叫「明」鬥士，正字
> 正確令集體回憶走晒樣。……無綫外事部助理總監曾醒明向八方解

> 釋，星矢主角讀正音，係因為 TVB 覺得做傳媒有教育下一代責任，
> 故此配音組會參考何文匯授本《粵音正讀字彙》同其他典籍。……
> 反對盲目讀正音嘅文化人潘國森認為 TVB「攞嚟搞」，佢話語言用
> 嚟溝通，「讀咗個無人聽得明嘅讀音，咁有咩用？」

　　改一些讀音，然後對別人講，我是為了「教育下一代」而改的，在「正讀」知識非常貧乏的香港，很容易獲得家長、教師的掌聲。如果將讀音改回去，電視台就會失去這個「教育下一代責任」光環，叫他們怎生捨得。今時今日，無綫的配音部門在古韻書有收〔皿〕音、字典有收〔皿〕音、大眾都讀〔皿〕音時，仍堅持用〔明〕音來「教育下一代」，是不是這個緣故，只有他們知道。

桅

　　查字典很有用，如果「正讀」不是由何文匯一人話事。當「正讀」變成一言堂，有佢講冇人講，查甚麼字典，都是徒然。

　　2011 年 1 月 29 日，無綫電視翡翠台播放粵語配音電影《加勒比海盜：魔盜王終極之戰》。電影中，驚聞配音員將「桅杆」讀成[ngai4 危]杆。這才令我赫然發現另一個「何氏霸權正讀」。蓋自幼所學所聽，桅杆的桅，只會讀[wai4 圍]。小時候聽區瑞強《漁火閃閃》，有一句「巨浪翻起比船桅高」，印象尤深。但此字何文匯卻據《廣韻》「五灰切」注讀[ngai4 危]音(粵音正讀字彙，P.66)。

　　比較兩個讀音，「桅」字讀[wai4 圍]還是[ngai4 危]，其實只是聲母不同。我們不妨從反切看看中古漢語演變成粵音的情況，再判斷電視台如此改讀，有沒有道理。

> 或問：有無可能配音員不小心讀錯？我會答：連「冥」、「雛」、「鵲」、「鶉」、「嬪」這些一般人都認識的字都特意去翻查兼且碰巧使用「正讀」來「統一讀音」，偏偏這個「桅」字看走了眼？

一、語音演變的多樣性

　　「桅」在《廣韻》的反切是五灰切。首先，「五灰切」的反切

下字「灰」屬於灰韻，今天多讀作[-eoi]（如崔、堆、罪）和[-ui]（如回、媒、陪）。不過灰韻讀成[-ai]仍是符合音理的。而聲調據反切讀陽平聲(4)亦無可議之處。

至於這個字的爭議點——聲母方面，反切上字「五」屬疑母字，中古擬作/ŋ/（=[ng]），亦係今粵音[ng]聲母的來源。所以首先可以確定何文匯擬出的[ngai4 危]音，是一個符合反切的讀音。「五灰切」條下另有「嵬」字，此字多數字典都標讀[ngai4 危]。

那麼，這是否代表「桅」讀成[wai4 圍]就錯到離晒大譜，必須改正讀[ngai4 危]？似乎未必。

因為這個「五灰切」屬合口一等灰韻，韻頭（介音）是/u/。王力將灰韻擬作/uɒi/，「五灰切」的中古擬音便是/ŋuɒi/。粵語沒有介音，所以像這些包含介音的韻變成粵音時，可以是韻頭消失，可以是韻腹（或稱主元音，本例為/ɒ/）消失，又或者二者併合變成另一個無介音韻母。

║ [u]介音在[g]/[k]聲母之後則會併入聲母變成[gw]/[kw]，前已具論。

不過，這類韻如果與疑母對上，則還有一個變化，就是聲母丟失。這變化主要發生在疑母之後是[i]音的字。例如「凝」字，魚陵切，魚是疑母字，故聲母應作[ng]；陵是蒸韻開口字，有[i]成份。今天「凝」的聲母卻不是[ng]而是[j]，原因就是[ng]聲母丟失、[i]補上成為聲母，變成[jing4 型]。現時很多[j]聲母的字，都來自疑母（亦解釋了「疑」這個字為甚麼會讀[j]聲母）。

所以，「桅」讀成[wai4 圍]，其實同樣可以來自「五灰切」，只是變化軌跡與「嵬」不同：如果這個字聲母[ng]失落、[u]介音補上成為聲母，便可得出[wai4 圍]音。

當然，這只是理論上如此，還得看有沒有其他同樣有[u]介音而[ng]聲母脫落的例證。有趣的是，疑母字之中正有一個類似例子，就是「玩」字。此字《廣韻》「五換切」，合口一等桓韻。今讀[wun6 換]，從變化來看正是丟失[ng]聲母、到了粵讀以[u]補上成為聲母的結果。這個 [換] 音在何文匯《粵音正讀字彙》中屬於「正讀」(P.341)，即他認為符合反切規則。

有人或會覺得，既然同樣是「五灰切」，變化出來的讀音理應相同。但我們可以看看三個反例。

1. 「街市」的「市」今讀[si5]，「有恃無恐」的「恃」今讀[ci5]，二字於《廣韻》卻均在「時止切」條下。「時止切」可切出「市」音，但基於聲母互換現象，「恃」的今讀其實亦合反切。如果中古反切相同今天粵讀便得一致，我們難道要將「街市」讀成「街恃」，或者將「有恃無恐」讀成「有市無恐」？

2. 中古音有「陽上變去」變化。「似」、「祀」二字同樣是「詳里切」，今天讀音不同，「似」字讀[ci5]，「祀」則讀[zi6]，兩個讀音均符合反切。

3. 「滸」字「呼古切」，同一反切下還有「虎」字。虎讀[fu2 苦]應該沒有異議，「滸」多數字典卻標讀[wu2 壺 2]。[fu2]和[wu2]這兩個讀音正是同一個反切、不同演變條件的

148

變化結果：

a.　　首先，「呼」字屬曉母，一般讀成[h]；

b.　　「虎」讀成[fu2]，是因為[h]受元音[u]影響而變成[f]聲母；

c.　　「滸」讀成[wu2]，是因為[h]弱化消失、[u]兼任聲母。

既然疑母字遇到[i]時丟失並不罕見，遇到[u]時丟失亦有「玩」字做旁證，我認為「桅」讀成［圍］，不應算是不符反切的誤讀。對「從切派」來說，如此情況之下，「桅」能否讀[wai4 圍]就不是應不應該承認這個是「習非勝是」的「口語音」或「今讀」的問題，而是審音者是否認同可以發生這種變化、如果不承認，原因為何，以及何解又承認「玩」可讀[wun6 換]。「桅」字讀成[wai4 圍]，明明可以從韻書反切推導出來，那麼這個讀音，到底干犯何罪，令何文匯這位字字以反切為依歸的粵音正讀權威，拒絕承認？

二、變讀的原因

有人認為「桅」讀成［圍］是受普通話影響。依我愚見，這個讀音並不像是因為北方話影響而改讀。事關粵人在南方亦有不少水上人家，「桅」字的讀音居然會由北方傳入或受其影響，聽來不大合理。反而我比較相信「桅」不讀［危］是因避諱使然。

社會中不乏「禁忌語」。粗口「一門五傑」自是說不得，但禁

忌語不限於粗話俗語。「通勝」是因為「通書」的「書」與「輸」同音諱改，應是常識。還有「舌」與「蝕」同讀，改稱「利」，後寫作「脷」；「肝」與「乾」同讀，改稱「潤」，後寫作「膶」。「箸」與「住」音同，出海的人當然想一帆風順而不想「停住」，故改「箸」為「快」，後另造新字「筷」。

揚帆出海，將「桅」讀成[ngai4 危]，不吉利之至。於是這個字便改讀[wai4 圍]，以趨吉避凶。雖然這未必符合「五灰切」的正常演變，卻仍在可能的演變範圍以內。

《實用音韻學》一書就有用「避諱」來解釋語言的不規則變化。「死」和「璽」同屬中古心母，只是「死」屬脂韻而「璽」屬支韻。到了北京音，心母字一般讀[s]，而脂支二韻合流，均讀[i]。於是「死璽」理論上便變成同讀。但事實上，北京音「死」字讀[si]，「璽」卻變讀成不符變化規則的[xi]。著者認為，這很可能是避忌「死」音所致(P.285)。

當然，現代社會，百無禁忌。但一些説法或讀音，既已約定俗成，就不必妄改。就算這個改讀真是受北方音影響，既成事實，亦不能單憑這個原因，便認為必須「還原」。否則，「賺」字佇陷切，理應讀[zaam6 暫]，今卻讀[zaan6 綻]；「凡」字符咸切，理應讀[faam4]，今卻讀[faan4 煩]。這些讀音，更像是受了沒有合口[m]韻的北方音影響而改變，難道又應該依反切「改正」？何況賺、凡的讀音如此一變，便與反切不符，罪加一等，更加應該「改正」，不是嗎？

三、工具書一面倒的讀音取態

何文匯拒絕承認「桅」字可據反切得出〔圍〕音，這個讀音便因為「不符反切」而變成錯讀。可是，就算〔圍〕音不符反切好了，此讀卻有下列工具書接受：

	書名	年份	ngai4 危	wai4 圍
1	道漢字音	1939		✔
2	國粵注音部身字典	1967		✔
3	粵語同音字典	1974		✔
4	現代粵語	1974		✔
5	兩用中文字典	1977		✔
6	李氏中文字典	1980		✔
7	中華新字典	1982		✔
8	中文多用字典	1984		✔
9	廣州音字典	1985		✔
10	新雅中文字典	1985		✔
11	粵語查音識字字典	1985		✔
12	廣州話標準音字彙	1988		✔
13	香港小學生中文詞典	1988		✔
14	商務新詞典	1990		✔
15	常用字廣州話讀音表	1990		✔
16	中華新詞典	1993		✔
17	國音粵音索音字彙	1995		✔
18	小樹苗學生辭典	1996		✔

	書名	年份	ngai4 危	wai4 圍
19	朗文中文高級新辭典	1996		✔
20	中文新字典	2000		✔
21	朗文中文新詞典(第二版)	2001		✔
22	廣州話、普通話速查字典	2003		✔
23	朗文中文高級新辭典(第二版)	2003		✔
24	中華高級新詞典	2004		✔
25	廣州話正音字典	2004		✔
26	新時代中文字典	2004		✔
27	粵音檢索漢語字典	2006		✔
		總計	0	27

除了上述字典，還可以參考以下幾筆資料：

> 1825 年新鐫《分韻撮要》，「桅」收在「圍」音條下。

> 1828 年，馬禮遜《廣東省土話字彙》將「桅」標讀 "wei"。

> 1855 年《初學粵音切要》，「桅」標音 [圍] (P.5)。

> 1856 年《英華分韻撮要》，「桅」標音 [圍] (P.655)。

> 1916 年《廣話國語一貫未定稿》，「桅」標讀「汪齊切」，即音 [圍] (P.30)。

> 1931 年《民眾識字粵語拼音字彙》，「桅」亦音 [圍] (P.48)。

> 1933 年孔仲南著《廣東俗語考》卷十五「釋器具下」篇，「桅」字條下釋云：「桅音維。船上竿木所以挂帆者

曰桅。」

➤　　1937 年王頌棠《中華新字典》，「桅」標音 [圍]。

所有資料均指出：桅字讀 [圍]，並無他選。

何文匯博士在《粵音正讀字彙》說：「日常錯讀如果尚未獲得學術界全面接受，本字彙將不予收錄。」於是，何博士便大條道理不承認 [圍] 音。此音不僅不是「習非勝是的今讀」，甚至連「口語音」也無份。

「桅」字應該怎麼讀為宜，事實擺在眼前。用反切切出的 [危] 音，只能算是一個「紙上讀音」，理論上成立，卻不適合在現實社會使用。不過，我們現在有何文匯博士，喜歡引入新音，稱為「正音」，着人「改善」，又有電視台碰巧使用這個「正讀」。未來「桅」會否變成一字二讀，孰難預料。

四、電視台反映的「正讀」霸權

話說區瑞強灌錄《漁火閃閃》一曲，最初（1979 年版）其實亦係將「桅」唱成 [危]。但這顯然不是一個正確讀音。他於是在重新灌錄時將此字改唱 [圍] 音。由此可以看到其實**約定俗成亦有作用，就是當讀音統一時，可以避免混亂**。

而何文匯的「正讀」，以「正」字為名，用《廣韻》做靠山，將「桅」改注 [危]，一舉否定所有字典和粵語使用者的讀音。何

博士自設高地，粗暴否定了他痛恨的約定俗成，世人皆錯他獨對，確實彰顯了他的大能。但對整個社會來說，**何博士此舉，不是避免、減少混亂，而是在製造混亂。**

　　照抄何文匯字表讀音的三本字詞典，即《現代中文詳解字典》、《商務學生詞典》和《商務新詞典（全新版）》，都將「桅」標讀［危］，以理論取代實際。其中《商務新詞典（全新版）》初版時更是將何氏正讀盲目照搬，卻道行不夠，引致笑話連篇，例如「切」只標［設］音(P.124)，「一切」於是要讀一［設］；「從」只標［蟲］音(P.272)，「從容」於是只能讀［蟲］容。「桅」讀［危］這個奇怪「正讀」，不是人人賣帳：網上有人批評《商務新詞典（全新版）》的種種問題時，直指這個「正讀」是「錯讀」。出版商在重印時將讀音修正，改標［圍］音。

　　我就「冥」字及其他讀音問題向電視台反映意見時，還未發現這個「正讀」。那時候無綫電視的回覆是，他們配音組的讀音「非單純參考何文匯教授的意見」，而我選擇了相信他們的說法。所以當我聽到他們起用了這個除何文匯以外沒有一本字典接受的讀音作為「正確及最適切的讀音」，以「肩負社會責任，傳達正確訊息」，便自覺像個傻佬。

洱

上文以「桅」字帶出「反切霸權」現象。原來，同一個反切有時會導出多於一個結果，即使其中一個結果符合我們的日用語音，何文匯依然可以不予承認，欽點另一個讀音，作為「正讀」。

作者還注意到另一個與反切有關的「正讀」問題的字，就是「洱」字。雖然尚幸未有人黐線到拿這個字去「正讀」，但仍值得一談。

在香港，「洱」字通常見於「普洱」一詞，這個「洱」字，只會讀[nei2]。豈料查何文匯《粵音正讀字彙》，此音全錯！

先看看《粵音正讀字彙》第 159 頁[ji5 耳]音條：

> 洱　【而止切】《廣》水部。〔～海〕湖名，在雲南省。

然後看看「而止切」的反切結果：

	拼音	聲母	韻母	陰陽	平仄
而	ji4	j	i	陽	平
止	zi2	z	i	陰	上

根據反切規則得出的讀音，正是《粵音正讀字彙》的[ji5 耳]音。**原來，「普洱」的「正讀」是普[耳]？大膽講句，相信人人**

去飲茶，都讀錯了這個「洱」字！

驟眼看來好像很有道理：《廣韻》「而止切」條下除了「洱」字，還有「耳」字，即耳、洱同聲同部。還有，「洱」是形聲字，從「耳」得聲。那麼，洱讀成 [耳]，合情合理，不是嗎？而且查例如《中華新字典》、《廣州話標準音字彙》、《商務新詞典》都只有 [耳] 音。但難道我們真要將「普洱」改讀普 [耳]，才算「正音」？

一、洱、餌同讀現象

且先看看《廣韻》上聲第六止韻「而止切」條下的「洱」字釋義：

洱　水名，出罷谷山。又而志切。

原來「洱」字在《廣韻》不止一個讀音，除了「而止切」，還有「而志切」。而翻到去聲第七志韻，我們會看到：

餌　食也，說文：粉餅也。仍吏切。十六。

洱　水名。

換言之，「洱」有二讀，一與「耳」同讀，一與「餌」同讀。《集韻》亦有「仍吏切」一讀，注云：水名，在西域。

「而止切」小韻所收的又音「而志切」其實即是「仍吏切」。

「仍吏/而志切」與「而止切」同屬日母字，而「止韻」和「志韻」其實即是「之韻」的上、去聲。所以可以肯定兩個讀音的聲母、韻母完全相同，分別只在聲調。

有人或會懷疑：既然如此，「仍吏切」頂多只是[ji5 耳]轉讀去聲，即讀[ji6 二]吧？和普洱的[nei2]音有何關係？

不過，試翻《粵音正讀字彙》P.143 [nei6]音條下：

餌　【仍吏切】《廣》食部。〔果～〕；〔魚～〕。

這就奇了，「仍吏切」怎會切出[n]聲母的[nei6]？

▌「吏」屬之韻，粵音一般讀[-i]，有時會轉讀[-ei]。

二、音韻小知識：娘日歸泥

要解釋這個現象，就要認識一點古音變化。我們知道，中古音演變到現代音（例如粵音），聲韻部或會分化，或會歸併。可以想像，由上古音到中古音，聲、韻類亦應有類似現象。

清代學者章太炎曾提出「**娘日歸泥**」理論，指中古音「娘」、「日」兩個聲母，上古時皆讀成「泥」母。王力在《漢語音韻學》(P.196-197)大致同意這種看法：

所謂某字古讀如某，不能認為完全同音。假使完全同音，後代就沒有條件發展成為差別較大的兩個音了。至多只能認為在某一方言裏

> 同音，不能認為在多數方言裏同音……泥娘在《切韻》中本來就是
> 同一聲母……日母在上古可能……跟泥母讀[n]很相近似[。]

泥母字學者認為中古讀[n]，現在粵語亦讀[n]。既然日母字上古讀近[n]，這就解釋了為何「仍吏切」的餌字可以讀成[nei6]。我們更可知道「耳」字讀[ji5]、以「耳」做聲符的「餌」字讀[nei6]的原因：耳讀成今日的[j]聲母，是後起的變化；讀成[n]聲母的餌，聲母反而更接近古時的讀音。

「娘日歸泥」亦可以解釋很多常見的字形和讀音關係。

「尔」是「爾」的古字，「爾」讀[ji5]，古時解作「你」。「你」字明明用「尔(爾)」做聲符，為何會讀成[nei5]？只要知道「爾」屬日母而「你」屬娘母，娘日歸泥，即知古時二字讀音相近。還有另一個作「你」解的「汝[jyu5]」字，其聲符「女」字則讀[neoi5]，甚至「汝」古時曾寫作「女」，又是為何？同樣地，知道「女」屬娘母、「汝」屬日母，娘日歸泥，便不難明白箇中原因。

如此應該明白：「洱」字讀成[n]聲母的[nei6]，大概是口耳相傳的讀音，又或是從保留舊讀的地區傳入的讀音，所以不受字典的［耳］音影響。而由[nei6]變讀成[nei2]，只是非常簡單的口語變調現象。這個讀音，比字典上的［耳］音更古。

三、結語

所以，「洱」讀成[nei2]，就算以《廣韻》為尊，仍然是一個有根有據的讀音。何文匯既然要用《廣韻》做「正讀」，而《廣韻》「洱」字明明有「仍吏切」一讀，他有甚麼理據去否定一個《廣韻》有收兼且符合現實的讀音？我不知道。

但當然，我亦必須指出，不能將責任推到何博士一人身上。因為一眾字典中，僅《道漢字音》、《廣州音字彙》、《現代粵語》有收[nei6]音；《粵語同音字典》、《李氏中文字典》、《常用字廣州話讀音表》、《廣州話正音字典》有收[nei2]音，為數甚少。這正是我之前討論「冥」字讀音時指出一個字典少收的讀音未必不能接受的原因。

只是今時今日在很多人或一些傳媒看來，幾十本字典的看法都比不上一個何文匯博士。所以，其他字典不承認事小，何文匯博士不承認事大。我只怕以目前「正音正讀意識」如此高的香港，一旦有人發現「洱」讀成[nei2]是「錯讀」，便發揮「正音大使」精神，要求某些知名人士「改正」讀音，挾「正讀」恃勢凌人，結果一發不可收拾，火燒連環船，令這個讀音消失，便大事不妙。是趁此「正讀」罡風未蔓延到「洱」字之前，懇請各界放此讀一條生路。

跌

　　本節討論的，不是「跌」字之於「跌倒」的讀音，而是「跌打」的「跌」的讀音。事緣《最緊要正字》第一集，時任中文大學中國語言及文學系高級導師康寶文博士發表了「跌」字在「跌打」一詞讀成〔鐵〕打是錯讀的論述。茲將康博士的講話轉錄如下：

> 〔跌打之〕跌讀成[tit8 鐵]我認為是讀錯音〔同時熒幕顯示「跌讀成鐵為錯音」，並將「鐵」和「錯音」用上大字體紅色標記〕，原因是將本來不送氣的字讀成送氣。這種情況偶爾會出現：雕刻有人讀成[tiu1 挑]刻、真諦有人讀成真[tai3 替]。又例如電影名稱《斷背山》，詩詞句子「剪不斷，理還亂」，我們都讀[dyun6 段]；不過在口語我們會變成「BB[tyun5]奶」、「把間尺[tyun5]咗」，或者「斬[tyun5]嚿豬骨」——讀音書本來不送氣，口語我們讀成送氣。俗音、錯音流行久了，專家、學者便會承認、接受，這種情況我們稱為「約定俗成」。

　　首先，康博士有一點值得尊敬。他在節目中説，這個字讀成〔鐵〕打，「他認為」是讀錯音，明確指出此乃他的「個人意見」。在現時正讀被一派學者將一己之見當成客觀事實利用大氣電波大肆宣揚的悲哀境況下，康氏此説，彌足珍貴。更難能可貴的是他道出了「約定俗成」的意義。須知搬弄《廣韻》教授正讀的學者最討厭的就是「約定俗成」四個字，務必貶之為「習非勝是」而後

快（他們甚至認為「習非成是」是誤寫，必須寫成「習非勝是」才對）。

話雖如此，我仍須指出，康博士上述言論，有一值得商榷之處。他說我們「斷」字讀書音讀不送氣的[dyun6 段]、口語卻讀成送氣的[tyun5]，看來是認為在追本溯源的立場不應作如此讀。此說不確。

一、音韻小知識：送氣與不送氣

解釋之前，先介紹一下「不送氣」「送氣」音。所謂送氣與否，是對聲母發音特性的描述。粵語有四組擁有「不送氣」與「送氣」對立特徵的聲母，表列如下：

聲母組	不送氣字例		送氣字例	
[b]、[p] （雙唇音）	包	[baau1]	拋	[paau1]
	補	[bou2]	譜	[pou2]
[d]、[t] （齒齦音）	丹	[daan1]	攤	[taan1]
	的	[dik7]	剔	[tik7]
[g]、[k] （舌根音）	加	[gaa1]	卡	[kaa1]
	角	[gok8]	確	[kok8]
[z]、[c] （塞擦音）	精	[zing1]	清	[cing1]
	炸	[zaa3]	詫	[caa3]

上述每組聲母各舉兩例，每個例的韻母和聲調相同，方便集中

比較聲母差異。聲母是以**發音部位**分組，例如[b]/[p]屬雙唇音，發音時先將雙唇緊合阻塞氣流，然後張開，讓氣流衝出，爆發成聲，所以同組。[b]/[p]之所以不同，分別在於**發音方法**：[p]所爆發的氣流要比[b]強很多。這種噴出氣流的強弱，就是決定聲音屬「送氣」還是「不送氣」的條件：[b]是不送氣聲母，[p]是送氣聲母，發出「拋」音時比發出「包」音會噴出更多氣流。

要分辨不送氣與送氣，最簡單的方法是拿一張紙平放在嘴巴前然後讀出上述各不送氣/送氣字例。讀出送氣音字時，氣流較大，紙張會有較強烈的振動。

認識了聲母的送氣不送氣分別之後，我們看看「斷」字的反切，即「徒管切」：

	拼音	聲母	韻母	陰陽	平仄
徒	tou4	t	ou	陽	平
管	gun2	g	un (yun)	陰	上

按「管」字切出[yun]韻母不是出術，蓋此字屬「桓」韻，到了粵音主要有[-un]和[-yun]兩種變化。根據反切，這不正是我們「斬斷嚐豬骨」的「斷」[tyun5]音嗎？

所以，康博士說我們將「斷」字讀[tyun5]乃將「本來」的不送氣音讀成送氣，其實並不妥當。因為這本來就是符合反切的讀音。既然[tyun5]音正確，那麼[dyun6 段]音何來？原來亦係來自同一反切。

二、中古音變化：陽上作去、送氣不送氣互變

《廣韻》時期的聲母有所謂「清濁」之分。「清濁」與「送氣不送氣」一樣屬於「發音方法」的特徵差異。所謂濁音／有聲(voiced)是指發出音素時聲帶會振動。粵語無濁音聲母，中古漢語的聲母「清濁」到了今天粵語變成聲調的「陰陽」二分。

> 所以我們憑反切上字得出聲調陰陽、下字得出平上去入，並非古人得閒到將比如「陰平聲」拆成「陰」和「平」兩部份分置反切上下字，而是古時根本不分陰陽。

而中古濁音聲母又有一類字稱為「全濁聲母」，其上聲字，即「全濁上聲」，到了粵音，一些會讀成與之相對應的陽上聲，有一些卻會變讀陽去聲，亦即「陽上作去」。讀音變或不變並無特定規律，只能憑實際讀音得知。「斷」字在中古就屬全濁上聲，到了今天讀成[dyun6 段]音，符合「陽上作去」的規律。但可能你會問，既然是陽上聲(5)變成陽去聲(6)，那就應該是[tyun5]變成[tyun6]，怎會變成[dyun6]呢？

原來，這牽涉另一種中古音對應粵語的演變規則，稱為「送氣與不送氣互變」。如果一個字的聲母屬於擁有「送氣」和「不送氣」對立的聲母組，而又是「陽」聲調（即古時是「濁」聲母），基於平仄，會發生送氣與不送氣的變化：

粵音聲調	特徵
陽平聲	＋送氣

粵音聲調	特徵
陽上聲	＋送氣
陽去聲	－送氣
陽入聲	－送氣

也就是說，如果濁音字演變成粵音是讀陽平聲或陽上聲，而聲母有不送氣與送氣的對立，則該字的聲母必然會送氣。至於陽去和陽入聲則相反，聲母必不送氣。下面是一些例子：

例字	反切	聲調	修正前	修正特徵	修正後
鎚	直追切	陽平	zeoi4	＋送氣	ceoi4
勤	巨斤切	陽平	gan4	＋送氣	kan4
柱	直主切	陽上	zyu5	＋送氣	cyu5
地	徒四切	陽去	tei6	－送氣	dei6
電	堂練切	陽去	tin6	－送氣	din6
直	除力切	陽入	cik9	－送氣	zik9

這個變化非常徹底，所以「修正前」的拼音基本上是無直音可寫。由於「陽上聲」會「＋送氣」、「陽去聲」會「－送氣」，當發生「陽上作去」現象，聲母便會由「送氣」變成「不送氣」。所以，「斷」字的[tyun5]音「陽上作去」後就變成[dyun6 段]了。

由此我們可以知道，「斷」字讀成[tyun5]，不是「本來」不送氣我們口語讀成送氣，倒是口語中保留了較古的、「本來」的上聲讀音。這情況和「淡」字一樣，有送氣陽上聲[taam5]和不送氣陽去聲[daam6 啖]兩個讀音。至於現在我們習慣將這些字的去聲看成

「讀書音」、上聲視作「口語音」，則是後話。

三、「正讀」本來也是「錯讀」

　　一個親身經歷：2010 年 8、9 月左右，我收到某銀行保險推銷員來電，言談間她竟然將「跌打」讀成 [dit8] 打，即將「跌」讀成「跌倒」之「跌」。聽到「[dit8] 打」我一時還反應不過來，心想甚麼是「[dit8] 打」？思索一會才想到她是在講「跌打」。

　　恕我孤陋寡聞，做了這麼多年人，未聞有人讀 [dit8] 打，剎那間無法理解她所指為何。[dit8] 音和 [tit8 鐵] 音的問題，屬於不送氣和送氣聲母之別。從社會實際讀音而論，跌字在絕大部份情況都讀不送氣的 [dit8] 音，只會在與「打」字配成「跌打」一詞才特別變成送氣音 [tit8 鐵]。這可謂口耳相傳的讀法。[鐵] 打一讀，是實際存在而且有效溝通的讀音，無可置疑。

　　韻書反切是一個重要參考，但不應視為絕對標準。主持《最緊要正字》節目的學者，卻喜歡以古韻書做根據，否定今音。所以「跌打」讀成 [鐵] 打雖有羣眾基礎，他們依然可以指斥其非。

　　可是，從「根據」角度探究，「跌打」一詞，是不是真如康博士所言，只能 [dit8] 打、不能 [鐵] 打呢？我特意就此翻查韻書，看看有沒有意外收穫，結果查到「跌」字收錄在《廣韻》、《集韻》入聲十六屑韻「徒結切」條下。留意「徒」字是陽平聲，陽平

聲字粵音一定送氣，所以「徒」讀成[tou4 逃]不代表「跌」是送氣音。是故我們須先將「跌」字的反切讀音修正：

例字	反切	聲調	修正前	修正特徵	修正後
跌	徒結切	陽入	tit9	一送氣	dit9

根據反切，「徒結切」應該讀[dit9 迭]，陽入聲，即是「高潮迭起」的「迭」音。

於是我首先看到一個驚人事實：**如果要嚴格依照反切規則，跌只能讀[dit9 迭]**——我們讀成[dit8]，是將本來應該讀成陽入聲的字誤讀成中入聲，而中入聲其實是陰入聲的分支。亦即你若要以韻書音為正讀，便可理直氣壯指全體港人都是不學無術陰陽不分的白癡。

何文匯博士非常討厭我們將陽入聲的字讀成中入聲。他在《粵音正讀字彙》指：「本字彙對誤作陰上的陽上聲比較容忍，而絕不承認陽入聲作中入的誤讀，因此誤作中入的陽入一律撥歸陽入。」(P.413)非常霸氣。話雖如此，大眾普遍都將此字讀成[dit8]，即使何文匯博士聲稱要將誤作中入的陽入聲字「一律」撥歸陽入來「撥亂反正」以顯其「絕不承認」威嚴，他在《粵音正讀字彙》還是要將跌讀成[dit8]歸類為「習非勝是取代正讀」的「今讀」。那個誤作中入的讀音沒有「撥歸陽入」，原來的「正讀」反成「本讀」，於是大家不必 [迭] 倒，可喜可賀。於是在何博士授權之下，這個音就「從眾不從切」（或曰約定俗成）了。

只是如此一來，批評「跌」讀成［鐵］是錯讀，便有點五十步笑百步的感覺。因為二音皆無韻書根據，「跌」一般讀[dit8]是約定俗成，用在跌打、跌打酒時讀成［鐵］亦係約定俗成。有甚麼理由用前者否定後者呢？

既然「跌」字韻書無中入聲一讀，[dit8]音是實際讀音、[tit8鐵]亦係實際讀音，即可能兩個均為後起音。而由於約定俗成，「跌」一般讀[dit8]，在「跌打」一詞（及其衍生詞如「跌打酒」、「跌打損傷」）則讀［鐵］，清楚明瞭，絕不混淆。這個讀音沿用已久，為何不能接受？為何是「讀錯音」？

《廣州話、普通話速查字典》有收［鐵］音作為「跌打」的專讀；《香港小學學習字詞表》在「跌打」一詞亦兼收［鐵］打一讀，正是尊重實際讀音的表現，比中大學者「獨尊何氏」的態度好多了。

> 補記：你說我此地無銀也好甚麼都好，本文不同意康博士有關「跌打」讀音的主張和指出有關「不送氣變送氣」問題有一處援例不當，絕非對康博士有任何不敬之意。事實上，我個人是懷疑《最緊要正字》中，學者對於字音「正誤」的看法，很多時候不由自主。是故在這諸多掣肘的情況下，康博士說他「認為」［鐵］打是錯音，又指出何謂「約定俗成」，我是十分尊敬他的。

龕

「龕」字一般少用，但不算極罕用，尤其「骨灰龕」一詞不時聽到。以前聽到此詞，「龕」字只有一音，就是［庵］。可是，2011 年前後，由於香港私營骨灰龕位問題引起公眾關注，這個字使用頻率忽然增加，於是一到政府和傳媒之口，「龕」的［庵］音，旋遭撲滅。

這個讀音之所以被「正」，始作俑者，似乎是主法會主席曾鈺成。報載立法會主席曾鈺成正音正上癮，辯論骨灰龕無王管問題，人人讀[am1 庵]，只公民黨陳淑莊將此字讀[ham1 堪]。其後曾鈺成特別指出「龕」應讀［堪］，並嘉許陳淑莊讀得正確云云。報紙更以「字正腔圓」讚許陳淑莊的讀音(蘋果日報，2009/12/10)。

骨灰龕的龕，時人多讀［庵］，惟今「正音」當道，有人授以［堪］音，附和者眾，包括周一嶽、曾蔭權等。容若先生為文提及此字，指港台依字典讀［堪］，商台則依大眾讀［庵］。容若自述，他在廣州出生，幾十年來，在多地生活，龕字一律讀［庵］(大公報，2009/10/16)。

我之所謂抗拒這個讀音，因為這許多年來聞所未聞。出乎意料的是，市面字典只收［堪］音。這令我不解，這個讀音既非短期的錯讀，又不是少數人的錯讀，為甚麼普遍字典不收？而「龕」讀成

［堪］，又是不是真的完全沒有道理？要研究這個問題，不妨先由
廣韻反切開始。

「龕」字，《廣韻》「口含切」，根據反切可擬出［堪］音
（事實上「堪」亦係口含切），所以字典的標音是符合廣韻反切。

[ham1 堪]和[am1 庵]兩個讀音的分別就在於［堪］音聲母是
[h]，而［庵］音沒有聲母，或稱「零聲母」。原來，子音[h]經常
會發生因弱化而脫落的現象，在英語、意大利語、西班牙語、法語
等語言亦有出現。觀察英語 hour、honest 等字的拼法和讀音的分
別，就可以看到[h]丟失的蹤影。在粵語，常見的[h-]音脫落現象出
現在字詞連讀。例如「係唔係」（[hai6 m4 hai6]）會因為連續讀出
變成[hai6 m4 mai6]，甚至變成[hai6 mai6]，寫作「係咪」。又如
「唔好」讀成[m4 mou2]、「即係」讀成[ze1 ai6]，同樣看到[h]聲
母丟失情況。

當然，上述連讀現象並不影響該字的本來讀音。但其實在語音
變化過程中，[h]聲母脫落並不稀奇。何文匯《粵音正讀字彙》談
及[h]聲母變化時，指粵音[h]聲母主要來自「曉」、「匣」二母，
有少量則從弱化的[k]聲母得來。他對[h]聲母變化分為以下幾點：

（一）[h-]後面是齊齒呼（即[i]）時，會因顎化而消失；[h]聲
母消失後，齊齒呼成為半元音[j]聲母。例如：

	反切	聲母	中古擬音	粵音變化
賢	胡田切	匣	ɣien	hin ⇨ in ⇨ jin
型	戶經切	匣	ɣieŋ	hɪŋ ⇨ ɪŋ ⇨ jɪŋ

（二）若[h-]之後係合口呼（即[u]），則會因脣化而消失。[h-]消失後，[u]補上變成[w-]聲母：

	反切	聲母	中古擬音	粵音變化
胡	戶吳切	匣	ɣu	hu ⇨ u ⇨ wu
華	戶花切	匣	ɣua	h(u)aa ⇨ (u)aa ⇨ waa

（三）一些[h]聲母後面是開口呼，但[h-]越讀越弱而消失、而在零聲母之前補上相關聲母：

	反切	聲母	中古擬音	粵音變化
軻	苦何切	溪	kʰɑ	ko ⇨ ho ⇨ o
餚	胡茅切	匣	ɣau	haau ⇨ aau ⇨ ngaau（陽聲無零聲母字）

（四）陰聲調中，若[h-]聲母後是合口呼，則會與合口呼成份混和，變成[f-]聲母，例如本書第三章介紹過的「苦」字。

頭三種[h]聲母變化例顯示[h]聲母脫落不足為怪。根據《廣韻》，「龕」字「口含切」，屬溪母，其實依切音規則，應該讀成[kam1 襟]才對，現在的［堪］音已經是溪母弱化的結果。而開口呼的[h]轉化，即如上述第三項的「軻」字一樣。將「軻」字的變化，套到「龕」字當中，便不難得出今讀［庵］音的演變軌跡：

	反切	聲母	中古擬音	粵音變化
嵌	口含切	溪	$k^h\texts" ɒm$	kam ⇨ ham ⇨ am

所以，前人將此字讀成 [庵]，即如「佳餚」不讀「佳姣」、「山丘」不讀「山溝」，實是[h]聲母弱化使致。當然這絕非代表由於有[k]聲母弱化或[h]聲母脫落現象，大家就可以胡亂對待[k]/[h]聲母的字音，例如將「確[kok8]」讀成「殼[hok8]」甚至「惡[ok8]」然後說這是「k/h 聲母弱化」。問題是，此字並非近幾年才讀成 [庵] 音：

➤ 1916 年出版的《廣話國語一貫未定稿》，「嵌」標讀「戀金切」。按此書之廣話反切拼音門法與中古韻書反切不同，聲調之陰陽平仄均見於反切下字，而陰聲零聲母、陽聲[ng]聲母俱以「戀」作反切上字。故「戀金切」即音[am1]。

➤ 香港道字總社於 1939 年 8 月出版《道漢字音》，將「嵌」字收在[am1 庵]而非[ham1 堪]條下(粵語音典 P.29)。

➤ 張洪年於 1972 年出版的《香港粵語語法的研究》，亦將「嵌」標讀成[am1 庵] (P.45)。這書是張教授在 1969 年寫的碩士論文，於 2007 年重排出版，其重版序言指出：書中材料來自六十年代的口語，是當時真實語言的記錄(2007 年版，P.vii)。

一	端精二系 ⟶ 〔am〕（〔ap〕）	耽〔ctam〕南〔ɕnam〕慘〔ctʃ'am〕蠶〔ɕtʃ'am〕答〔tapɔ〕納〔napɔ〕雜〔tʃ'apɔ〕塔〔t'apɔ〕
	見影二系 ⟶ 〔ɐm〕（〔ɐp〕）	感〔ɕkɐm〕嵌〔cɐm〕憾〔hɐmɔ〕合〔ɕhɐm〕鴿〔kapɔ〕合〔hapɔ〕碰〔hɐpɔ〕例外：拉〔clai〕坍〔ctan〕毯〔ct'am〕喊（瞰）〔hamɔ〕喝（瞰）〔hɔtɔ〕函（匣）〔ɕham〕

　　《道漢字音》由陳瑞祺所寫，出版時期與《粵音韻彙》相近，但收音取向大相逕庭。《粵音韻彙》強調「標準音」（正音），而《道漢字音》則偏重紀錄實際讀音：

> 因［常用字］有音形義三種之變化，更為複雜。倘非研究有素，勢難免有習非成是以及以訛傳訛之讀音、字形別寫之弊。本書為求通俗起見，對於此類讀音與別寫，擇其較為普通者兼收之，以存雅俗。

　　所以，對比目前語言現況，加上更早出版的《廣話國語一貫未定稿》的記載，有理由相信《道漢字音》只收[am1 菴]音，反映的是當時的實際讀法。

　　那麼，為甚麼這個讀音在很多字典中卻不見收載呢？我懷疑這是受《粵音韻彙》所影響。第四章提過，黃錫凌的《粵音韻彙》在當時「仍是粵音的權威，香港的中文老師大都人手一冊」。其後的字詞典編者，多少怯於《粵音韻彙》的名聲，致注音不敢偏離太遠，又或是以《粵音韻彙》為基礎，再斟酌修訂。新近字典的注音取向較尊重約定俗成的讀音，所以我懷疑這個「龕」字不注［庵］音，是由於一般少用，於是變成「漏網之魚」。

　　「龕」字之前未被「正讀」狂熱者拿來「祭旗」，讀音歷數十載不變，讀成［庵］者，絕不會引起誤解，妨礙溝通。時至今日，「龕」字還是讀［庵］者眾，但未來發展則難以預料。在立法會，本來絕大多數人都讀成［庵］音，結果一位議員讀成［堪］，立法

會主席「裁決」之後，其他議員懾於「誤人子弟」心魔，紛紛改讀。政府官員也不例外。我們會聽到前食物及衛生局局長周一嶽、食物及衛生局常任秘書長黎陳芷娟將「骨灰龕」讀成「骨灰堪」。傳媒亦自然紛紛將「骨灰龕」改讀成「骨灰堪」。

無綫電視本來使用習用讀音骨灰［庵］，但在港府帶頭之下，到了 2010 年 7 月 7 日，終於改讀骨灰［堪］。無綫消滅此音之意甚彰：2010 年 10 月 16 日，有記者在新聞片段中「誤用」了實際讀音［庵］，在《午間新聞》播出。到了《六點半新聞報道》，同一段聲帶，同一個記者，同一段旁白，［庵］音則被「改正」成［堪］音。我總覺得，要電視台尊重一個實際讀音很困難，但要他們消滅一個實際讀音，他們樂意傾盡全力去做。

聿、銘

　　上有好者，下必甚焉。2006 年在無綫電視播放的《最緊要正字》，由中文大學學者主理。第六集，節目播出歌星陳奕迅的訪問，片段中陳奕迅憶述他在機艙遇到「貝聿銘」先生，將「貝聿銘」讀成貝[leot9 律][ming5 皿]。片段播畢，中文大學中國語言及文學系高級導師黃念欣博士便出場「糾錯」。她説貝聿銘應讀貝[jyut9 月][ming4 明]。學者照例搬出《廣韻》，指「聿」字「餘律切」，所以要讀[jyut9 月]；黃博士更叫人不要將「銘」字讀成陽上聲的[ming5 皿]。

　　但是，「聿」字餘律切，切出來，只能讀[jeot9]（沒有同音字，參考「術」的注音是[seot9]），沒有[jyut9 月]音。關於「聿」的《廣韻》讀音推導方法，網上文章「《最緊要正字》指瑕之八：「聿」字正音（兼論推導今音方法）」已有解釋(http://goo.gl/aJYeM)，我學識所限，珠玉在前，不好續貂。

一、字典的收音

　　但我想在這裏提出，「聿」字絕大多數字典都沒有［月］音。

	書名	年份	wat9 核	leot9 律	jyut9 月
1	道漢字音	1939		✔	
2	廣州音字彙	1971	✔	俗	
3	粵語同音字典	1974	原讀	習讀	
4	兩用中文字典	1977	✔		又
5	李氏中文字典	1980	讀音	語音	
6	中華新字典	1982	✔		
7	中文多用字典	1984	✔		
8	廣州音字典	1985	✔	俗	
9	新雅中文字典	1985	✔	又	
10	粵語查音識字字典	1985	✔	✔	
11	廣州話標準音字彙	1988	✔	俗	
12	香港小學生中文詞典	1988	✔		
13	商務新詞典	1990	✔	俗	
14	常用字廣州話讀音表	1990	✔	俗	
15	小樹苗學生辭典	1996	✔		
16	朗文中文高級新辭典	1996	✔	✔	
17	朗文中文新詞典(第二版)	2001	✔		又
18	廣州話、普通話速查字典*	2003	✔	✔	✔
19	廣州話正音字典	2004	✔	俗	
20	中華高級新詞典	2004		又	✔
21	新時代中文字典	2004	✔	又	
22	粵音檢索漢語字典	2006	✔	又	

書名	年份	wat9 核	leot9 律	jyut9 月
	總計	20	16	4

*《廣州話、普通話速查字典》根據用途區別讀音：
　（一）古漢語助詞＞文讀[wat9 核]、白讀[loet9 律]；
　（二）人名：趙～修＞[loet9 律]；
　（三）人名：貝～銘＞[jyut9 月]、[loet9 律]。
另外，習慣上「核」有二音，在「核對」、「查核」時讀[hat9]，於口語
如「果核」、「嘔核」時讀[wat9]。但由於[wat9]沒有顯淺的同音字，故
本文以「核」作為[wat9]的直音。

　　由於黃博士除了指出「貝聿銘」的「聿」要讀［月］，還解釋
這個字通常用於古文，作為助詞。所以很明顯，她的主張是「聿」
字在任何情況均只能讀［月］，而非單在「貝聿銘」一名才讀
［月］。

　　而上表則顯示，有 20 本字典收載了黃博士絕口不提的[wat9
核]音，又有 16 本字典收載黃博士口中的錯讀[leot9 律]音，卻只有
4 本有收黃博士所謂「應該讀成」的[jyut9 月]音，其中一本更只限
用於人名「貝聿銘」。有收［月］音的四本字詞典，亦同時有多收
另一個讀音。那麼，到底是誰這麼「巴閉」，規定「聿」**只能讀**
［月］呢？當然就是何文匯《粵音正讀字彙》，第 388 頁，聿，只
標［月］音。

　　貝聿銘(Ieoh Ming Pei)的「聿」譯自 Ieoh。按原文讀音，譯名
讀[jyut9 月]似乎較合，但讀[leot9 律]問題亦不大，因為韻母讀音相

近。名字中有「聿」字的還有趙聿修，其英文拼音是 Chiu Lut Sau，很明顯是取［律］音。

二、聿讀成[wat9]的根據

「聿」標讀[wat9 核]，似始於《粵音韻彙》。值得注意的是，雖然何文匯擬出[jyut9 月]音的根據是《廣韻》的「餘律切」，但黃錫凌擬出的[wat9 核]音同樣是來自「餘律切」而符合中古音演變規律。「聿」屬諄韻以母字，下表是不同聲調的諄韻以母（喻四）字的今讀：

例字	反切	聲	韻	調	今讀
勻	羊倫切	以	諄	平	wan4
尹、允	余準切	以	諄	上	wan5
聿	餘律切	以	諄	入	？

勻、尹、允的今讀是[wan]無疑，而[wan]對應的入聲正是[wat]。這大概就是《粵音韻彙》擬出[wat9]音的原因。遺憾地，雖然這個讀音有 20 本字典收錄，亦總算符合這些「正讀」博士要求的反切對應，但由於何文匯根據同一個廣韻反切導出了另一個結果，不承認[wat9]音，黃念欣便對這個讀音諱莫如深。

至於《粵音韻彙》之前，《道漢字音》(1939)固然只收［律］音，《分韻撮要》(1825)、《初學粵音切要》(1855)、《英華分韻撮要》(1856)、《廣話國語一貫未定稿》(1916)、《民眾識字粵語拼音

字彙》(1931)及王頌棠《中華新字典》(1937)均將「聿」字標讀［律］。黃博士在節目中「糾正」一個至少逾 **180** 年歷史、**16+6=22** 本工具書做根據的**[leot9 律]**音，又不告訴大家另有一個見於 **20** 本字典、同樣符合《廣韻》「餘律切」的**[wat9 核]**音，而去叫大家讀一個只有 **4** 本字典兼收、但獲何文匯青眼的**[jyut9 月]**音，令人無言。這難免使人覺得，可能在中文大學一些學者的眼中，再多的字詞典、再多的根據都比不上一位何文匯博士。

何文匯說：「切音字典收的是中古切語，由每個方言各自推敲正讀，反而更覺可靠。」(粵音自學提綱，P.67)我卻覺得，像這類同一個反切、不同學者可以推敲出不同「正讀」讀音的字，使用約定俗成的讀音，反而比一些學者獨尊何文匯更覺可靠。

三、銘字的讀音

至於黃念欣說「銘」要讀［明］、不能讀［皿］，情況與「冥」字相同，又係何文匯旨意(粵音平仄入門，合訂本 P.53)。何文匯不承認「冥」可以讀［皿］，在新作算是改了口風。但同樣地依《廣韻》要讀［明］、實際我們卻大多會讀成［皿］音的「銘」字，因為無韻書為憑，何博士於是堅拒承認。既然黃博士與何文匯口徑一致，容我指出，不少字典承認［皿］音：

	書名	年份	ming4 明	ming5 皿
1	道漢字音	1939	✔	✔
2	廣州音字彙	1971	✔	
3	粵語同音字典	1974	✔	又
4	兩用中文字典	1977	✔	
5	李氏中文字典	1980	名詞用	動詞用
6	中華新字典	1982	✔	
7	中文多用字典	1984	✔	
8	廣州音字典	1985		✔
9	新雅中文字典	1985		
10	粵語查音識字字典	1985	✔	
11	廣州話標準音字彙	1988	✔	又
12	香港小學生中文詞典	1988		✔
13	商務新詞典	1990	✔	✔
14	常用字廣州話讀音表	1990	建議	又
15	國音粵音索音字彙	1995	✔	
16	小樹苗學生辭典	1996		✔
17	朗文中文高級新辭典	1996		✔
18	中華新詞典	1993	又	✔
19	同音字彙	1997	✔	
20	中文新字典	2000	✔	
21	朗文中文新詞典(第二版)	2001	✔	✔
22	廣州話、普通話速查字典	2003	✔	✔
23	廣州話正音字典	2004	✔	又
24	中華高級新詞典	2004	✔	又

	書名	年份	ming4 明	ming5 皿
25	新時代中文字典	2004	✔	又
26	粵音檢索漢語字典	2006	✔	又
		總計	22	17

這麼多字典收錄這個「錯讀」恐怕不是偶然。《分韻撮要》、《英華分韻撮要》、《初學粵音切要》都「無視」《廣韻》，只將「銘」字標讀 [皿] 音。

四、結語

「聿」字讀音問題，給我們的啟示有二。

首先，何文匯博士一邊以《廣韻》做圭臬，聲稱但凡《廣韻》有收者，均為「正讀」，搶佔高地，令自己有權否定市面所有字典收載讀音。但他一邊高舉韻書，顧盼自雄，一邊又凌駕韻書，選擇性不承認韻書收音。從「聿」字反切更可看到，同一個反切，有時可以導出多於一個結果，但原來亦只有何博士可以決定承認何者。

至於黃博士在節目中批評大眾將「聿」字讀 [律]，透過隱瞞事實引導公眾遵用何文匯欽點讀音的舉措給我們的啟示就是，這種唯何文匯獨尊的霸權態度，大概將會由中大一眾後起之秀繼承並發揚光大。

唳

如果有人跟你說，一個字的讀音，幾乎所有字詞典都標錯，只有何文匯對，你會否覺得這個人有點狂妄？

如果這個人是一位大學中文系教授，你會否覺得不可思議？

中文大學的中文系導師正有此論。《最緊要正字》第六集有黃念欣博士要人將「聿」讀[jyut9 月]，隱瞞大部份字典有收的[wat9 核]音和[leot9 律]音，撐何文匯撐出面。你以為此舉盲目，其實未算。同是中文大學的中國語言及文學系導師張錦少博士在這方面可謂「青出於藍」。第十五集接近尾聲，張博士首先指出「轉捩點」應讀轉［烈］點，然後就順便介紹一個與之相似的字。他說：

> 在此再介紹一個跟「捩」字字形相近，但讀音我們經常讀錯的字，就是「唳［讀麗］」字。
>
> 「唳」是小鳥的叫聲。「風聲鶴唳［麗］」這個成語，有些人會錯讀成「風聲鶴『淚』」。「風聲」是指風吹的聲音，「鶴唳［麗］」是指鶴的叫聲，並不是指鶴的眼淚，所以不應讀成「風聲鶴『淚』」。

這和何文匯博士的說法相合。何文匯博士在其著作中多番指出此字必須讀［麗］而不能讀［淚］，例如《粵音自學提綱》115頁。

一、字典的收音

　　何文匯博士說，多查字典可以減少錯讀。張錦少博士則向全港觀眾示範「查字典」的「奧義」，示範他們的讀音正誤標準如何「罷黜百家、獨尊何氏」。只要看看以下各字典收音，便知我所言非虛：

	書名	年份	lai6 麗	leoi6 淚
1	道漢字音	1939	✔	✔
2	廣州音字彙	1971		✔
3	現代粵語	1972		✔
4	粵語同音字典	1974		✔
5	兩用中文字典	1977		✔
6	李氏中文字典	1980		✔
7	中華新字典	1982		✔
8	廣州音字典	1985		✔
9	新雅中文字典	1985		✔
10	粵語查音識字字典	1985		✔
11	廣州話標準音字彙	1988		✔
12	香港小學生中文詞典	1988		✔
13	商務新詞典	1990		✔
14	常用字廣州話讀音表	1990		✔
15	朗文中文高級新辭典	1996		✔
16	同音字彙	1997		✔
17	中文新字典	2000		✔

	書名	年份	lai6 麗	leoi6 淚
18	朗文中文新詞典(第二版)	2001		✔
19	朗文中文高級新辭典(第二版)	2003		✔
20	廣州話、普通話速查字典	2003		✔
21	廣州話正音字典	2004		✔
22	中華高級新詞典	2004	✔	
23	新時代中文字典	2004		✔
24	粵音檢索漢語字典	2006		✔
		總計	2	24

更早的例子還有：

➤ 八十多年前的《民眾識字粵語拼音字彙》(1931)，唳標讀〔淚〕；

➤ 九十多年前，1916 年出版的《廣話國語一貫未定稿》，唳字「郎巨切」，即讀〔淚〕；

➤ 距今近 100 年的 A Chinese-English Dictionary (1912)，將唳、累標為同讀；

➤ 1856 年《英華分韻撮要》亦將唳標讀〔淚〕音；

➤ 1855 年香港英華書院活版的《初學粵音切要》，唳標讀〔淚〕；

➤ 187 年前的《分韻撮要》，第二十二去聲亦將「戾、淚、唳」三字歸為同音。

由此大家可以看到以廣韻反切為正讀的人的威能，就是他們可以憑《廣韻》選擇性否定之後出現的任何（不規則）變化。

二、昔日學者的開明

不過，「唳」字讀音問題，早有學者探討。林蓮仙博士的《粵讀反切音標兩用正音表》，「廣韻反切在粵讀中不規則變化研究」一節講到「同音分讀不同韻例」時，就承認「唳」已不復舊讀的事實：

這些例子據她所説，是「粵音的歷史演變的一些變化的事實」，包括「由於人為的習慣用旁轉或比擬等其他方法強將一些同音字分讀為幾個不同韻的音」（也就是以《廣韻》為正讀的論者所説的「讀錯」的中性説法）。但她沒有否定這個事實。

另外，1990年的《常用字廣州話讀音表》前言亦指出，「同一反切的字，到了現在，也有分化為不同音的」，並舉「唳」字做例：

	反切	香港通行粵音
麗	郎計切	[lai6]
戾唳	同上	[leoi6]
隸	同上	[dai6]

三、今日學者的專制

所以，就算這個字讀成［淚］真是前人讀錯，但大眾習慣、接受了，字典都收錄了，又獲學者承認，就沒理由再把一個已經進入棺材的讀音挖出來然後加冕。正如「隸」字，根據韻書，亦應讀［麗］，今卻讀［第］。難道學者又可以據此要我們將「奴隸」讀成「奴麗」？

張錦少博士說這個字我們讀錯，其實就是他不承認這個變化已經成為事實。**張錦少博士單憑《廣韻》（或何文匯）做靠山，否定市面二十多本字典、否定《常用字廣州話讀音表》的說明、否定林蓮仙博士的研究、否定這個有逾百年歷史的讀音**，可謂非常狂妄霸道。

張博士不肯面對現實，應該是張博士的問題。推廣「正讀」的學者犀利之處，就是明明是自己的問題，都可以在大眾傳播媒介歪曲事實，令觀眾以為是自己的問題。

學者在節目中唯何文匯獨尊，自屬偏頗。大概這不屬廣管局管轄範圍，於是電視台和大學學者便可以肆無忌憚，為所欲為。至於其推銷手法，則牽涉學術誠信：他說風聲鶴唳「有啲人」會讀成風聲鶴［淚］。看來在張博士眼中，上表列出將「唳」標讀成［淚］的一眾字詞典，也只是「有啲字詞典」而已，認為「唳」今已不如古韻書讀［麗］的，也只是「有啲學者」而已。

185

　　這種做法的好處，就是將〔淚〕音邊緣化，令那些不查字典的人、唯專家是從的人、沒有獨立思考能力的人、盲目奉迎權威的人，以為〔淚〕這個讀音，只是一個「一少撮人」的錯讀，是一個不獲認可的錯讀。於是，這些人自己改讀〔麗〕音之餘，又可能會當起「正讀大使」來，去「糾正」這個「有啲人」的「錯讀」。

　　張博士說「鶴唳」是指鶴的叫聲，並不是指鶴的眼淚，所以不應讀成「風聲鶴淚」，此亦歪論。這種解釋，犯了「竊取論點」的邏輯謬誤，是先假定「唳」不能讀〔淚〕才能成立的結論。如果「唳」可讀成〔淚〕，「鶴唳」就是不解作「鶴的眼淚」，仍可讀鶴〔淚〕。

　　我不是說上述字典絕無問題，又或者張錦少博士不能力排眾議。「唳」的聲符是「戾」，這個「戾」字，一般字典都標讀〔淚〕音。我們日常口語說的[long1 lai2]，本寫作「狼戾」，淵源甚古，香港文字研究者容若先生在八十年代已指出「狼戾」正寫(一字之差——一字送命，P.52)。1933 年孔仲南《廣東俗語考》亦有指出「冤戾」正寫，並指戾音「麗」。可惜字典詞書甚少關心口語讀音，致令很多人不知[long1 lai2]、[jyun1 lai2]有音有字。戾字《廣韻》郎計切，讀[lai6 麗]，[lai2]是其口語變調。所以，何博士用《廣韻》指出「戾」字原讀〔麗〕，是好事。但是否要連「暴戾」一類字詞都要改讀？我認為不必。（「戾氣」讀成「麗氣」或「烈氣」，誰聽得懂？）至於「唳」字改讀，更無必要。而將〔淚〕音判為「錯讀」後，無視此音來源甚久，居然使橫手將一個所有字典

有收的咸豐年讀音說成是「有啲人」的錯讀，更是令人髮指。

> 「咸豐年」是 1851 至 1861 年，喊字讀﹝淚﹞，1825 年《分韻撮要》已收，所以講「咸豐年」其實「蝕咗」。

張錦少認為我們應該根據《廣韻》將「喊」字改讀，這是他的主張，不妨；但現在他將兩個讀音以「對錯」二分，問題有三：**（一）罷黜百家，獨尊何氏霸權；（二）隱瞞事實，侮辱觀眾智慧；（三）顛倒眾寡，假造讀音民意。**如此學者風範，令人非常反感。

四、結語

我明白，正讀現時並無劃一標準，一講到字音正讀，就可能爭議不斷，學者有時也很難為。我不是反對學者在電視熒光幕前匡誤，但針對的，應是無爭議的部份；有爭議的，亦應該開誠布公。黃念欣和張錦少此等學者，**隱瞞「正讀」只是一家之說的事實，將何文匯博士奉為權威，將其主張當成唯一標準，利用傳媒優勢，將一家之說當成公論。**其所作所為，即使不當成欺騙，亦顯然有違道德，令人心寒。

本來一般平民百姓如我，很難像語文專家、學者一樣，深究每一個字的讀音問題。這不是我們不重視語文之故，只是我們實在不是這方面的專業。所以我想，對「一個字的讀音該當如何」這個問題，很多人的願望，就是語文專家、學者會提供一個可靠而適合在

日常社會中使用的讀音指引。市民大眾亦不會介意他們糾正錯讀。這是因為他們是學者、教授，我們相信他們會根據其專業知識，定出一個恰當的標準。我非常痛心的是，似乎有人想利用我們對專家、學者的信任，因利乘便，進行思想獨裁管治。

雖然他們的主張和説法，未必有事實根據，未必一定正確，亦未必得到大眾支持，但他們有的是權力和影響力。何文匯等人除了與傳媒關係良好，在學界亦甚具地位。由何文匯擔任（唯一）學術顧問的「粵語正音推廣協會」與香港電台聯合製作的《粵講粵啱》節目，其中有一個「唔啱講到啱」環節短劇(http://goo.gl/AQlzK)，一胖子學生示範「錯讀」連篇，講到一句「搞到村民風聲鶴唳（音淚）」，旁邊的女學生立時皺眉。之後另一位女同學沒好氣謂：「唳（讀麗），係指鳥類高聲鳴叫，唔係指流淚咁解。」簡直跟張錦少博士的論調如出一轍(亞洲電視本港台，2006/5/30)。

張錦少博士亦係「粵語正音推廣協會」與港台合辦的 2005 年「粵講粵啱正音大賽」的評判。所以我很希望張博士能解答一下：何文匯是不是有特權？何文匯是不是大晒？

彌、瀰、獼

本文談的「彌、瀰、獼」三字，之所以引起我的注意，同樣源於電視台配音部門近年的改讀。

這三字，現代人普遍讀[nei4 尼]。1904 年，Sir Matthew Nathan 來港，履任香港總督。他的中文名字就譯為「彌敦」爵士，以「彌」字對譯 N 起音。而港府為了紀念他開發九龍半島的貢獻，於 1909 年將九龍區的「羅便臣道」改為以他命名的「彌敦道」(Nathan Road)，迄今逾百年。

可是，到了今天，何文匯博士仍然不承認彌字有[nei4 尼]這個讀音。他的《粵音平仄入門》、《粵音正讀字彙》和《粵音自學提綱》，隨手舉出百餘個港人「日常錯讀字」，要求改「正」。彌字讀成 [尼]，卻不在「日常錯讀」字表，亦不收入為「口語音」或「今讀」。「彌敦道」在香港理應無人不曉，讀成 [尼] 敦道是如此理所當然，但可能在何博士眼中，這只是一個「非日常」的「錯讀」。不難想像，彌讀 [尼] 音，命途多舛。

一、《廣韻》的記載

何博士當 [尼] 這個讀音透明的根據自然是《廣韻》。《廣

韻》平聲第五支韻，彌（及瀰、獼）的切音是武移切。所以，如果依照反切決定讀音正誤，這個字應讀[mei4 微]。

且慢——武移切反切下字「移」的韻母明明是[i]，根據反切規則，這個字不是應讀[mi4]，即「媽咪」的「咪」音嗎？

確是如此。反切的下字「移」屬支韻，支韻的字，本來粵音應該唸[i]。1782 年的《分韻撮要》，描述了二百多年前的粵語語音，那時沒有[ei]韻母，「機」、「奇」、「比」等字，當時都唸[i]韻母(廣東的方言，P.16)。

這可用現成例子說明。現代粵語「四」字讀成[sei3]，說地方間格「四正」卻讀[si3 試][zeng3]。「四」的大寫「肆」作「四」解時亦讀[sei3]，但用在其他義項例如食肆、放肆時則讀[si3 試]。還有「死」字，一般讀[sei2]，有意模仿老派讀音時則讀[si2 史]。這些都是保留了[i]韻舊讀。

原本讀[-i]、現在讀[-ei]這種情況，何文匯稱之為「韻母近移」，在《粵音平仄入門》的解說如下(合訂本 P.29)：

> 可以看得出，上面十個例字用粵音讀出來，每個字的韻母和《廣韻》切音下字的韻母近似，卻不是完全相同。這又是古今音變的結果。我們要多翻查字典，多比較切音，才可領略箇中變化的法則。

所謂「古今音變」，其實就是「讀錯」的一體兩面。何博士大抵認為，這三字讀成［尼］，一來未取代本讀，二來沒有「習非勝

是」，三來更「未獲教育界全盤接受」，所以［尼］音在《粵音正讀字彙》連影都無。一個有過百年歷史的讀音遭如此對待，不可謂不折墮。

到底事實如何？［微］音有幾「正」，［尼］音有幾「錯」？不妨參考學者意見，翻查粵音辭書，再行定奪。

二、學者的觀點

粵音韻彙 (1941)

黃錫凌《粵音韻彙》初版於 1941 年，距今 70 年。書中描述廣州話的讀音現象，說「粵語有幾個本來讀 m 的字，現在讀成 n」(P.86)，包括彌、瀰、獮三字。黃錫凌將之視為「誤讀」。黃書不少讀音從韻書推求，所謂「正誤」標準，主要是「以古為正」。所以他指讀成[n]聲母是「誤讀」，並不出奇。但我們可以這樣看：如果當時沒多少人讀［尼］，他根本不必特意指出這個現象，可見［尼］音在廣州話地區已頗通行。而黃氏雖然認為［尼］音是「誤讀」，卻倒也尊重語言現實，在讀音表中將彌、瀰、獮三字收在[nei4]讀音欄下，並注明「粵讀」(P.20)。

《粵音韻彙》顧名思義為粵音書籍，所標讀音，自是粵讀；在彌、瀰、獮三字另注「粵讀」，架床疊屋，煞是奇怪。查此「粵

191

讀」，應係指不符國音對應而言。「認」字，《廣韻》有「而振」和「而證」兩切，我們將「認」字讀[jing6]，符合「而證切」一讀。《粵音韻彙》卻以「而振切」的[jan6 刃]音為正讀(P.15)、今日通行而合於「而證切」的[jing6]音為「粵讀」(P.28)，大概就是因為國音與「而振切」對應的緣故。香港文字研究者容若先生就曾經批評黃書非議粵人將「僧」讀［曾］不讀［生］、「甄」讀［因］不讀［真］、「聯」讀［鑾］不讀［連］、「糾」讀［斗］不讀［九］，以至「彌」要人讀［微］，都有「復古音兼跟國語」之傾向(「《粵音韻彙》的錯」，明報月刊，2007/5)。

黃書內的「粵讀」除了「彌」讀成[nei4 尼]和「認」讀成[jing6]，還有「玫瑰」的「瑰」字讀[gwai3 貴]、「不朽」的「朽」字讀[nau2 扭]和「鋼鐵」的「鋼」字讀[gong3 降]。

粵語教學與讀音研究 (1961)

莫朝雄《粵語教學與讀音研究》一書，書成距至今逾 50 年。此書論及有關「正讀」問題時，特別提到(P.59)：

（3）本讀與今讀　　我們對於字音，必須正視它的時代演變性；這即是說，對於字音，不必一定追溯到原始的讀音才算正確。因此正讀的「正」這個觀點，就可能發生問題，——某時期認為是俗讀的音，若干時間後，卻變成最通行的音了。本讀和今讀的論據在此。下面所舉的例子，雖不取「習非成是」的態度，但今讀的音確是現在通行的讀音；而本讀的音，反為少見了。

他舉出以下例子説明（原書用反切注音，拼音是作者所加）：

	本讀		今讀	
僧	沙鶯切	[sang1 生]	渣鶯切	[zang1 曾]
瀰	**摩奇切**	**[mei4 微]**	**拿奇切**	**[nei4 尼]**
隸	啦係切	[lai6 麗]	打係切	[dai6 第]
溝	加歐切	[gau1]	卡歐切	[kau1]

可見當時社會，僧已經通讀［曾］、瀰已經通讀［尼］、隸已經通讀［第］、溝已經通讀[kau1]。我們不是想要抱「習非成是」心態使用這些讀音，而是這些讀音確已成為最通行的讀音。

粵讀反切/音標兩用正音表 (1975)

1975 年的《粵讀反切/音標兩用正音表》由香港語言學學者林蓮仙編著，當時林博士在中大教書。該書第 11 頁有標示「瀰」字讀音，正是從[n]聲母。

粵　　韻	u							ei									
粵　　調	陰去	陽去	陽上	陰去	陽去			陰平						陽平			
韻　　攝	遇		流					止									
廣韻韻目	遇	暮	遇	虞	有	宵	有	支	脂	之	微	微	支	脂	之	微	微
粵音等呼 等呼	合三	合一	合三	合三	開三	開三	開三	開三	開三	開三	合三	開三	開三	開三	開三	合三	開三
n												瀰	尼				

饒秉才：粵方言字音的訂音問題 (1980)

《語文雜誌》第五期刊有饒秉才教授的〈粵方言字音的訂音問題〉，內容是他對粵音訂音原則的一些看法。其中他提到「發展的觀點」，指出用甚麼讀音來代表甚麼意義，完全是由人們約定俗成的。所以，即使一個讀音不合於古，但只要獲大家承認，而這個讀音又能很好地服務羣眾，那就應該承認這個「發展了的音」為正統音，不應加以排斥。其中可以發現，早在超過 30 年前，饒教授已經指出「彌」讀 [尼] 音是普遍流通的讀音：

> 「彌、瀰、獮」讀[nei4]，「四」讀[sei3]，「死」讀[sei2]，「滑稽」的「滑」讀[waat9]……「昆蟲」的「昆」讀[kwan1]現在已具有全民性了，沒有必要把「彌、瀰、獮」讀成[mei4]，「四」讀成[si3]，「死」讀成[si2]，「滑稽」的「滑」讀成[gwat7]……「昆蟲」的「昆」讀成[gwan1]。

三、粵音工具書的根據

看罷學者的看法，不妨再對照現時字典的收音情況（以下僅列出「彌」字的字典標音）：

	書名	年份	mei4 微	nei4 尼
1	道漢字音	1939	✔	✔
2	廣州音字彙	1971	✔	✔

	書名	年份	mei4 微	nei4 尼
3	現代粵語	1972	✔	✔
4	粵語同音字典	1974	原讀	習讀
5	兩用中文字典	1977	✔	又
6	李氏中文字典	1980		✔
7	中華新字典	1982	又	✔
8	中文多用字典	1984	又	✔
9	廣州音字典	1985	又	✔
10	粵語查音識字字典	1985	✔	✔
11	廣州話標準音字彙	1988	✔	又
12	香港小學生中文詞典	1988		✔
13	商務新詞典	1990		✔
14	常用字廣州話讀音表	1990	又	建議
15	中華新詞典	1993		✔
16	字正音準正字正音手冊	1993		✔
17	國音粵音索音字彙	1995		✔
18	小樹苗學生辭典	1996		✔
19	朗文中文高級新辭典	1996		✔
20	同音字彙	1997		✔
21	中文新字典	2000		✔
22	朗文中文新詞典(第二版)	2001		✔
23	廣州話、普通話速查字典	2003	✔	俗讀
24	廣州話正音字典	2004		✔
25	中華高級新詞典	2004	✔	又
26	新時代中文字典	2004		✔

	書名	年份	mei4 微	nei4 尼
27	粵音檢索漢語字典	2006		✔
		總計	13	27

綜上可見，收［尼］音的字詞典比收［微］音的多出逾一倍。我們還可以看到，凡收［微］音的字典，都會收［尼］音；收［尼］音的字典，未必收［微］音。此音還有以下早期根據：

> 1916 年出版的《廣話國語一貫未定稿》，彌、瀰標讀「囊肥」切，即音[nei4 尼]。

> 1912 年，即一百年前的 A Chinese-English Dictionary 第970 頁，彌、瀰二字都有[nei4 尼]音。

> 1856 年，即距今逾 150 年前的《英華分韻撮要》已將彌、瀰、獼歸入[n]聲母條下，並注謂有時也會讀[m]聲母(P.330)。

四、廣東話實際讀音

專有名詞譯名

有人將「彌」讀成［尼］說成始於「彌敦道」一譯，企圖將讀「錯」音原委侷限在香港境內。但是，《英華分韻撮要》有收錄彌字讀[n]聲母，而此書並非收錄香港粵音，足證此說不確。再者，此書於 1856 年出版，彌敦爵士卻係於 1904 年來港履新。從時序

看，所謂「彌」讀 [尼] 音始於「彌敦道」、屬港人誤讀之説，恐是訛傳。反而因為先有「彌」字普遍讀 [n] 聲母、始有譯者以「彌敦」譯 Nathan 的可能性較大。

港督堅尼地 (Arthur Edward Kennedy) 於 1872 至 1877 年間任香港第七任總督，有指其譯名最先作「堅彌地」，後易作「堅尼地」。而維基百科則指「堅尼地城」本寫作「堅利地城」，後作「堅彌地城」，之後才改成「堅尼地城」。這些資料孰是孰非作者未能考證，卻能肯定：

1.　香港街道中，「堅彌地城海旁」和「堅彌地街」仍然保留以「堅彌地」對譯 "Kennedy"；

2.　1968 年 1 月 6 日《華僑日報》第二張第二頁，有「堅彌地道建天橋」標題，內文亦寫「港島堅彌地道不久將建天橋一座」。反而該報的香港年鑑，將「堅彌地街」植為「堅尼地街」。

另外，香港有一「雅賓利道」。「雅賓利」譯自 Albany，香港的早期譯法是「阿彬彌」，用「彌」字對 N 音。1934 年 6 月 21 日《天光報》有一節新聞，題為〈阿彬彌易主〉。這則新聞可對照 6 月 20 日《士蔑報》(Hong Kong Telegraph) 的 "The Albany Sold"。

阿彬彌易主

本港第一個警察司的遺產

本港牛山花園道中，有一座舊式樓宇，名「阿彬彌」者，爲本港第一任警察司梅氏之遺產，向由連士德洋行代理，最近因梅氏之遠裔，向本港總穆賀，查日昨經已成交，價爲十八萬七千七百七十五元，新業主爲誰未悉，查該樓宇，頗富歷史性，在一千八百六十二年，宋由梅氏承資以前，爲阿彬彌兵房，係當時英國在港駐軍官佐居住者，由一八五八年至一八五九年，該樓宇第一號爲香港政府商務專員公署所在，一千八百六十年，第二第三兩間，用爲中華女子學校，港府不收租金，一八六二年，始由梅氏署個，查梅氏於一八六二年，任本港總警司，是爲本港警司之第一人，至一八六二年，告老辭職，遂將該樓宇爲晚年休養之所，梅死後，遺下其子，其子死後，又遺下其兩孫，今其孫亦已於一九三一年逝世，故其代理人遵照其遺囑，將樓宇變資，得欵項交還照其遺囑，將樓宇變資後人云。

此一譯名亦由來已久。查水務署網頁可知，該署於 1890 年「在阿彬彌興建第一座濾水池」(http://goo.gl/libYo)。

唐字音英語

黃耀堃、丁國偉著有《〈唐字音英語〉和二十世紀初香港粵方言的語音》（下略稱《〈唐〉與粵音》），2009 年 10 月初版。此書顧名思義，是根據《唐字音英語》（下稱《唐》）研究該書出版時的粵方言（廣東話）語音實況。

《唐》書由莫文暢（?-1917）編寫，是一本英粵對音手冊，目的是讓讀者以「唐字音讀」通曉英語(《唐》與粵音 P.24)。所謂「英粵對音」，就是用「通勝教英文」手法，以粵音注讀英文單字，例如以「溫」對"One"，以「天」對"Ten"之類。該書凡例指，對譯的字音「要用正廣東話讀」。

　　《唐》書最晚的版本在 20 年代編成。《〈唐〉與粵音》附有《唐》書「通行本」的文字重錄和早期「1904 年版」的圖片和文字轉錄。這些「英粵對音」是研究當時語言實況的重要資料。而**《唐字音英語》就有大量以「彌」字對譯英語 N 起音的條目。**

　　例如下圖是《唐》書第 59 頁的複印圖片：

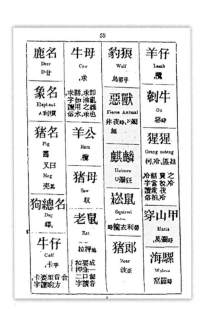

　　「惡獸」是 Fierce Animal，作者以「N 彌無」對譯 Animal；「麒麟」的英文是 Unicorn，作者以「U 彌狂」對譯；「穿山甲」的英文是 Manis，作者以「萬彌時」對譯。

　　再舉一些例子：

頁碼	1940 版頁碼	英文字彙	粵語對音
139	21	Anything	N 彌庭
		Anytime	烟彌。太唔
140	22	Minutes	。面彌時時
155	37	Kennedy Town	堅彌 D 偷唔
198	80	Vinegar	烏烟。彌架
199	81	Honey	。懇彌

而「通行本」情況亦同：

頁碼	序號	英文字彙	粵語對音
475	102.19	Chutney	出彌
485	129.05	Lamp Chimney	。覽、簽彌
535	251.02	Business	卑善彌時

「鳩」字讀成送氣聲母反映在字典是四十年代以後的事，《唐字音英語》仍以「思、鳩盧」對譯 Sea Gull；但何文匯的《粵音正讀字彙》已將此音看成「本讀」。所以何文匯博士當「彌」讀〔尼〕音「冇到」，不是因為這個讀音並非俗通流行，不是因為他的本今讀/正語音法則不承認一個世紀內出現的「誤讀」。而是他根據《廣韻》大顯威能，選擇性不承認這個出現逾百年讀音。

《唐字音英語》說該書對譯「要用正廣東話讀」。「彌」讀 [n] 聲母，今時今日，卻成為何文匯博士和傳媒眼中的「錯讀」，可謂諷刺。

其他粵方言區的讀音

本書「粵語」乃專指「廣州話」，但大家知道「粵語」的範圍很廣。同樣叫「粵語」，不同地方的音系亦有別。《粵西十縣市方言調查報告》在十個縣市採集方言讀音資料，包括廣州（列作參考）、肇慶（高要）、四會、廣寧、德慶、懷集、封開（南豐）、雲浮（雲定）、新興、羅定、郁南（平台）。此書第 173 頁舉有「彌」字，各地發音與我們不盡相同，不過除了德慶、懷集、郁南三個地區讀[m]聲母，其餘九個地區（包括廣州）都讀[n]聲母。

順帶一提，根據《潮州音字典》(P.314)和《新編潮州音字典》(P.231)，潮語「彌」字亦讀[n]聲母。此外《客家音字典》(P.362)指出，客語「彌」字亦係讀[n]聲母。

五、正讀的疑問

「彌」字的「正讀」，還可以帶出到底一些「正讀」真箇是名正言順的「正讀」，抑或只是令一些人「心理上覺得是正讀而感到欣慰」這一有趣的思考問題。「彌」字用「爾」字做聲符，「爾」是日母字，娘日歸泥（解釋見本書 157 頁），有讀成[n]聲母的條件；[m]、[n]聲母對轉亦非孤例（「起錨」的「錨」正是由[m-]轉讀[n-]），而且此字粵方言很多地區都讀[n-]，潮語、客語字典亦標讀[n-]。就算讀成[n-]的原因真的是這麼多地區的人一起讀錯，也很

難單憑「正讀」二字輕率否定，因為以《英華分韻撮要》、《唐字音英語》等書為據，此字粵音讀[n]聲母至少逾百年。

是的，《廣韻》指此字讀[m]聲母。有些人以此為讀成[mei4 微]的鐵證。問題是，讀成[mei4 微]，是不是真的最「正」？

「彌」的反切是武移切，理論上應該讀[mi4]。其實，這不單是「理論上」，因為根據文獻資料顯示，這一類字在粵語本來根本就不讀[-ei]而是讀[-i]！

之前已經提過，1856 年的《英華分韻撮要》為此字注音時，不跟從《分韻撮要》收在[m]聲母下，而收在[n]聲母下。說得明白一點，此書注音並不是指我們日常讀[nei4 尼]而有時候讀[mei4 微]。實情是，該書將「彌、瀰、獼」三字收在[ni]條之下，標上陽平聲，並在這三字前注："The three following characters are also sometimes read *mi*, as in the court dialet"，即彌、瀰、獼三字一般讀[ni]，有時會如官話（國語）般讀成[mi]：

(The three following characters are also sometimes read *mi*, as in the court dialect.)

彌 A bow discharged; to shoot an arrow; to reach or pervade 弥 everywhere; full, universal, Mí extensive; to prevent; more, still more; long, distant; ₂*ní* ₂*to*, more; ₂*ní* ᶜ*ún*, farther; ₂*ní üt₂* a month old; ₂*ní fung*, to patch; to disguise, to hide from, to screen; ₂*ní ₂soi*, to take measures against calamity; ₂*ní lak₂ Fat₁*, the past Budha; ᶜ*yéung ₂chí ₂ní ₂kò*, the higher

330　　　NÍ.

every time I see it, it constantly grows more vast; ₂*ní fung pat₂kwo*ᵒ the patch is too small.

瀰 A vast expanse of water; 瀰 ᶜ*miú* ₂*ní*, vast, ocean-like; ₂*ní* Mí ₂*ní*, everflowing waters.

獼 A monkey; ₂*ní ₂hau*, a she Mí monkey.

麛 A fawn; the tender young Mí of animals; ₂*ní ₂kʻau*, unyeaned skins for garments. Also read ₂*mai*.

韻母由[i]轉讀[ei]，並非在所有粵方言區出現的普遍現象，某些地方仍然保留[-i]的讀法。而另一個實情是：即使在保留[i]韻母的地區，也有將「彌」字讀成[n]聲母的例子（包括四會、新興、羅定）！

《英華分韻撮要》簡介指出，當時小部份以[k-]，[b-]，[f-]開頭而搭配[i]韻的字（例如騎、俾、非），韻母會讀成[ei]，但「這是例外情況(this is the exception)」(xvi)，顯示當時這些字已經有將[-i]讀成[-ei]的現象，卻不算普遍。但同時該書已將「彌」注讀[n-]，只是「有時」讀[m-]。

以廣州音為根據、1937年的《中華新字典》，彌字的拼音則係[mi4]。這大概是此書的注音比較存古。因為根據李新魁研究王炳耀 1897 年在香港出版的《拼音字譜》，當時其實已有[-ei]韻母(李新魁音韻學論集，P.430)。字典辭書編纂需時，往往滯後於實際情況，所以《英華分韻撮要》將彌、瀰、獼收在[ni]條下，這個讀音肯定不止 150 年歷史。可以推斷，彌字由[m-]改讀[n-]，即使不比[-i]衍生出[-ei]早，亦係差不多時間出現。

現在一些人，堅持不跟從大部份字典接受的[nei4 尼]音，而硬要改讀成[mei4 微]，以為「正讀」，我懷疑他們是否知道這亦非本音——本音應是[mi4]，「媽咪」的「咪」。《英華分韻撮要》的[ni]條下，還有尼、你、禰、餌、膩等字。若不承認「彌」可讀〔尼〕，要不要、是否應該先將這些字的韻母的「錯讀」悉數改正呢？無綫電視配音組現在規定配音時只能讀 13 本字典收錄的

［微］音，而不准使用 28 本字典接受、逾百年歷史的［尼］音，來彰顯其「教育下一代責任」，為甚麼不繼續「力排眾議」，乾脆把「彌」字和「奇、俾、非、你」等字的韻母都「正」過來呢？

六、阿彌陀佛

有些人會搬出例如「阿彌陀佛(Amitabha)」、「彌撒(Mass)」的音譯，「力證」此字讀［微］(例如粵音韻彙 P.86)。這裏有兩個問題。

第一，彌字中古音讀[m]聲母，現在某些方言（包括普通話）亦讀[m]聲母。即使阿彌陀佛、彌撒真的是根據古時粵語音譯，亦不代表今天的粵音要受昔日譯名時的讀音規限；更何況這些譯名不見得是用粵音譯出。那麼，豈有粵音要遵從用其他方言譯出的譯名做讀音標準之理？

第二，語言學者會根據這些外文翻譯及其翻譯時期，去推求當時的人的讀音，卻不會反其道而行，以這些古音去非議今人的實際讀音。況且如「阿彌陀佛」四字，現在用粵音去讀，無論「彌」讀成甚麼音，仍與原文 Amitabha 讀音相去甚遠。因為：

- ➤ 「阿」字中古屬於「歌」韻，擬音是/ɑ/，聽來類近粵語的[aa 丫]，亦因此才用「阿」譯"a"；
- ➤ 用「彌」字譯"mi"音節，是因為中古音沒有[i]→[ei]的韻母變化；
- ➤ 「陀」字亦屬「歌」韻，擬音類近粵語的[taa1 他]；

204

> 用「佛」來譯"bha"，是因為古無輕唇音、古有濁聲，而「佛」字隋唐仍讀重唇濁音。如果用粵語來說，就應該讀［弼］——但這已是濁音清化後的讀音。

> 其實「他」字亦屬「歌」韻，《廣韻》託何切，同一反切另有「拖」字，換言之「他」根本亦應該讀[to1 拖]才算「正讀」。

所以，有些人搬出相關譯名作「鐵證」，以為讀了「正讀」就能契合前人譯名，其實純粹心理因素作祟。

佛教中人將「彌」讀［微］或讀[mi]，我當然尊重，但有些人以為這就足以表示這才是「正讀」、足以抵銷上述字詞典的注音證據與百幾年來粵人的實際讀音，恐怕流於片面。佛教徒也將「般若」粵讀「波野」以貼近梵語原文，其他人又要跟乎？

至於基督教將 Messiah 譯做「彌賽亞」，就算你將「彌」字讀［微］，「賽[coi3]」字的[c-]亦與本來的 s 音不合。根據《廣韻》，賽字屬心母咍韻，換言之，「賽」粵語理論上亦應讀[soi3]（鰓[soi1]的去聲）而不是[coi3 菜]。要正讀，「賽」為甚麼不讀[soi3]？——不要說因為「聲母互換」，因為我現在要「從嚴」，要堅拒「習非勝是」的陋習！

佛祖慈悲，上帝大愛，當不會介意我們將「彌」讀［尼］。

七、結語

這三個字的讀音，只要查過字典，正常來講都應該不會罔顧現實，要人將彌、瀰讀［微］，甚至利用自己的權力，去禁止他人使用［尼］音。至於獼音，讀成［尼］，雖然收錄的字典較少，但同聲偏旁類化而讀［尼］，亦非不可解。

何文匯博士不承認［尼］音，由他擔任學術顧問的「粵語正音推廣協會」會否忤逆其意？看來不會。2008 有報章刊出「糾正懶音口才訓練課程」導師何國星先生的訪問。何國星何許人？報道說是資深配音員和「粵語正音推廣協會」粵語正音評核專員。「正音」不離「正讀」，該報道附有一則「粵音正讀考考你」，正是要人將「彌」讀成［微］(東方日報，2008/9/22)。查了幾十本字典的我只有承認自己對這個一言堂的「粵音正讀」真的沒有多少認識。

何文匯不承認這個讀音，其實理據不足。因為據他所講，他不收錄某個非廣韻讀音的理由是(粵音正讀字彙，P.415)：

> 近年來經廣播界流傳的日常錯讀如果尚未獲得學術界全面接受，本字彙將不予收錄。

大家看完這句，再回頭看看字詞典的注音，看看《唐字音英語》的記載，想想這是甚麼道理？我只能猜測：何文匯既然是學術界一份子，某個讀音，只要何文匯博士一人堅持不接受，該讀音便依然不符獲得學術界「全面」接受的規定。所以，何文匯博士不收

錄這個讀音，依然可以說得過去。

如果何博士不是這麼蠻不講理的人，我能想到的原因，就只有「彌」字在《廣韻》中不時用作反切上字，承認現實讀音會造成反切處理上的不便。類似例子還有「滂沱大雨」的「滂」字，一般讀[pong4 龐]，但據《廣韻》應讀陰平聲，即[pong1]。「滂」字除了作反切上字，更是此種聲類（清音/pʰ/，即粵音陰聲調[p])的代表字。如果看到「配：滂佩切」，卻把「滂」誤作陽聲字，便無法切出[pui3 佩]音，只會切成[bui6 背]。何文匯同樣不承認這個字的陽平聲讀法。於是，譚詠麟〈雨絲！情愁〉一曲第一句歌詞第一個字就唱錯。

這亦帶出了今時今日是不是可以用一本《廣韻》來否定所有後起變化的問題。大量字典將此字標讀［尼］，正是引證了「字有更革、音有轉移」。一本負責任的字典，不應忽略實際存在且行之已久的讀音，倚仗「正讀」高地，去硬銷一個符合自己心意的讀音。何文匯博士經常要人查字典，我查字典的結論卻是，讀［尼］比讀［微］更合理、更可靠；何博士當此讀透明，不是「學理」的表現，而是「不負責任」的表現。同樣地，一個負責任的傳媒，亦不應漠視語言變化，以「教育下一代」旗號，用不切實際的讀音來做標準讀音。

說到「彌」字讀音問題，歐陽偉豪博士在「香港大學語言學節2007 之正字正音風氣會否矯枉過正？」學術論壇上有此言論(http://goo.gl/dlQie)：

> 我來回應一下關於這個［微］敦道、［尼］敦道（的問題）……我
> 接受港台《萬王之王》訪問，Shirley 問我：「［微］敦道好像有
> 點……」我說是的，那就讀回［尼］敦道吧，這沒甚麼問題。所以
> 他們就是讀［尼］敦道。

我留意到港台和無綫電視新聞，「彌敦道」是讀成［尼］敦道沒錯，但這只是唯一的「放生」例。彌補、彌撒，和早前日本地震後經常在新聞見到的國際原子能機構總幹事天野之彌，這些媒體都讀［微］。電台電視台未必因為歐陽博士這句話而放心讀［尼］敦道，但事實上，使用這一個有過百年歷史、大量字詞典接受、為學者承認的讀音，根本不必因為單純因為用在「彌敦道」很「怪」才「放生」。

但話分兩頭，歐陽博士和電視電台如此放生［尼］音、單單容許「彌敦」這個詞的「彌」字讀［尼］，也是很有道理的。上世紀80 年代，何文匯主持香港電台《百載鑪峯》電視節目，1982 年 10月 31 日播出的一集，回顧香港交通發展，其中有介紹「羅便臣道」，後來改稱「彌敦道」。片段聲帶中，何博士清楚將「彌敦」讀成他那本《粵音正讀字彙》沒有收的［尼］敦。

這大概是「只許州官放火，不許百姓點燈」的現實寫照。

構、購

「購」和「構」兩個字，恐怕是近年眾多「被正讀」的讀音之中，「正」得最無謂的代表作。時人以「正讀」為風尚，到底是否表示他們的語言知識比前人高了？從構、購二字被電視電台甚至政府羣起「改正」，可見端倪。

這兩個字的慣用讀音和所謂的「正讀」，大家應該不感陌生。因為在日常生活中，這兩個字，都讀[kau3 扣]；但你打開電視機，扭開收音機，聽各台新聞報道，近年再加上無綫的配音節目和報幕，都只會聽到[gau3 究]音。

[gau3 究]和[kau3 扣]，兩個讀音，分別只差聲母。前面討論「跌」字讀音問題時解釋過，這兩個聲母屬於「送氣」與「不送氣」的對立：一個是不送氣的[g]，另一個是送氣的[k]（本書第 161頁）。那麼，兩個讀音，誰對誰錯？

一、「正讀」的根據

構、購都是形聲字。形聲字的字形結構可分為「形符」和「聲符」：形符表意，聲符象聲。所以「購」字從「貝」，與金錢有關，是有「購買」「購物」等詞；「構」字從「木」，與木材有

關,是有「構造」、「架構」等詞。兩字的共同聲符「冓」不是常用字,查《廣韻》,「冓」和用冓做聲符的「構、購」都是「古候切」。根據反切,「古候切」理論上應該讀[gau3 究]。

要求今日讀音均須以古韻書為根據者或會在此「結案陳詞」: [gau3 究]是正讀,[kau3 扣]是錯讀,極其量只是俗讀。「正音」盲從者於是便振振有詞謂:[究]既然是「正讀」,用這個讀音,當然沒問題;[扣]既是「錯讀」或「俗讀」,肯定不是一個「好」的讀音。

不過,字音變易,原因甚多;一個讀音亦不是符合廣韻反切就一定無問題。本文將探討「構、購」二字變讀原因。

二、轉讀的原因:求雅避俗、諧聲偏旁類化

現在以「冓」為聲符的常用字,除構、購二字,還有溝通的「溝」字和演講的「講」字。「講」字讀音與其形聲聲符分別較大,可以不論。反而「溝」字讀音,甚有意思,值得探究。事關「溝」這個字,時人讀[kau1],但《廣韻》的讀音是「古候切」,反切上字與構、購相同,換言之聲母與二字亦同。既然「古」字聲母是[g],按反切規則,溝必須讀[gau1],才是「正讀」。

問題來了:[gau1]這個音,屬粵語粗口「一門五傑」其中一員。用這個[gau1]音與人[gau1]通,肯定出事。你是學生,以為

《廣韻》是正典了，用它的讀音包穩陣，想在老師面前炫耀一下自己的《廣韻》學識，而用這個「正讀」對待老師，到時恐怕連《廣韻》也保不了你。

正因[gau1]音情況特殊，而事實上人人都讀[kau1]（直音只有不太常見的「摳」），所以學者相信：這個由[g-]轉[k-]的不規則變化，乃因粵人「求雅避俗」使然。

廣韻反切與廣東粗口同音的字，多已改讀。例如「鳥」字，都了切，正讀是[diu2 屌]，今卻「誤讀」成[niu5]。「鈎」字（及同義的「勾」字），據《廣韻》亦係「古侯切」，我們現在將這個字的[g]聲母「誤讀」成[ng]，鈎於是今音[ngau1]。現在大概已沒有多少人知道「溝」和「鈎」原來「正音」讀[gau1]。

不過，《廣韻》另有「居求切」一條，條下有「鳩」字。「居求切」切出來同樣是讀[gau1]。我小時候仍聽到不少人照用鳩字「正讀」[gau1]如儀，所以現在很多人還知道此一讀音。於是日本首相出了個「鳩山由紀夫」，便有人質疑電台電視台那麼喜歡「正音」，務必將結構、購物讀成罕見的結［究］、［究］物，為甚麼「鳩」字又不用「正音」？主事者當然不是要電視台將「鳩」改讀[gau1]音，而是諷刺他們搞正音，又要威，又要戴頭盔。

將[g]轉讀[k]/[ng]其實不是亂來的，因為三個聲母關係密切，性質相近。他們同樣是舌根音，發音位置相同，分別只在發音方法。下表是這三個舌根音聲母的特徵（＋表示擁有這個特徵）：

211

	[g]	[k]	[ng]
鼻音	−	−	+
濁聲	−	−	+
送氣	−	+	−

　　若站在「逢韻書必正」角度，溝讀[kau1]、鈎讀[ngau1]、構購讀[kau3]，當然全都是「錯讀」。何文匯博士貫徹其「韻書至上」態度，管你是避諱還是甚麼，讀錯就是讀錯。只是他同時認為：「溝、鈎」我們錯讀已久，難以還原，便以溝讀[kau1]、鈎讀[ngau1]為「今讀」，[gau1]音成為「本讀」。雖然現在還有不少人將「鳩」讀成[gau1]，但何博士亦認為這已是「本讀」。溝、鈎二字的誤讀逃出生天成為「今讀」，鳩字正讀亦提早拔喉升仙成為「無法還原」的「本讀」，構和購則沒那種運——何文匯仍以〔究〕音為「正讀」，〔扣〕只是習非勝是的「口語讀音」。

　　「求雅避俗」與購、構二字讀音有甚麼關係呢？其實，構、購讀成[kau3 扣]，很可能是由於「溝」字讀成[kau1]，導致用同一個聲符的「構」和「購」因類化作用而變讀[k]聲母。如此一來，三個以「冓」為偏旁、原本均讀成[gau]的字，一併改讀成送氣的[kau]，保持隊形。既然「溝」字不能讀[gau1]而改讀[kau1]，「構」、「購」兩個諧聲偏旁相同的字變作[kau3 扣]音，實屬情理之內。

212

三、送氣與不送氣互換

溝、構、購三字的變讀，是聲母由理論上不送氣的[g]演變成實際上送氣的[k]。在討論「趺」字讀音時我解釋了粵音有不送氣與送氣聲母互換的情況（本書第 163 頁）。根據演變規律，今陽平、陽上聲字，即使反切後不送氣，仍必須讀成送氣；陽去聲字，反切後送氣，仍必須讀成不送氣。所以「求」字《廣韻》巨鳩切，雖然切出來應讀[gau4]，但由於這個字是陽平聲，根據變化規則必須讀成送氣，故音[kau4]。

這些規則變化是在陽聲調發生，但語言變化不可能沒有例外。不屬於「規則變化」的送氣、不送氣聲母互換，其實為數不少。例如「溝」是陰平聲，下表舉一些陰平聲及調值相同的陰入聲的「送氣與不送氣互換」例：

例字	反切	理論讀音		實際讀音		變化	分類
稽	古奚切	gai1	雞	kai1	溪	＋送氣	今
給	居立切	gap7	急	kap7	吸	＋送氣	今
級	居立切	gap7	急	kap7	吸	＋送氣	今
規	均窺切	gwai1	歸	kwai1	虧	＋送氣	今
拘	舉朱切	geoi1	居	keoi1	駒	＋送氣	今
玻	滂禾切	po1	頗1	bo1	波	－送氣	今
昆	古渾切	gwan1	軍	kwan1	坤	＋送氣	語
俱	居朱切	geoi1	居	keoi1	駒	＋送氣	語
襟	居吟切	gam1	今	kam1	擒1	＋送氣	語

例字	反切	理論讀音		實際讀音		變化	分類
畸	居宜切	gei1	基	kei1	其1	＋送氣	語
繽	匹賓切	pan1	噴1	ban1	賓	－送氣	語
觸	尺玉切	cuk7	促	zuk7	祝	－送氣	語
蝙	布玄切	bin1	邊	pin1	偏	＋送氣	錯

「分類」欄中，「今」表示實際讀音在何文匯的分類屬於「本今讀」中的「今讀」；「語」表示實際讀音在何文匯的分類屬於「正語音」中的「口語音」。而「錯」則指實際讀音不獲收錄，當作「錯讀」。

而「構、購」二字屬陰去聲，下表為陰去聲及中入聲的送氣與不送氣互換例子：

例字	反切	理論讀音		實際讀音		變化	分類
豹	北教切	baau3	爆	paau3	炮	＋送氣	今
訣	古穴切	gyut8		kyut8	缺	＋送氣	今
掣	尺制切	cai3	砌	zai3	制	－送氣	今
遍	比薦切	bin3	變	pin3	騙	＋送氣	語
冀	几利切	gei3	記	kei3	奇3	＋送氣	語
騎	奇寄切	gei3	記	kei3	奇3	＋送氣	語
溉	古代切	goi3	該3	koi3	鈣	＋送氣	語
概	居代切	goi3	該3	koi3	鈣	＋送氣	語

可以見到「不送氣轉送氣」例子較多。

有一些字，《廣韻》只收不送氣音，現在則有不送氣和送氣二讀。「蓋」字習慣作名詞用時讀不送氣的[goi3]，如樽蓋、汽水蓋、坑渠蓋、天靈蓋；作動詞用時則讀[koi3]，如蓋上、覆蓋、鋪

天蓋地、蓋棺論定。

上面一些例子亦可用「諧聲偏旁類化」解釋。例如「畸」、「級」二字可能因為受其偏旁「奇」和「及」陽平聲送氣影響而讀成送氣音；還有「譜」字，根據《廣韻》應讀[bou2 保]，讀成[pou2 普]可能因為受「普」是送氣音影響。

舉這些例子不是說不送氣或送氣聲母可以隨意胡亂改變。而是要指出，像構、購二字，今日讀成送氣，不是甚麼十惡不赦、天地不容的變化，傳媒不應該一講到正音就拿這兩個字開刀。陳伯煇《論粵方言詞本字考釋》中有「送氣與不送氣互變」論述，指出「粵方言中聲母送氣不送氣每有互變」，雖然中古見母字今應讀[g-]，但「例外也不少」，並舉「構」字今變讀 [扣] 做例(P.89)。

很多人愛將「正讀」（或「正音」）掛在口邊，惟對「正讀」的認識僅限於一兩個教授對於一兩個字音的意見，甚至只會模仿新聞報道員的讀音，而鮮有認真看看粵音發展過程中的變化。於是，他們只知構、購讀不送氣的 [究] 是「正音」，卻不知原來溝亦應讀不送氣的[gau1]才算「正音」，更不知道如果真要根據某些人的看法以古韻書為正，則桌、稽、給、規、俱、豹、冀、禱一類字，全都應該讀不送氣聲母才算「正音」——即「飯桌」要讀飯[雀]、「無稽」要讀無 [雞]、「給與」要讀 [急] 與、「祈禱」要讀祈 [島]。以管窺天，便以為構、購二字讀成 [扣] 是天大的錯事，繼而如臨大敵般，抱持「正音一定好、俗音一定衰」的想當然思維模式，去撲滅 [扣] 音。

四、約定俗成

解釋過構、購二字變讀成送氣 [扣] 音的條件後，還要進一步指出，這兩個字不跟千年古韻書讀 [究]，紙上紀錄亦有超過 80 年歷史：

➤ 1931 年出版的《民眾識字粵語拼音字彙》，「溝」字標讀[g]聲母，但「構、購」標讀[k]聲母；

➤ 1939 年出版的《道漢字音》在「溝」字標讀[k]聲母、「購」標讀[g]聲母，「構」則兼收二讀。

➤ 1941 年，黃錫凌《粵音韻彙》已經指出這三個字「音頭在口語方面卻讀成送氣」(重排本 P.87)。黃錫凌以韻書訂立「標準音」，而且偏重與國音對應，所以他將送氣音歸為「口頭」讀音，再加上「卻」字表示本不應如此，語氣略帶貶意。這種以韻書為尊的態度，從他將「鈎」讀[ngau1]說成是「俗讀」，似忽視粵人乃因求雅避俗改讀可以看到（因求雅避俗而變成俗讀，實在有趣）。

➤ 1969 年，Cantonese Pronunciation Made Easy (Li Kai-yeung) 一書將「構」字列為隸屬[k]聲母(P.42)（反而「溝」字卻指是從[g]聲母）：

gout	溝	九久狗	救穀(够)			舊
hout	吼	口		喉	厚	后厚後
jout	州周	走酒	咒晝			袖就
kout			叩搆	求球	舅	

時至今日，構購二字，多數學者已經認同讀 [扣] 是正確讀音，而不必拘泥符合韻書反切的 [究] 音：

➤ 1990 年，香港教育署語文教育學院中文系編《常用字廣州話讀音表》，「購、構」二字，均以 [扣] 為「廣州話建議讀音」，即建議以此讀音作教學用途(P.53，P.317)。

➤ 1997 年，陳永明在《中文一分鐘》節目談到「正音」問題，有舉「構」字做例：

譬如這個「構」字，是應該讀 [究]，抑或應該讀 [扣] 呢？字書告訴我們是要讀 [究]。這是不送氣和送氣的分別……其實分別很小。所以如果大多數人……都讀結 [扣]……我認為，分別既然很小，大多數人又這麼讀，在這種情況下，我們便毋須執着。

➤ 1999 年 6 月，於香港大學舉辦的第七屆國際粵方言研討會中，單周堯教授請現場 68 位出席者就溝、購、構三字的讀音投票，結果如下(單周堯 1999)：

	不送氣 (gau)	送氣 (kau)
溝	13.2%	85.3%
構	19.1%	76.5%
購	16.2%	79.4%

結果非常明顯：支持構、購讀成 [扣]，接近八成；認為要讀 [究] 者，不足兩成（餘下百分比為棄權者）。

➤ **2004 年出版的《廣州話正音字典》，構、購二字更只標 [扣] 一個讀音**(P.371，P.415)。

　　所以，我至今依然不明白那些死攬着［究］音不放、要求將［扣］改讀［究］的人的心態。是因為查字典嗎？似乎並不盡然，因為比方説「構」字，起碼有下列字典收［扣］音：

	書名	年份
1	道漢字音	1939
2	廣州音字彙	1971
3	現代粵語	1972
4	粵語同音字典	1974
5	兩用中文字典	1977
6	李氏中文字典	1980
7	廣州音字典	1985
8	粵語查音識字字典	1985
9	廣州話標準音字彙	1988
10	香港小學生中文詞典	1988
11	商務新詞典	1990
12	常用字廣州話讀音表	1990
13	中華新詞典	1993
14	字正音準正字正音手冊	1993
15	小樹苗學生辭典	1996
16	朗文中文高級新辭典	1996
17	同音字彙	1997
18	朗文中文新詞典(第二版)	2001
19	廣州話、普通話速查字典	2003
20	廣州話正音字典	2004
21	中華高級新詞典	2004

	書名	年份
22	新時代中文字典	2004

那麼，是因為要求「正音」嗎？但若說「正音」，《常用字廣州話讀音表》已經建議讀 [扣]，《廣州話正音字典》掛着「正音」招牌，構、購二字，亦只收一音，就是 [扣]。如果說「正音」是要跟《廣韻》，那麼沒錯，據《廣韻》構、購應讀 [究]。但要用《廣韻》去正「構、購」二字，為何又不用《廣韻》去正「溝、鈎、鳩」，容許這三字讀音繼續「錯」下去？

五、所謂正讀

所以，更大的可能，就是這些人根本沒有翻過上面的字詞典，根本沒有做過任何查證，便主觀地以「正音」二字合理化 [究] 音。構、購讀音，已經不是「對錯」問題。讀成 [扣]，根本不是甚麼錯讀或俗讀。而且 [扣] 音是客觀上大多數人使用的讀音、是學者接受的讀音、是教育當局建議使用的讀音。所以構、購讀音反映的，是在這個所謂正音正讀意識逐漸提高的香港，一些人到底是因為知識水平提高而去「正音正讀」，還是盲目崇拜權威（或新聞報道員）、隨波逐流、欠缺思考能力地去「正音正讀」。

在我成長的年代，日常生活中，購、構只會讀 [扣]。在學時，老師只會讀 [扣] 音。在電視上，除了新聞報道和紀錄片，鮮有聽到二字讀 [究]。但到近年，所謂「正讀」風氣日盛，結果，

電視電台便展開了鋪天蓋地的［究］物［究］造攻勢。其中無綫電視的配音部門，大概下了行政指令，但凡配音劇集、動畫、紀錄片、宣傳片、電影、旁述，遇到購、構二字，只能讀［究］，而絕不能讀［扣］。**該台報幕員羅山更由原本將構、購讀［扣］，變成現在統一只讀［究］音。**

電視台反智，但不愁無人跟風。且看政府近年一些廣告：

> ➤ 環境局「購物膠袋攞少個好」廣告，首句「一個購物膠袋，用到最後就要拿去循環再造」，旁白就讀成「一個［究］物膠袋」。

> ➤ 環境局「用少一點，為環境做多一點」廣告的母子對白，兒子「佢每次買嘢都會自備購物袋」和母親「塑膠購物袋環保徵費計劃將會實施」，都讀［究］物袋。

> ➤ 一個有關「助訟」和「包攬訴訟」行為的廣告（製作單位不明），有一句對白是「根據香港法例，可能構成『助訟』或『包攬訴訟』等刑事罪行」，配音員將構成讀成［究］成。不過，配音員卻將「助訟」讀成[zo3]訟。

> ➤ 土木工程拓展署「斜坡上亂棄廢料會導致山泥傾瀉」廣告，「非法傾倒建築廢料就埋下計時炸彈，會構成山泥傾瀉的潛伏危機」一句，亦讀［究］成。

一個讀音，足以反映香港政府政策務虛，與現實脫節；亦反映政府宣傳廣告，不求訊息達於公眾，但求「正讀」垂範民間。他們不選擇一個貼近事實、貼近公眾的正確讀音，甚至大概連《常用字

廣州話讀音表》也沒有查，否則難以讀出這個［究］音。

我又在 2009 年 2 月聽到一銀行信用卡廣告將「換購好多精選貨品」讀成「換［究］好多精選貨品」。同年 9 月，某金融集團賣廣告，旁述謂該集團成為「香港其中一間最大嘅金融機［究］」。

當學術界越來越多人接受構、購讀［扣］，傳媒、政府則奮起復古改讀［究］，情況簡直有如輻射擴散。終於，2012 年中，我首次看到有人公然否定［扣］音。說的是一位曾受聘於無綫電視配音組，後轉職自由身並開班授徒的程姓女配音員。她說新聞報道員和配音員很注重「正音」，叫孩子可多加留意，並謂「『機構』的『構（gau3）』不是讀『扣』，正音是『究』」（「跟『大長今』學正音」，東方新地 Sunday Kiss，2012/6/26）。配音領班一句「注重正音」就完全不把字典收錄、學者接受、羣眾使用的讀音放在眼內這種壯舉，突顯「正音」二字，有如魔咒，會令人不斷自我膨脹，繼而目空一切。

六、學者的看法

香港近年吹起的這股「復『究』風」，亦為學者所關注。理工大學中文及雙語學系副系主任張群顯博士 2008 年發表的英語論文〈粵語正音的社會語言學視角〉，就有提到「構、購」二字讀音廣受傳媒「青睞」的怪現象：

At the moment, the media are energetic about replacing kau3 with gau3 for 構 and 購, as if this were the only obstacle to the heaven of all-correct pronunciations. I hope the media can be better informed and more sober than that. Haphazard orthoepic pushes of this kind are pointless unless all those common morpho-syllables with multiple pronunciations are considered together and their orthoepic judgments implemented with concerted effort within the community. To add to the doomed futility of the push in question, kau3 for both 構 and 購 is in fact the only pronunciation given in Zhan (2002) and the default pronunciation given in ILE (1990).

上段大意是，現時傳媒積極將「構、購」二字以[gau3 究]音取代[kau3 扣]音，**彷彿這是通往「完美正讀天國」的唯一障礙**。他期**望傳媒處理正音問題時能更博聞睿智、冷靜行事**。若非將異讀字彙集整理，審出正音，再由大眾齊心落實，單靠這類鬆散的正讀推廣，絕無意義。而《廣州話正音字典》將［扣］列為唯一讀音、《常用字廣州話讀音表》將［扣］列為建議讀音這兩個事實，更令這注定徒勞無功的讀音推廣行動雪上加霜。

七、其身不正與矯枉過正

由香港電台與何文匯博士擔任學術顧問的粵語正音推廣協會聯合製作、於 2006 年 5 月 30 日亞洲電視本港台播映的《粵講粵啱》節目，其中有某中學的「粵語正音大賽」備戰片段，令我印象深

刻。因為片段中的老師如是說(http://goo.gl/AQIzK)：

> 今日我哋首先練習嘅環節呢，就係短劇嘅。兩組同學……喺五分鐘
> 之內構思一個故事。評分標準就係按大家構思故仔嘅趣味性，同埋
> 咬字發音嘅清晰程度。

短短數句話，這位老師將「我」讀成[o5]，將「內」讀成[loi6]，向大家示範「正音」反面教材。但她卻毫不含糊地將「構思」讀成[gau3 究]思，向大家示範「正讀」。此「其身不正」例。

此外，我在 2008 年看到有線新聞台報道巴士取消轉乘折扣優惠的新聞，主播竟然將「折扣」讀成折［究］。2010 年，又有無綫新聞記者在報道中將「折扣優惠」誤讀「折［究］優惠」。2011年，我到觀塘一商場店舖購物，聽到該店廣播宣傳新年優惠，謂顧客保留單一［究］物發票，如此這般便可獲得折［究］優惠。扣讀成［究］這種「應送氣而不送氣」的矯枉過正現象，正是購、構「被正讀」之前聞所未聞的怪物。同年，無綫電視廣播員在一節目宣傳片亦將「拼湊」讀成拼［奏］。2012 年，我甚至聽到無綫電視廣播員連「拼」也讀成不送氣的[bing3]。講者聽者混亂不堪，真要感謝這些力推「正音正讀」的學者的不懈努力。

八、結語

構、購二字讀成［究］音，已經不合時宜、脫離大眾。只有對

語言變化一無所知的人，才會被這個與實際情況脫節的讀音嚇倒，以為「正音」，以為既然是正音準沒問題。但重點其實不在對與錯，而是合不合宜。

說 [扣] 是錯讀、俗讀而 [究] 是正讀的人，只是無知使然。以「正讀」之名，誘導他人捨 [扣] 而取 [究]，更是歪曲事實。目前傳媒的復 [究] 風，令人摸不着頭腦。現在還堅持在大氣電波結 [究]、[究] 物的人，可能是裝模作樣，可能是想利用大眾無知，以這類讀音顯得自己高高在上，與我們這些他們認為是在讀「俗音」的人劃清界線；目的是製造語言階級，並將自己使用的讀音塑造成一個較高級的變體，營造「威望」。但只要知道今日「溝」和「鈎」的讀音是昔日的錯讀，便應明白有時「俗」與「不俗」未必有明確分界。

舊未必好，新未必佳。當 [究] 和 [扣] 都不是錯讀，為甚麼我認為從眾確是一個好選擇？因為：

1. 從眾讀 [扣]，是從大多數之眾，不會製造分歧，掀起混亂；

2. [扣]、[究] 二讀，純粹聲母變易，韻母、聲調依舊，影響輕微；

3. 構、購由讀成 [扣]，與溝字變讀成[kau1]的對應一致；

4. [究] 變成 [扣] 是不送氣音讀成送氣，縱是例外，亦不罕見；

5. 從《常用字廣州話讀音表》建議讀 [扣]、《廣州話正音字典》只標 [扣] 音，已反映這個讀音是絕大多數人的讀音，且為學者認可；

6. 讀成 [扣] 還可避免其他混淆。因為粵音「究」和「救」同音，將構、購讀成 [究]，造成「搶購」和「搶救」不分，「解構」和「解救」、「解究」相混，「補購」又變成「補救」。看電視新聞，逢有天災人禍，報道員一邊廂報道救護人員搶救災民，另一邊廂報道災民搶救（購）糧食，聽來渾身不自在。

構字讀 [扣]，何文匯博士在《粵音正讀字彙》歸類為「習非勝是」的「口語音」。但「口語音」有沒有錯？何文匯博士一直未有明言。直至《廣粵讀》，他首次確認我們日常讀做 [扣] 是「沒有錯」(P.146)。可惜這張批文來得甚遲，因為現在的問題，已經不是構、購有沒有錯的問題，而是明明 [扣] 沒有錯，都必須改讀成 [究] 的問題；而是有網友跟我說，他讀 [扣] 被他老師指是讀錯音，因為正讀是 [究] 的教育問題；甚至有人連「扣」也讀成 [究] 這個潘國森先生形容為「病毒音變種」的問題。

何文匯壟斷「正讀」，否定字典和學者承認的讀音，如今某些配音員導師也不遑多讓。「彌」字不准人讀 [尼]，還算是跟隨何氏音讀路線；「構」字不准人讀 [扣]，分明就連何文匯也否定，倒也諷刺。

鵲、鶉

前文講到，「斑鳩」的「鳩」字由[gau1]轉讀[kau1]，已獲何博士認可，傳媒照讀「非正音」，理直氣壯。不過另有兩個與雀鳥有關的字音，不獲何文匯承認，而又再一次巧合地被無綫電視配音部門開刀。《詩經·鄘風》有此二鳥：

鶉之彊彊，鵲之奔奔。人之無良，我以為君？

據說此詩是用來諷刺君王無道，禽獸不如。本文講的，就是「鵲」和「鶉」二字的變讀。

一、「鵲」的讀音

喜鵲、鵲巢鳩佔，還有名醫扁鵲，大家耳熟能詳，而讀音，一般人都讀成喜［雀］、［雀］巢鳩佔、扁［雀］。

讀錯了！因為《廣韻》入聲十八藥韻，「鵲」字載於「七雀切」條下。依切音推論，此字必須讀[coek8 芍]。何文匯只承認這個廣韻音，不承認［雀］音。由於何文匯不承認，這個［雀］音便錯了。

於是，我們會聽到中文大學的康寶文博士在《最緊要正字》示

226

範將「扁鵲」讀成扁[coek8 芍](見第 15 集)。

於是，這個讀音又碰巧獲無綫電視配音組垂青。我在配音劇集《鐵齒銅牙紀曉嵐》就聽到他們將「喜鵲」讀成喜 [coek8 芍](2010/3/21 翡翠台播放)。

但由《廣韻》的[coek8 芍]讀成今天的[zoek8 雀]，只是聲母不同。而[c]變成[z]，只是「送氣」聲母變讀「不送氣」。送氣不送氣互換，我在論述構、購二字時已舉了不少例子。[芍]與 [雀]兩個讀音在字典的分佈如下：

	書名	年份	coek8 芍	zoek8 雀
1	道漢字音	1939		✔
2	廣州音字彙	1971		✔
3	現代粵語	1972	✔	
4	粵語同音字典	1974	✔	✔
5	兩用中文字典	1977	✔	✔
6	中華新字典	1982	✔	
7	中文多用字典	1984	✔	
8	廣州音字典	1985	✔	又
9	新雅中文字典	1985		✔
10	粵語查音識字字典	1985	✔	✔
11	廣州話標準音字彙	1988	又	✔
12	香港小學生中文詞典	1988	✔	
13	常用字廣州話讀音表	1990	又	建議
14	中華新詞典	1993	✔	

	書名	年份	coek8 芍	zoek8 雀
15	國音粵音索音字彙	1995	✔	
16	朗文中文高級新辭典	1996	✔	✔
17	小樹苗學生辭典	1996	✔	
18	同音字彙	1997		✔
19	商務新字典	1997		✔
20	廣州話、普通話速查字典	2003	✔	✔
21	朗文中文高級新辭典(第二版)	2003		✔
22	廣州話正音字典	2004		✔
23	中華高級新詞典	2004	✔	
24	新時代中文字典	2004		✔
25	粵音檢索漢語字典	2006	✔	又
		總計	17	18

> 按《李氏中文字典》(1980)和《朗文中文新詞典（第二版）》(2001)有「鵲」字，注音拼音是[coek8]，即［灼］音，直音卻標注［雀］。由於注音異常，所以不取。1990 年版《商務新詞典》亦有此誤。但該注音最遲在 1997 年版的《商務新字典》（二書標音相同，只是字典釋義較精簡）已修正為「zoek8 雀」，故上表以新版為準。

可見讀成［雀］，大部份字典已收，亦係《常用字廣州話讀音表》的建議讀音。這個慣用讀音，絕非錯讀。有些人硬要將一些字的讀音「改正」，殊不知這些變化其實並不罕見，根本改不勝改。

例如「桌」、「卓」二字，《廣韻》竹角切，以何氏音讀為「正」，與「鵲」字情況剛好相反，應該讀成［雀］，亦即飯桌要讀飯［雀］，卓越要讀［雀］越，超卓要讀超［雀］。愚昧港人不

識《廣韻》，錯讀不勝枚舉，卓、桌錯讀為［芍］，滄海一粟而已。還有「灼」字，同樣地，灼傷、真知灼見，亦應讀［雀］傷、真知［雀］見，不能讀［芍］傷、真知［芍］見。

1916 年的《廣話國語一貫未定稿》和 1937 年的《中華新字典》已經將「鵲」標讀不送氣的［雀］，而「桌」字後者則仍標讀不送氣的［雀］。不送氣與送氣音互換，不一而足，根本不可能盡改。鵲讀成［芍］，當非無綫配音組本來讀音——九十年代初播放的配音劇集《包青天》第 105 集，配音員將「鵲橋」讀成［雀］橋。這個讀音，明顯又是該台為了「教育下一代」而改，而再一次碰巧符合了何文匯博士的聖意。但是，要將喜鵲「正」為喜［芍］，不如先將飯桌「正」為飯［雀］，好不好？

二、「鶉」的讀音

鵪鶉膽小，於是罵人沒膽量謂「乜你成隻鵪鶉咁㗎」，讀音一定是「乜你成隻鵪［春］咁㗎」。落街市買鵪鶉蛋，自然亦讀鵪［春］蛋。

可是，如果聽無綫的紀錄片，鵪鶉，卻讀鵪[seon4 唇]，而不是一般人讀的鵪[ceon1 春]。

《廣韻》平聲第十八諄韻，「鶉」在「常倫切」條下，與純、醇等字同音，釋云：「鵪鶉也。」鶉讀［純］音，正是有韻書做根

據。而何文匯亦只承認 [純] 音、不承認 [春] 音。

可是，不少字典卻有收這個何文匯不認可的讀音：

	書名	年份	seon4 純	ceon1 春
1	道漢字音	1939	✔	✔
2	廣州音字彙	1971	✔	
3	粵語同音字典	1974	✔	語音
4	兩用中文字典	1977	✔	
5	李氏中文字典	1980		✔
6	中華新字典	1982	✔	
7	中文多用字典	1984	✔	
8	廣州音字典	1985	又	✔
9	新雅中文字典	1985	✔	
10	粵語查音識字字典	1985	✔ (鶉衣)	✔ (鵪鶉)
11	廣州話標準音字彙	1988	✔	俗
12	香港小學生中文詞典	1988		✔
13	商務新詞典	1990	✔	
14	常用字廣州話讀音表	1990	又	建議
15	中華新詞典	1993	又	✔
16	朗文中文高級新辭典	1996	✔	✔
17	同音字彙	1997	讀音	語音
18	朗文中文新詞典(第二版)	2001	✔	
19	廣州話、普通話速查字典	2003		✔
20	廣州話正音字典	2004	又	✔

	書名	年份	seon4 純	ceon1 春
21	中華高級新詞典	2004	又	✔
22	新時代中文字典	2004	✔	又
23	粵音檢索漢語字典	2006	✔	又
24	朗文中文新詞典(第三版)	2008	又	✔
		總計	21	17

根據字典收音，收 [純] 的比收 [春] 的多出四本。不過，讀成 [春] 不是近幾年的事。

➤ 1912 年，A Chinese-English Dictionary 第 1257 頁，**鶉已經有收 [春] 音。**

➤ 1931 年《民眾識字粵語拼音字彙》，鶉字亦有收 [春] 音(P.91)。

➤ 1933 年的《廣東俗語考》（孔仲南著）中「釋動物」條下「鶴」字有如此注：「鶴讀若菴。鵪鶉也。**鶉讀若春。」**

還有 1828 年，馬禮遜的《廣東省土話字彙》「禽獸類全」篇內，**「鵪鶉」的「鶉」有兩處注作 chun**，與「春」同讀：

KUM-SHAW-LUY-TSUNE.

Paou, 豹 A leopard.
Fung, 鳳 An imaginary bird, considered a felicitous omen.
Low a, 老鴉 An old crow.
Gau go, 鴈鵝 A wild goose; not much eaten by the Chinese.
Um chun, 鵪鶉 A quail.
Pan kăw, 班鳩 A dove.

Chun kap tsze u, te chik tseen le, 春甲子雨地赤千里 In spring if it rain on Kap-tsze day, the earth will be red (with drought) a thousand miles.

可見「鵪鶉」民間讀「菴春」，由來已久。而民間甚至有將「鵪鶉」寫作「鵪鷁」者，足見 [春] 這個讀音之流通程度。

從《廣韻》反切出發去研究由 [純] 至 [春] 的變化，可以看到這個字的讀音是（一）聲母由[s]變讀成[c]和（二）聲調由陽平變讀陰平。這兩個都不是十分罕見的變化。

「鶉」字常倫切，屬於禪母。禪母某些字會有從[s-]變讀[c-]的現象：

> 「常恕切」有「署」字，今讀[cyu5 柱]。

> 「時止切」有「市、恃」二字。「市」今讀 [si5]，「恃」則讀[ci5]。

> 「是支切」有「匙」字。此字一個反切分出兩個讀音，於「鑰匙」讀[si4 時]，於「湯匙」讀[ci4 遲]。

至於陽平轉讀陰平，更是和「貓」、「蚊」一類字的情況一樣，因為習口語變調為常而成為通讀。

「鵪鶉」讀鵪 [純]，離題萬丈。到街市買「鵪鶉蛋」，說要買「鵪 [純] 蛋」，對方只會當你「運桔」。罵人鵪鶉，使用「正讀」，講成「乜你成隻鵪 [純] 咁㗎」，氣勢全失。

我想，若有人於二十多年前提出要人鵪 [純]，只會被譏為發神經。今時不同往日，現在只要說一個讀音是「正音」，再離譜的讀音社會也得接受。

刊‧搜

粵語有所謂「口語變調」。一般來說，口語變調是將聲調較低的字讀成較高的音調，多數是變成陰平、陰上聲，例如叫人「陳仔」不讀[can4 塵]仔而讀[can2 診]仔。不過，有小部份的字，據《廣韻》是陰平，但實際卻讀成上聲；又或者據《廣韻》應讀陰上，但實際卻讀成陰平聲。

刊、搜二字，就是根據《廣韻》要讀成陰平，但實際讀陰上聲的例子。

「陰平」屬平聲而「陰上」屬仄聲。讀詩時如果將原本屬平聲的位置讀成仄聲，便會破壞詩詞的平仄格律。何文匯極力維持《廣韻》正統，認為平仄至關緊要。他指由於古今音變，聲母韻母的改變可以個別處理，但一講到平仄，除非該字在中古音可平可仄，否則便「毫無靈活處理的餘地」(粵音教學紀事，P.152)。也就是說，原來聲母可以改變、韻母可以改變、聲調也可以改變，唯獨平仄不能變、一變就錯（經何博士認可者除外）。中古《廣韻》讀成平聲的字，何博士要我們現在粵音也必須讀平聲，反之亦然。可想而知，這兩個字的粵語陰上聲讀音，即「刊物」讀成[hon2 罕]物、「搜查」讀成[sau2 手]查，在「正讀」（實際以《廣韻》音取代今讀）橫行的香港，一定無運行。

　　何文匯認為「刊」讀成[hon2 罕]是錯讀，必須依《廣韻》讀成[hon1 頇]。至於「搜」讀成[sau2 手]，他則認為是「口語讀音」，似乎只須在「書面語」「還原」為「正讀」[sau1 收]便可。不過，何博士仍沒有放棄撲殺這個會影響他讀詩興致的［手］音之念，只是要等大家熟悉此字的「正讀」（即他要人讀的廣韻音）後「再作打算」。

> 但我實在不知道一旦大家真的熟悉了搜字讀［收］，以《廣韻》為宗、堅持讀音要（依廣韻反切）「可改則改」的何博士除了要我們連口語也「改正」「還原」之外，還可以有甚麼「打算」。

我們先看看「搜」字的字典收音情況：

	書名	年份	sau1 收	sau2 手
1	道漢字音	1939		✔
2	廣州音字彙	1971	✔	
3	現代粵語	1972		✔
4	粵語同音字典	1974	原讀	習讀
5	兩用中文字典	1977	✔	
6	李氏中文字典	1980		✔
7	中華新字典	1982	✔	又
8	中文多用字典	1984	✔	又
9	廣州音字典	1985		✔
10	新雅中文字典	1985	✔	又
11	粵語查音識字字典	1985	✔	
12	廣州話標準音字彙	1988	舊讀	✔
13	香港小學生中文詞典	1988		✔

	書名	年份	sau1 收	sau2 手
14	商務新詞典	1990	✔	又
15	常用字廣州話讀音表	1990	又	建議
16	中華新詞典	1993	又	✔
17	國音粵音索音字彙	1995	✔	✔
18	朗文中文高級新辭典	1996		✔
19	小樹苗學生辭典	1996		✔
20	同音字彙	1997		✔
21	中文新字典	2000		✔
22	朗文中文新詞典(第二版)	2001	✔	又
23	朗文中文高級新辭典(第二版)	2003		✔
24	廣州話、普通話速查字典	2003		✔
25	廣州話正音字典	2004		✔
26	中華高級新詞典	2004	又	✔
27	新時代中文字典	2004		✔
28	粵音檢索漢語字典	2006		✔
		總計	14	25

而「刊」字的字典收音情況如下：

	書名	年份	hon1 頂	hon2 罕
1	道漢字音	1939	✔	✔
2	廣州音字彙	1971	✔	語音
3	現代粵語	1972		✔
4	粵語同音字典	1974	原讀, 斬除	習讀, 刻也

	書名	年份	hon1 頏	hon2 罕
5	兩用中文字典	1977	✔	
6	李氏中文字典	1980		✔
7	中華新字典	1982	✔	又
8	中文多用字典	1984	✔	又
9	廣州音字典	1985	又	✔
10	新雅中文字典	1985	✔	又
11	粵語查音識字字典	1985	✔	
12	廣州話標準音字彙	1988	舊讀	✔
13	香港小學生中文詞典	1988	又	
14	商務新詞典	1990	✔	又
15	常用字廣州話讀音表	1990	建議	又
16	中華新詞典	1993	✔	又
17	字正音準正字正音手冊	1993	✔	✔
18	國音粵音索音字彙	1995	✔	✔
19	朗文中文高級新辭典	1996	✔	✔
20	小樹苗學生辭典	1996	又	✔
21	同音字彙	1997		✔
22	中文新字典	2000	✔	
23	朗文中文新詞典(第二版)	2001	✔	又
24	朗文中文高級新辭典(第二版)	2003	✔	✔
25	廣州話、普通話速查字典	2003	✔	✔
26	廣州話正音字典	2004	✔	又
27	中華高級新詞典	2004	✔	又
28	新時代中文字典	2004	又	✔

	書名	年份	hon1 頂	hon2 罕
29	粵音檢索漢語字典	2006	✔	
		總計	26	25

也就是說，刊和搜有超過廿本字典收錄了「錯讀」。此外，

> 《分韻撮要》(1825)、《初學粵音切要》(1855)和《英華
> 分韻撮要》(1856)都將「刊」、「搜」二字標讀陰上聲，
> 沒有陰平聲讀音。

> 《民眾識字粵語拼音字彙》(1931)和王頌棠《中華新字
> 典》(1937)亦將「刊」標讀[hon2 罕]、「搜」標讀[sau2
> 手]。

> 岑麒祥的《廣州音系概述》(1946)第 45 頁將「刊」字置
> 於陰上聲位置。

何博士對「刊」字立場堅定，倚仗《廣韻》「正讀」高地，指
斥將刊讀成［罕］的人都是讀錯。無綫電視出版雜誌《TVB 周
刊》，本來讀 TVB 周［罕］，現在除了多年來的出版廣告保留周
［罕］原讀，其他地方，都變成周［頂］。

至於「搜」字，何文匯博士說是錯讀，但又彰顯其「嚴處論
寬」大師風範，恩准我們在口語中讀［手］，因為他認為讀成
［收］會引起溝通上的誤會。何博士皇恩浩蕩，得蒙其賜［手］音
供爾等賤民使用，實在感激涕零，不知所云。至於「刊」為甚麼非
［頂］不可？原來因為不會「單獨使用」。所以大概鵪「鶉」蛋、
「雛」鳥、「冥冥」中，不幸不會「單獨使用」，何博士就要趕盡

殺絕了。**一個字音，改還是不改，歸根究底，還是要何博士一錘定音，其他字詞典、學者全部要企埋一邊**，因為這些字詞典收入「錯讀」，其罪當誅。

但是，「顛倒平仄」的何只此二字。

> 「瘀」字，《集韻》衣據切、衣虛切，按反切只能讀[jyu1 於]或[jyu3 飫]，我們卻都讀[jyu2]——有沒有人會講「隻手撞[於]咗」？

> 「癱」字，據韻書要讀平聲[taan1 灘]，但 1855 年《初學粵音切要》已標讀「太晚」切，即[taan2 坦]；孔仲南 1933 年《廣東俗語考》亦指：「癱讀若坦」。「正讀風」一吹起，不少人倒非[灘]不可。「佢被車撞到癱咗」讀成「佢被車撞到[灘]咗」，聽來以為只是被撞得「攤在地上」，嚴重性大減。另外，不要以為將「癱瘓」讀成[taan1 灘 wun3 換]就正到「無得彈」，因為「瘓」字「吐緩切」，聲母是[t]，你要用韻書「從嚴」，其實仍然讀錯一半。

> 「妖怪」的「妖」字，韻書和一些字典仍標讀[jiu1 邀]音，但實際大部份人都已經讀[jiu2 繞]。

> 「婀娜多姿」的「婀」字，同樣地根據韻書亦應讀陰平聲的[o1 屙]音，而不是我們日常習用的[o2] 。有沒有人想「糾正」此音改讀[o1 屙]娜多姿？

要讀詩符合平仄，讀詩時將刊搜二字讀回平聲便可以了，何必逼人讀書説話時也要以[預][收]為「正讀」？「刊」字既有削

除義，又有刻印義，古時一併讀〔預〕，現代讀音分化，不如以〔預〕音為削除義、〔罕〕音為刻印義。那麼「不刊之論」讀不〔預〕之論，週刊、月刊就是週〔罕〕、月〔罕〕。兩個音既無衝突，讀詩時使用〔預〕音亦無難度。有人可能會質疑這是我自創的讀音分野，但其實這種取向見於《粵語同音字典》。「刊」字解成「削除」和讀成〔預〕同樣已非常少見，現代人用此字，一來是解作「印」，二來都讀成〔罕〕。何博士談這個字時要人盡依古音，但文字、字義、語音都不是永恒不變的。

說起來，無綫熱愛復古，將《TVB 周刊》讀成 TVB 周〔預〕，固有他們的自由和說法，但他們為甚麼不乘勝追擊，將《TVB 周刊》易作《TVB 周栞》以示「正字」呢？為德不卒，誠憾事也！

雛

　　「雛」字或作「鶵」。雛鳥、雛菊的「雛」，日常生活都讀[co1 初]，一直以來未聞任何異議，於是大家讀［初］鳥、［初］菊讀得心安理得。卻忽然，無綫電視配音組要「正讀」，雛菊、雛鳥，一夜之間，變成[co4 鋤]菊、[co4 鋤]鳥。網上見有人對這個讀音不滿，隨後就有人拿出「正音」二字教訓之，演出「不讀正音難道要讀錯音嗎」的邏輯推理劇目，彷彿若不想讀錯字音誤盡蒼生，雛字只能讀［鋤］音。

　　雛字不讀[co1 初]而讀[co4 鋤]音，確係有根有據。根據就是何文匯《粵音平仄入門/粵語正音示例》第 59 頁和何文匯《粵音自學提綱》第 119 頁，都將［初］音歸為「日常錯讀」，並以［鋤］音為「粵音正讀」。而何文匯的根據，不消多說，當然又是《廣韻》，因為「雛」字廣韻反切是「仕于切」。於是港人如夢初醒，若非無綫電視大刀闊斧，很多人根本不知道原來這個音以［鋤］為「正」。

　　但如果大家像我一樣只是粗通反切，「仕于切」根本切不出［鋤］音，切來切去，只能切到[syu4 殊]音。何故？原來是因為「仕于切」今天的反切上字和下字的讀音與古音不同的緣故。「雛」屬崇母，崇母三等字（中古擬音/dʒ/，濁聲）在今天粵音主

要讀成陽聲的[s-]或[z-]（陽平、陽上聲讀送氣的[c-]）。所以我們會看到「鋤，士魚切」這種反切上字和被切字的聲母在今天粵音讀來格格不入的現象。至於反切下字「于」就更加複雜，不能單憑「于」的韻母[yu]決定讀音。無論如何，何文匯在《粵音正讀字彙》擬出的「正讀」是[ceoi4 除]。

用中古漢語對照粵音，不可能達到完全匹配。聲母如此，韻母亦一樣。那麼，聲調又豈會例外？明白到古今音不盡相同，就會對例外變化較為寬容。

不過且慢：不是說「正讀」是［鋤］嗎？為甚麼推出來的「正讀」是［除］？

原來在《粵音正讀字彙》中，［除］音確是正讀。但因為我們祖先「習非勝是」到「取代正讀」，所以，現在［除］是本讀、［鋤］是今讀。亦即何博士所謂［鋤］是「粵音正讀」(粵音平仄入門，P.59)，其實違反了他「以《廣韻》為正讀」的原則。［鋤］明明是「習非勝是的誤讀」，而誤讀可以是「今讀」，可以是「口語讀音」，卻絕不能成為「正讀」。何博士卻說這個不是由廣韻反切得出的「誤讀」［鋤］是「正讀」，豈不自相矛盾？

「雛」的「正讀」［鋤］，根據何文匯博士的「正讀」推音，其實根本亦係錯讀。只不過［鋤］音「習非勝是」久了，何文匯認可了，就不算錯了。然後何文匯就轉去搞一個他不認可、後起的［初］音。

一、字典的收音

　　從古韻書推論讀音是一回事，實際讀音如何、字典是否接受，卻不應該是一本《廣韻》或一個權威說了算。雛型、雛鳥讀成〔初〕型、〔初〕鳥現在是不是真的有問題到必須「糾正」，只要查字典，便一目了然：

	書名	年份	co4 鋤	co1 初
1	道漢字音	1939	✔	✔
2	廣州音字彙	1971		✔
3	現代粵語	1972		✔
4	粵語同音字典	1974	又	✔
5	兩用中文字典	1977	✔	俗
6	李氏中文字典	1980		✔
7	中華新字典	1982	✔	又
8	中文多用字典	1984	✔	又
9	廣州音字典	1985		✔
10	新雅中文字典	1985	✔	又
11	粵語查音識字字典	1985	又	✔
12	廣州話標準音字彙	1988	✔	
13	香港小學生中文詞典	1988		✔
14	商務新詞典	1990		✔
15	常用字廣州話讀音表	1990	又	建議
16	國音粵音索音字彙	1995	✔	✔
17	小樹苗學生字典	1996		✔

	書名	年份	co4 鋤	co1 初
18	朗文中文高級新辭典	1996		✔
19	中華新詞典	1993		✔
20	同音字彙	1997		✔
21	中文新字典	2000	✔	
22	朗文中文新詞典(第二版)	2001		✔
23	廣州話、普通話速查字典	2003		✔
24	廣州話正音字典	2004		✔
25	中華高級新詞典	2004		✔
26	新時代中文字典	2004		✔
27	粵音檢索漢語字典	2006	✔	
	總計		12	24

原來，收錄「錯讀」［初］音的字詞典，比收那個實際是「習非勝是的誤讀」的「正讀」［鋤］音還多出逾十本。此讀亦早見於《廣話國語一貫未定稿》(1916)的「創歌切」。

這個讀音同樣顯示了何文匯博士要人「查字典」的矛盾——你查字典，如果不是查何文匯出版的《粵音正讀字彙》，如果不是查由照抄他審出讀音的辭書，又或者上表三本不承認［初］音的字典，一樣有機會查到一個「錯讀」。

這個讀音，現實中讀［初］的佔了大多數，字典中收［初］的亦佔大多數。何文匯博士為甚麼堅拒承認這個讀音？為甚麼一個罕用的［鋤］音可以由「錯讀」變成「正讀」，［初］卻不可以是「口語讀音」或者「今讀」？而電視台為甚麼會易［初］作

［鋤］？外人當然無從知曉。

二、學者的意見

我在搜集有關粵讀問題相關資料時，找到兩個有關「雛」字讀音的意見。第一個來自何文匯編的《正音正讀縱橫談》。該書所載，乃 1995 年 4 月 1 日舉辦之「目標為本課程中國語文科如何處理『粵語正音』和『粵音正讀』問題」研討會的文字紀錄。研討會的答問環節，有與會者提出以下看法(P.60)：

何偉傑先生：

「正音」、「正讀」的考試，一定涉及到標準的問題。究竟以甚麼為標準呢？地有南北，時有古今。根據《廣韻》嗎？《廣韻》以上可能還有更古的。韻書也各有不同。從社會語言學的觀點看，語言是沒有正誤的。社會上大多數人以哪種方式傳意，哪種方式便是最流行的、最有效的。為語言設立正誤的標準，可行性如何呢？這點社會語言學家一直深表懷疑。社會語言學家做的工作便是對語言現狀進行整理及統計，告訴我們現在的語言趨勢，再反映在字典或其他語言工具書上。我很同意語言應該有規範，但教學要求與社會趨勢往往不一致。例如我們教小學生「雛難」的「雛」音「鋤」，於是便有「鋤菊」、「鋤鳳鳴」的讀法，以這些與人溝通，便會出現障礙。從語文教育角度看，我們應該教學生有效地運用語言呢，還是教我們認為正確的語言知識呢？

何偉傑先生將「正讀」問題抽絲剝繭，先觸及限用《廣韻》的

合理性，再從社會現實出發，根據社會語言學家的意見，詢問到底教學是否可以完全脫離實際。他舉「雛」字做例，指出如果有人教學生讀［鋤］音，會出現溝通障礙。原來，使用［鋤］音會有溝通困難，早電視台起用［鋤］音十多年前已經有人提出。

然後梁一鳴博士答：

> 我們今日可以先討論最基本的、沒有爭議性的層次。

Full Stop，講完！非常可惜，對這個問題，我們沒有答案。但起碼也讓各位知道：雛讀［鋤］，不見得是學者普遍接受的「正讀」，全無爭議。

第二個意見來自 1997 年陳永明教授主持《中文一分鐘》時，談及「正讀」問題，與「構」字相提並論時所講的話：

> 「雛」應該讀［鋤］，還是讀［初］？字典告訴我們應該讀［鋤］。這是陽平和陰平的分別。其實分別很小。所以如果大多數人……都讀苦海孤［初］，我認為，分別既然很小，大多數人又這麼讀，在這種情況下，我們便毋須執着。

其實，當時的字典，已有不少兼收甚至只收［初］音。我不明白為何到了今天有些人還是要無事生非。

三、變化的原理

雛字由陽平聲讀成陰平聲，可能是受聲符「芻」讀陰平聲〔初〕音的影響。另外，由於陽平聲音調低，口語變調很容易變讀成陰平或陰上。有些字甚至以口語變調為常，取代本音。粵音有好些陽平轉讀陰平的字，茲舉數例：

例字	反切	反切讀音	實際讀音	何文匯分類
摧	昨回切	ceoi4　除	ceoi1　吹	今讀
貓	莫交切	maau4　矛	maau1	口語音
拈	奴兼切	nim4	nim1	口語音
拎	郎丁切	ling4　零	ling1	口語音
蚊	無分切	man4　文	man1　燜	口語音
熠	為立切	jap9　入	jap7　邑	錯讀

另外，「黏」字「尼占切」，書面如黏貼、紙黏土等詞，都讀成[nim1]。但單獨用於口語，例如「用膠水黏好」、「黏塊膠布」，仍讀本調。黏讀[nim1]音何文匯認為是誤讀。

《廣韻》「莫婆切」一條中有「摩、魔、磨」三字。「莫」字陽入聲，所以古時摩、魔、磨三字都讀陽平聲[mo4]，也就是摩、魔本讀「磨」。禪宗初祖名「達磨」，又作「達摩」，正因古時二字同音。但古人讀音不能用來規範今音，否則要「正讀」，魔鬼就要變成〔磨〕鬼，陳奕迅《幸福摩天輪》一句「天荒地老流連在摩天輪」就得唱成「天荒地老流連在〔磨〕天輪」。講到這裏大家又

會發現，將「妖魔」讀成[jiu2 繞][mo1 麼]，其實是全錯，因為根據《廣韻》，「妖」應讀[jiu1 腰]，「魔」應讀[mo4 磨]，加起來就是 [腰][磨]，不是 [繞][麼]。

何文匯博士在《羣星匯正音》節目中露了一手「正讀」，將「佢唔係妖魔鬼怪」讀成「佢唔係[jiu1 腰][mo1 麼]鬼怪」，卻不讀「佢唔係 [腰][磨] 鬼怪」。蓋他承認「魔」已不復《廣韻》音 [磨]，但仍要求「妖」必須跟《廣韻》讀 [腰] 之故。而你不能説何文匯雙重標準，只能感激他的大恩大德，容許我們使用「魔」字的錯讀。畢竟，我們實在不能接受「妖魔」變成「腰磨」，因為這個讀音嚴重窒礙溝通。大概何博士也「睇死」我們不敢質疑他「正一半唔正一半」，因為以他的權力和影響力，肯定能夠將「妖魔」變成「腰磨」，稱為「正讀」，繼而令反對讀「腰磨」的人變成「支持錯讀、想要習非勝是」的奸黨。

> 本書用「繞」字作[jiu2]的直音，但此字《廣韻》而沼切，實應讀[jiu5]，又一個「陽聲變陰聲」例。另[m][n][l]均屬濁音聲母，根據變化規則，濁音聲母只能讀陽聲調。所以，任何聲母是[m][n][l]的字，讀成陰聲調，肯定不符合《廣韻》反切。例如「摸」今讀[mo2]，據《廣韻》應讀[mok9莫]；「剝」今讀[mok7]，原來據《廣韻》應讀[bok7 扑]。所以上文將「魔」標讀「麼」，在「正讀」立場，其實依然不對，因為「麼」字「亡果切」，應讀[mo5]。

四、結語

「妖魔」我們今日兩個字都讀錯，「雛鳥」何嘗不是？依《廣

韻》和何文匯的推音，「雛鳥」應該讀成[ceoi4 除][diu2 屌]才是正確。只是「雛」我們「習非勝是」讀成[co4 鋤]，「鳥」又「習非勝是」讀成[niu5 裊]，才有[co4 鋤][niu5 裊]這個讀音。

固然，[鋤]也許是以前存在過的讀音，但現在[初]已經成為最通行且有效溝通的讀音，而且這個讀音十分穩定；反而[鋤]音，既非通行讀音，又不是大部份字典收錄的讀音，更不是何文匯根據《廣韻》推出的本來「正讀」。張洪年教授《香港粵語語法的研究》(1972)內有「來自六十年代的口語，是當時真實語言的記錄」，此書就將「雛」標讀[初]音。將「雛」改讀成[鋤]，雖然打着正讀（正確讀音）之名，卻無正讀之實，只是符合了何文匯「以廣韻切音為標準」後的「取捨」意向。

最近聽到無綫將「雛菊」讀回[初]菊（不知是否連他們也「頂唔順」這個讀音），是個好現象。但願這不是另一個「彌敦道」。

綜

我小時候，「綜」字習讀[zung1 鐘]。小學有科「綜合科」，老師都讀［鐘］合科。現在流行的[zung3 眾]音，又是「正讀」學者的努力成果。

何文匯博士非常在意這個讀音。他要大家依《廣韻》「子宋切」，讀成［眾］。於是綜合要讀［眾］合，綜援要讀［眾］援。非［眾］不可的理由，廣韻切音自是原因之一，但我想最重要的原因大概是［眾］是去聲而［鐘］是平聲。時人多讀［鐘］而少讀［眾］，亂了平仄，壞了何博士讀詩的雅興。何博士主治古典詩詞，對平仄看得甚為着緊，着緊到連一般說話也絕不容許我們讀成平聲的［鐘］。他在《粵音平仄入門》(合訂本 P.40)、《粵音正讀字彙》(P.415)、《粵音自學提綱》(P.109)、《粵讀》(P.10)多番指出讀成［鐘］是錯讀，可見何博士多麼痛恨這個讀音、多麼希望消滅這個讀音。而我想他遲早會成功。

香港中文大學的「自學中心」中文部網站，有一「粵音正讀」專頁(http://goo.gl/g6BAl)，指出「文字本身有規範的讀音，不可以亂說。為了避免讀錯音的情況出現，最好的方法還是查字典」。其中舉有「綜合」做例，以［眾］合為「正確讀音」。換言之，他們認為查了字典，規範、不亂說的讀音就是［眾］。事實果真如此？

	書名	年份	zung3 眾	zung1 鐘
1	道漢字音	1939		✔
2	廣州音字彙	1971	✔	
3	現代粵語	1972	✔	✔
4	粵語同音字典	1974	原讀	習讀
5	兩用中文字典	1977		✔
6	李氏中文字典	1980	✔	
7	中華新字典	1982	✔	
8	中文多用字典	1984	✔	
9	廣州音字典	1985		✔
10	新雅中文字典	1985	✔	
11	粵語查音識字字典	1985	✔	
12	廣州話標準音字彙	1988		✔
13	香港小學生中文詞典	1988		✔
14	商務新詞典	1990		✔
15	常用字廣州話讀音表	1990	又	建議
16	中華新詞典	1993		✔
17	字正音準正字正音手冊	1993	✔	✔
18	國音粵音索音字彙	1995	✔	
19	朗文中文高級新辭典	1996		✔
20	小樹苗學生辭典	1996		✔
21	同音字彙	1997		✔
22	中文新字典	2000	✔	
23	朗文中文新詞典(第二版)	2001	又	✔
24	廣州話、普通話速查字典	2003	✔	✔

	書名	年份	zung3 眾	zung1 鐘
25	廣州話正音字典	2004		✔
26	中華高級新詞典	2004		✔
27	新時代中文字典	2004		✔
28	粵音檢索漢語字典	2006	✔	又
		總計	15	20

上表所示的注音，只取用於「綜合」、「綜援」等詞的「總聚」義時的標音。《商務新詞典》、《廣州話正音字典》另有〔眾〕音，用於「織布機上使經緯線交織的裝置」的解釋。此外：

➤ 王頌棠《中華新字典》(1937)第 311 頁，「綜」字標讀平聲〔鐘〕。

➤ 《分韻撮要》(1825)將「綜」字收在第六東韻平聲，解云「理也，又治也」；而去聲亦有「綜」字，解云「織機綜線」。1856 年的《英華分韻撮要》則只標讀〔鐘〕(P.606)。

➤ 而《初學粵音切要》(1855)第九頁，「綜」字注「則中切」，與「宗」同讀。

固然「綜」在中古韻書沒有陰平聲的讀音。至於為甚麼會讀成陰平聲，一來可能是受聲符「宗」的影響，二來可能是受普通話的影響。但否定一個讀音，是否該看看這個讀音存在了多久？

朱維德在《一字撚斷幾根鬚》指，綜如果讀〔眾〕，糉（或寫作糭、粽）豈不是也要讀〔眾〕？的確，《廣韻》糉字「作弄

切」，依反切應讀［眾］。原來「食糭」要讀「食眾」！糭字變調陰上聲，成為習慣，沒多少人知道根據反切要讀［眾］了。

《歡樂今宵》是無綫電視長壽綜藝節目，以往都讀［鐘］藝。現在［眾］藝則佔壓倒性優勢。該台報幕員羅山先生多年前為旅遊保險廣告旁述，呼籲大家「購買一份綜合旅遊保險」時，購仍讀［扣］、綜仍讀［鐘］。近年他讀「綜藝」已讀成［眾］藝、「購」亦改讀［究］了，甚至到大學講座主講正音問題，也派發講義，呼籲學生讀［眾］合不讀［鐘］合矣。有如此廣泛影響力的電視電台做主導，何文匯以「正讀」之名殲滅［鐘］音這個偉大壯舉，指日可待。

簷

「簷」字或寫作「檐」，此字讀音，大眾不會陌生。港台七十年代曾製作《屋簷下》節目；許冠傑 1980 年的一首《浪子心聲》中有歌詞「簷畔水滴不分岔」；九十年代無綫播放日劇《同一屋簷下》。上述節目和流行曲，「簷」字讀音一貫，就是[sim4 蟬]。

何文匯博士對這個讀音，非常不滿。他指出 [蟬] 是錯讀，必須跟《廣韻》餘廉切讀[jim4 嚴](粵音平仄入門，合訂本 P.48；粵音正讀字彙，P.417；粵音自學提綱，P.113)，並指我們講「簷蛇」時，心中沒有「簷」的字型，反而保存了此字正讀 [嚴] 音，是「既可笑又可悲」(http://goo.gl/ZX1dB)。

固然，讀成 [嚴]，確有韻書和歷史根據，所以壁虎我們寫成「簷蛇」、讀做[jim4 嚴 se2 寫]（蛇讀 [寫] 為口語變調），流傳下來，讀音不改。

一、現實中的讀音

不過「簷」字另有後起音，亦係事實。首先，「簷篷」老一輩有做讀[jam4 吟]篷。孔仲南《廣東俗語考》P.17:「簷讀若淫……鹽與淫音相近而變耳。」孔氏倒不是說廣東人音近而「錯讀」。

　　而屋簷、飛簷走壁，我們一般則會讀［蟬］。我看過 1986 年粵語長片《漁港恩仇》有句「飛簷走壁嘅功夫」，就讀成飛[sim4 蟬]走[bek8]。

　　中大中國語言及文學系的何杏楓教授在約 2000 年的一個資訊節目內主持「妙趣廣州話」環節，講解「簷」字讀音，有此一段：

> [jim4 鹽　se2 寫]是口頭變調，書面會讀成[jim4 鹽　se4 余]，也就是壁虎。……「檐」有另一個口語讀法，讀成[jam4 吟]，例如「檐[jam4]蓬」，是指門前用來遮雨的蓬。另外，竹花頭的「簷」，是木字旁的「檐」的後起字，本音也讀[jim4 鹽]，後來衍生出一個新讀音[sim4 蟬]。許冠傑有一首歌《浪子心聲》，裏面一句就有「簷畔水滴不分岔」。

這正是尊重現實讀音的態度。

二、承認「蟬」音的字典

　　何文匯博士否定現實讀音，於是使用他審音結果的字詞典中，讀了多年的［蟬］音消失得無影無蹤（除了作為「反面教材」用來「打交叉」的時候）。不過，這個世界並非只有何文匯一人做粵語審音工作。承認［蟬］音的字詞典，為數不少：

	書名	年份	jim4 嚴	sim4 蟬
1	道漢字音	1939	✔	✔
2	廣州音字彙	1971	✔	✔
3	現代粵語	1972	✔	

	書名	年份	jim4 嚴	sim4 蟬
4	粵語同音字典	1974	原讀	習讀
5	兩用中文字典	1977	✔	又
6	李氏中文字典	1980	✔	✔
7	中華新字典	1982	✔	又
8	中文多用字典	1984	✔	
9	廣州音字典	1985		✔
10	新雅中文字典	1985		✔
11	粵語查音識字字典	1985	✔	✔
12	廣州話標準音字彙	1988		又
13	香港小學生中文詞典	1988		✔
14	商務新詞典	1990	✔	又
15	常用字廣州話讀音表	1990	又	建議
16	中華新詞典	1993	✔	又
17	朗文中文基礎詞典(袖珍本)	1993		✔
18	國音粵音索音字彙	1995	✔	✔
19	小樹苗學生辭典	1996		✔
20	朗文中文高級新辭典	1996	✔	✔
21	同音字彙	1997	✔	✔
22	廣州話、普通話速查字典	2003	✔	✔
23	中華高級新詞典	2004	✔	
24	廣州話正音字典	2004	✔	
25	新時代中文字典	2004	✔	又
26	粵音檢索漢語字典	2006	✔	白讀
27	朗文中文新詞典(第三版)	2008	✔	又

書名	年份	jim4 嚴	sim4 蟬
	總計	22	23

　　《粵語同音字典》標［蟬］音為習讀，《常用字廣州話讀音表》以［蟬］音為建議讀音。這個讀音亦見於 1916 年《廣話國語一貫未定稿》(P.46)和 1931 年《民眾識字粵語拼音字彙》(P.107)。那麼，到底這個讀音有幾多年歷史？我查到 1828 年馬禮遜的《廣東省土話字彙》「親誼類全」篇，「簷前雨滴水」的「簷」已標讀 sheem(P.184)。此書距今逾 180 年，考慮到文字語音紀錄必然滯後，此音有超過 200 年歷史亦不出奇。

Sheem tseen u tik shuy, tik tik fan loy yŭn kăw hăn, 簷前雨滴水滴滴翻來印舊痕 The eves below the rain drop falls, drop drop again comes, and impresses the old mark—Thus good children, when parents have sons and daughters to follow in the same course they pursued.

　　當然，即使是二百年的讀音，也沒甚麼大不了。因為何博士承認的《廣韻》有千年歷史，所以就算［蟬］音讀了六七百年，只要他不喜歡，照樣可以盡情否定。

三、可笑又可悲？

　　「簷」字的一個特別之處，是我們平常讀［蟬］，不過另有

「簷蛇」一詞保留舊讀。何文匯說這是「既可笑又可悲」。那麼，是不是有一個保留舊讀的詞做指引，我們就非得改回舊讀不可？

「跳」這個常用字的讀音我想應該沒甚麼爭議，一般讀如[tiu3 眺]。跳繩、跳高、跳遠、跳舞、跳彈床、兒歌《小時候》一句「蹦蹦跳、哈哈笑」，全部都讀[tiu3 眺]。遺憾地，這是一個「錯讀」。「跳」，《廣韻》徒聊切，按反切應讀陽平聲，即[tiu4 條]（「條」亦係徒聊切）。按理說，雖然這個字是「讀錯」，但已通用如斯，應該接受了吧？對不起，如果按照「簷」之於「簷蛇」的邏輯，不能。因為我們口頭有「眼眉跳」一語，而「眼眉跳」的「跳」，正是讀本音[tiu4 條]。我們日常講「眼眉跳」時沒有「跳」的字形（有些人不知「跳」本讀［條］，將之寫成「眼眉調」），反而保留「正讀」，真是「可笑又可悲」。那麼，要不要、應不應該將「跳」音回歸《廣韻》，改讀「條繩、條高、條遠、條舞、條彈床、蹦蹦條」？

以前，無綫電視新聞部對這個逾百年歷史、有 23 本字典承認的［蟬］音比較寬鬆，70 年代新聞仍有將「簷」讀成［蟬］的例子，但現在相信已成禁忌。2009 年 10 月 24 日的《六點半新聞報道》中有一則石屎簷篷倒塌新聞，記者「不慎」將簷字讀成廿幾本字典有收、第七屆國際粵方言研討會中超過五成學者支持的［蟬］音，結果必須重錄。到了晚間新聞，片段便重投［嚴］音懷抱。這個讀音，當然亦已經在配音節目消失得無影無蹤。

恭喜何博士又消滅了一個百年讀音。

第六章
論「時間」讀音

在本書第二章提到異讀音可分為「有別義作用」和「無別義作用」兩類。上一章討論的主要是後者——即無別義作用的異讀——與何文匯博士限用廣韻音規範粵音的問題。至於本章的「時間」和下一章的「傳奇」讀音，則屬「有別義作用」的異讀音爭議。由於性質不同，故另開新章討論；又因每個詞語的讀音論證篇幅不短，故獨立成章。

第一節　引言

我們日常使用「時間」一詞，都讀時[gaan3 諫]；但大眾應該對時[gaan1 奸]一讀，不感陌生。我想不少人應已聽過「時 [奸] 才是正讀、時 [諫] 只是我們約定俗成的讀音」一說，有人更可能對此說深信不疑。

我在 2006 年《最緊要正字》播放後留意到電視台配音節目的一系列讀音改動，促使我尋找整個「正讀」問題因由。其時我沒有

打算深究「時間」一詞的讀音問題，原因有二：

1. 我針對的是「以《廣韻》為正讀」的問題。和某些人的想法相反，「時間」應讀成時 [奸] 還是時 [諫]，非因跟從《廣韻》一類古書的讀音與否。

2. 「時奸」讀音的始作俑者，不是何文匯，而是其師劉殿爵。當時我誤以為劉教授經已仙遊（2010 年 4 月看到他逝世的消息才知道擺了烏龍），認為「時奸」風波既已告一段落，舊事重提，無風起浪，不大妥當。

可是，「時間」讀音問題在港一直餘波未了。2008 年 11 月 3 日，商業電台一早晨節目播出時任財政司司長曾俊華的 sound bite，聲帶中財爺一句「（財政年度過了）六個月的時間（音 [諫]）已有差不多五百億的赤字，很難預計年終會有多少」，被一位曾出書教「正音」（相對「懶音」而言）的女主持拿來調侃，說「正音」應該讀時 [奸]、「時 [奸] 先至係個正音」，更指我們讀成時 [諫] 是扭曲了「時間」一詞的意義。

> 該主持說這番話的原意非為批評曾俊華讀錯音，而只是想拿「時 [奸]」和「時艱」同音來玩「食字」。不過，她「時 [奸] 才是正音」一句並非講笑，而是將之當成事實宣稱，訊息非常明確。

之後， 2008 年 12 月 7 日，我看高清翡翠台播放由演員蘇玉華擔任粵語旁白的《世界文化遺產》紀錄片，蘇小姐竟不斷向觀眾展開「時奸」攻擊，甚麼「呢種工作極之花時奸」、「經過 150 年

時奸」、「長達 150 年時奸」、「用咗差唔多 150 年時奸去建造」、「開始建造石窟嘅時奸」,礙耳非常,叫人煩厭。唯一一次失誤,就是將「時間表」讀成時〔諫〕表,令整段完美「正讀」示範聲帶蒙上「污點」。

這兩件事使我察覺到:時〔奸〕一讀,又或者「時〔奸〕是正讀」這個想法,原來在不知不覺間已經深深烙在很多人的腦海。其實,作者日常雖然不會講時〔奸〕,在探究「正讀」真相前,亦一度相信時〔奸〕在學理上確係正讀,而只能從「約定俗成」立場反對這種改讀。但實情如何?時〔諫〕是否全無根據的後起讀音,純粹因為「約定俗成」四字而活躍於廣大市民的日常交際言談之中?為探真相,作者開始搜集 30 年前「時間」一詞「被正讀」時,報章雜誌上的相關討論,並嘗試翻查字典,找尋蛛絲馬跡,理清事情的來龍去脈。結果發現「時奸」論爭中很多值得參考的觀點,都隨時間而被人遺忘,殊屬可惜。從這些資料可以見到,時〔奸〕是否真是唯一的正確讀音,其實從未「蓋棺論定」。至於時〔奸〕倡議者的推銷手法,更頗有值得商議之處。

本章是「時間」讀音問題的「調查報告」。由於年代久遠,要呈現當時論爭全貌,機會甚微;只能就目前所得資料,管窺當年各家見解,敬希明察。

第二節　緣起

「時間」讀音風波，始於 1981 年。事件經過，大概是先有劉殿爵教授在一個講座上發表「時 [奸] 才是正讀」（此說已隱含我們日常使用的時 [諫] 是誤讀）的觀點(華僑日報，1982/3/13)，繼而時任廣播處長張敏儀在請教過劉殿爵及宋郁文二人，得悉他們均認為「時間」一詞應該讀成時 [奸] 後，單憑一面之詞，便敕令香港電台全台 DJ，凡遇「時間」，必須跟從劉宋二人之說，讀成時 [奸]，並將此讀稱為「正音」(「加把勁吧」，黃霑，明報，1981/12/7)。一場波瀾壯闊的所謂「時 [奸] 扶正」運動，於焉揭幕。

有人以為「時間」讀成時 [奸] 有古籍為據，其實不然。誤會起因，大概是由於目前以何文匯為首的一派學者，其「正讀」核心理論乃以一千年前的《廣韻》為標準；同時何文匯及其追隨者又秉承劉殿爵教誨，不遺餘力地宣揚時 [奸] 此一所謂「正讀」，在節目中開口埋口奸奸聲。時人不察，便很易將時 [奸] 讀音和古籍根據劃上等號。實情是《廣韻》以至《康熙字典》均無收錄「時間」一詞，自然沒有關於此詞的「權威」讀法。一般相信，我們日常用來指稱"Time"此一概念的「時間」，當時根本尚未出現。既無韻書可考，讀音自與古籍無涉。

「時間」之「間」，屬多音字，本身有 [奸] [諫] 二音，各從平去聲；只是讀音不同、意義亦不同。此所謂「因音別義」。是故堅持「時間」必須讀時 [奸] 的人，並非有古代典籍做靠山（因

為沒有），而是他們認為「時間」一詞中的「間」字，應取讀
[奸]時的字義；讀成時[諫]，就會扭曲「時間」一詞的意義。

「時奸正讀」論據當以始作俑者劉殿爵教授之〈論粵語「時
間」一詞的讀音〉一文（下稱「時奸論文」）為典範（明報月刊，
1981 年 12 月號）。不過，與現在一聽到學者聲稱為「正音」的字音後
即「不會問、只會跟」的社會風氣不同，當時這個詞語的改讀，惹
起了激烈爭辯。1982 年 3 月 13 日《華僑日報》中國語文園地專欄
總結了當時爭議重點：

> ➤　「時奸」是否比「時諫」更合理、更正宗。
> ➤　勉強改讀一些極常用的基本詞兒有沒有必要、有沒有可
> 　　能。

這其實可分成三個問題：

> ➤　「時奸」是否比「時諫」更正宗。
> ➤　「時奸」是否比「時諫」更合理。
> ➤　勉強改讀一些極常用的基本詞兒有沒有必要，有沒有可
> 　　能。

劉教授的「時奸論文」對上述三個問題抱持肯定態度，即：

> ➤　「時奸」比「時諫」更正宗（下稱「時奸正宗論」）。
> ➤　「時奸」比「時諫」更合理（下稱「時奸合理論」）。
> ➤　有必要、亦有可能改讀這個極常用的詞（下稱「改讀有
> 　　益論」）。

本文遂以《華僑日報》所總結之爭議點展開論述，探討時［奸］是否真的比時［諫］更正宗、更合理，而改讀又是否必然。

第三節　「時奸」三論

時奸正宗論

劉教授在其「時奸論文」中多次表示，粵音讀時［奸］曾經有現實和民意基礎：

> 1) 「時間」原來不論在普通話或粵語都是讀「時艱」的。現在香港說粵語的人多讀作「時諫」。(P.45)
>
> 2) 「時間」一詞一直到三十年代後期還是讀作「時艱」……粵語讀「時諫」是近四十年逐漸普遍的。(P.46)
>
> 3) 我們要問「時間」一詞最初通行時，為甚麼大家都讀「時艱」不讀「時諫」呢？(P.46)

上述幾句，劉氏旨在指出時［奸］（即引文中的「時艱」）一讀，本來是有羣眾基礎、是原來「人民的選擇」；只是港人唔生性，致令誤讀時［諫］流播。「時奸論文」甫開始便將時［奸］奉為「正統血脈」，排擠、孤立時［諫］此一「野種」。其實，早在1972年，劉氏已撰文表達時［諫］是錯讀的主張，更指「但這誤讀我想只限於香港……廣州市的口語，我疑心也未必如此」（「粵音的危機」，大公報，1972/7/1）。所以劉氏在「時奸論文」指「**香港**說粵語的

人多讀作『時諫』」，頗有這一「誤讀」只是香港人「圍內」搞出來之意。

當年不少人反對「時奸正宗論」。例如有署名「七十八歲老翁林範三」的讀者投函《明報月刊》(1982/5)，指出他七十年前（即約 1912 年）在**廣州**讀書，塾師已經讀「時諫」；五十年前（即約 1932 年）他在大學修業時，前清舉人、經學名家、中山大學教授兼吳道鎔太史弟子石光瑛教授亦讀「時諫」。又有六十歲讀者投書報章親證他說「時[諫]表」也說了四五十年之久(工商日報，1982/2/28)。此與劉氏「不肖港人四零年代誤讀時[諫]致錯讀流通不可收拾終習非成是說」誤差頗大。石光瑛(1880-1943)是歷史學家和文字訓詁學家，如此學識淵博之人會在五十幾歲之齡跟隨潮流誤讀時[諫]，實在難以置信。可以肯定，時間讀時[諫]，由來比「四十年代之後」更久。

馬評家董驃於 1933 年出生。2006 年驃叔仙遊，網上有人留言悼念，對他打抱不平、仗義執言作風，印象深刻。其中有人憶述當年劉殿爵要人讀「時奸」，董驃便在節目與其他主持一唱一和，揶揄這種做法食古不化；另有人指驃叔曾在節目中反對「時奸」一讀，理由是「做了幾十年人，從未聽過人講『時奸』」(http://goo.gl/9BQJr)。

王亭之稱，三十年代後期，日常生活根本沒有時[奸]一音(作家月刊，2007/6)。

2009 年 8 月 3 日商業電台節目《光明頂》訪問著名廣播人李我先生。節目中他笑謂那些將「機構」讀成機［究］的讀音「都唔知邊個發明」，並親證他小時候讀書，説的是時［諫］表，並指若要他講時［奸］表，除非他投胎轉世。李我生於 1922 年。

2011 年，潘國森先生拜訪著名學者李育中教授，求證「時間」一詞讀音。席間李教授明確將「時間」讀成時［諫］（「百歲高賢讀正音」，文匯報，2012/2/27）。李教授 1911 年在香港出生，堪作「時間」往昔讀音的有力人證。潘先生更引述李教授指：

> 自他老人家一九二二年到廣州，「時間」讀「時諫」、「刊物」讀「罕物」，向來無變，幾十年來都沒有另讀。

有人可能為劉氏辯解，説上面各人的時［諫］論據，全部口講無憑，所以只有劉殿爵信得過。但其實劉氏「三十年代人人讀時奸」一言亦無任何實質證據支持，不能説因為劉殿爵是大教授就可以「一個打十個」。

時［奸］是否比時［諫］正宗？讀成時［諫］，是否四十年代始「逐漸普遍」？若真如劉教授所言「三十年代人人時奸」，為何有不少人可以親身反駁，甚至如林範三先生般舉出「石光瑛教授」為例，指出當時根本不讀時［奸］？如果時［諫］真是「近四十年」才逐漸普遍，為何 80 年代已幾乎無人記得以前「人人時奸」的美麗光景？莫非除了劉殿爵，幾千萬粵人曾被外星人擄走洗腦？

除了人證，還有物證令「時奸正宗論」更加站不住腳。劉殿爵

生於 1921 年，而物證就是在他五歲時，即 1926 年出版、1929 年再版的《增訂粵語撮要》(The Revised and Enlarged Edition of A Pocket Guide to Cantonese)。此書由廣州嶺南大學的何福嗣(Hoh Fuk Tsz)編輯、皮泰德(Walter Belt)校訂，香港別發洋行(Kelly & Walsh Ltd)發行。大家先看下圖：

圖中是該書標記粵音九聲的方法。重點是陰平聲的「分／因」，元音 a 沒有附加符號；陰去聲的「訓／印」則寫成 à。換言之，如果此書有「時間」一詞，又如果這個「時間」應讀時[奸]，「間」字注上的元音應該是 a；若應讀時[諫]，標音則會是 à。此書第 83 和 85 頁，正出現了三次包含「時間」一詞的句子(第 109,131,132 句)，標音如下：

可以看到，三個「時間」都標讀成 kaàn，即讀陰去聲［諫］，與各「時［諫］證人」的證詞相吻合。此書初版年份比劉氏聲稱仍讀時［奸］的「三十年代後期」還早十幾年。這大概可以解釋為何無人記得「人人時奸」的疑問，亦令劉氏「時奸正宗論」可信性更低。

還有，作 Time 解的「時間」一詞之語源雖然未有確鑿説法，但一般相信出現年期應不會早於清末民初。由此可以推斷「時間」一詞由流行至收錄在《增訂粵語撮要》，大概不會經歷很長時間。則此詞即使最初真的讀時［奸］，此讀壽命亦應非常短暫。

最後，時［奸］就算是正宗，也不一定「大晒」。林蓮仙博士曾撰文從另一角度看待「時奸」這個「正宗」問題。她指劉教授在引用古書時，雖然使用了「間」的本字「閒」（《康熙字典》仍指「間」是「閒」的俗字。順帶一提，為免混亂，本文引述古書的「閒」字時一律植作「間」），但在文章其餘地方卻使用現代的寫法，即從「日」的「間」。她由是問：劉氏既倡議正統，認為時［奸］讀音正宗，着人改正，為何對於大家將「時閒」寫成「時間」，卻無「是非之心」呢(「時間的狂瀾──也談粵讀問題」，星島日報，1982/2/20)？

由是觀之，時［奸］一讀，不只普羅大眾反感，學術界亦非人人接受。

時奸合理論

a) 「時間」的可能讀音

劉殿爵認為，時［奸］不僅正宗，而且正確。他在文中提出若干理由指出，讀成時［奸］始切合「時間」一詞詞義，讀成時［諫］則無法體現「時間」的本質。由於「間」字現存兩個讀音（［奸］和［諫］）是無可置疑的，撇除「兩個讀音皆錯」這個選項，「時間」讀音誰是誰非，可能性不外三個：

1. 「時奸」是正音而「時諫」不是；
2. 「時諫」是正音而「時奸」不是；
3. 「時奸」、「時諫」均為正音。

「時奸論文」的立場明顯是第一點：「時奸」是正音，而「時諫」則否。要達到這個目的，劉氏必須證明以下兩點成立：

1. 時間可以讀時［奸］；
2. 時間絕不可以讀時［諫］。

相反，要支持時［諫］一讀，我們只須證明：時間可以讀時［諫］、讀時［諫］沒有錯。至於時間可不可以讀時［奸］，不必深究。只要推翻第二點，只要時［諫］一音不是沒可能，不是全無道理，則所謂「時奸才是正音」，自然不成立；以時［奸］排斥時［諫］，亦出師無名。

有些想將「時奸」讀音合理化的人，以為幫「時奸」一讀找個匹配解釋，就可以說因為時［奸］可解、時［諫］便是錯讀。但這樣做其實有邏輯問題，因為時［奸］合理並不意味時［諫］不合理。若時［奸］、時［諫］都解得通、符合"Time"的所指，基於時［諫］是現時絕大多數人的讀法，是一個確實在社會流通兼且有效溝通的讀音，任何人也沒有理由將時［奸］帶入日常生活，製造混亂（想利用羣眾疑惑不安成就一己權威者除外）；更不應該發表所謂「時奸才是正音」以至「時奸是正音」的引導性言論——此類言論，容易令人聯想到我們日常使用的時［諫］並非正音。更何況，「絕大多數人如此讀」亦係構成一個讀音之所以為正音的一個重要因素。

> 按「時奸是正音」和「時奸『才』是正音」意思當然有別。不過普羅大眾不易察覺箇中玄機，於是某些人可以發表前者，以收後者之效。

b)　「時間」的意義

劉教授說，由於作 Time 解的「時間」一詞古時未有，讀音不能求諸古代韻書，故須追溯時［奸］和時［諫］二讀「意義上的感覺」，再決定哪個讀音較對路。他從這「意義上的感覺」分析為甚麼「時間」一詞「最初通行」時，大家都讀時［奸］不讀時［諫］。劉氏引《現代漢語詞典》「時間」條下有三個解釋：

(1)　物質存在的一種客觀形式，由過去、現在、將來構成的連綿不斷的系統，是物質的運動、變化的持續性的表現。

(2) 有起點和終點的一段時間。（例）地球自轉一周的時間是二十四小時。 蓋這房子要多少時間？

(3) 時間裏的某點。（例）現在的時間是三點十五分。

然後他從「現代」和「古代」兩個角度探索「間」字的讀音和意義，分析到底「間」讀哪個音才可以滿足以上解說。在「古代」角度，他引用《廣韻》「間」字的平去聲解釋如下：

[平聲] 間，隙也，近也。又中間。

[去聲] 間，厠也，瘳也，代也，送也，迭也，隔也。

他認為「間」字在《廣韻》中讀成平聲的是「名詞」，讀成去聲的是「動詞」。

至於現代「間」字讀成平去聲的意義，與上引分別不大。最明顯的不同，就是「現代『間』字作『隙』解是讀去聲，但《廣韻》仍讀平聲」。例如《現代漢語詞典》中舉有「乘間、當間兒、團結無間」做例，這些義項的「間」解作「空隙」，但均讀去聲 [諫]。

劉氏於是指，以「現代」角度論，根據《現代漢語詞典》，「間」字作名詞用而讀成去聲 [諫] 音時，只能解作「空隙」。但「時間」不是一種空隙，所以「時間」讀時 [諫] 是無理的：

「時間」絕對不是「時」中的「空隙」或「間隙」。這從上引的界說可以看得出來。「時間」是「由過去、現在、將來構成的連綿不斷的系統」。世上沒有「連綿不斷」的「間隙」。所以按現代漢語的習慣，「時間」不應讀「時諫」[。]

271

至於從「古代」角度看，劉氏引用《廣韻》和周祖謨的説法指出，「間」字讀去聲〔諫〕只限於作動詞用。而「時間」的「間」不是動詞，故不能讀〔諫〕。他於是總結：「『時間』讀『時諫』只是毫無根據的誤讀」。

劉氏以上論證，可總括為「間非動詞論」和「時間非隙論」。

我們先從當年報章雜誌看看社會各界對時〔奸〕一讀的反應。

劉氏文刊之前，王亭之已在報章撰文，指「時間」之「間」，讀成〔諫〕，有「迭代」之義，而「時間」正是「時」之「迭代」（動詞）：一秒過去，下一秒立即接代而上；「時間」、「空間」兩兩對舉，空間不斷、時間相續，正是「宇宙」的概念(「答讀者問『時間』」，明報，1981/11/11)。

而劉文刊後，林雅倫於《明報月刊》撰文回應(1982/4)，首先反駁「間非動詞論」，認為劉氏一口咬定「時間」的「間」必須是名詞並不妥當，因為「時間」是名詞不代表此中的「間」必須是名詞，並舉「污染」做例。他續指，「時間」的「間」讀成〔諫〕，不僅有「迭代」之義，而且有「間隙」之義。「時間」就是由無數短暫時刻所組成的線性發展系統，每一個短暫時刻就是線上的點，也就是一個個「間隙」，與「時間」一詞的屬性相合。

另外，《工商日報》專欄作家李曜認為，「時間」讀成時〔諫〕沒有錯，因為時光本身是抽象、沒有界限的，我們按實際需要將它劃分成一段一段，所以應讀「間開」的〔諫〕音(1982/3/27)。

　　這些說法確有道理。《現代漢語詞典》對「時間」的釋義有三個，而三個概念並不全同。解釋(1)指「時間」是「由過去、現在、將來構成的連綿不斷的系統」。問別人「你有沒有時間」，顯然不是問對方有沒有一個「由過去、現在、將來構成的連綿不斷的系統」，而是在問有沒有這個「系統」中的「空檔」。詞典中「時間」一詞在釋義(2)、(3)中所指的，是釋義(1)的某個特定區域。所以我認為應該將各個解釋分別探討，「時奸論文」單憑釋義(1)便否定時〔諫〕一讀，稍嫌以偏概全。

　　先看看「時」的意義。《說文解字》對「時」的解釋是「四時也」。段玉裁注：「本春秋冬夏之稱。」這個「時」即是不同的「季節」。後來，這個「時」引申為「時辰」，故有「十二時辰」之說。現在我們的「時」則多數指「二十四小時」。以季節論，我們將「時」分成四部份：春夏秋冬，冬去春來；以時辰論，十二時辰也好，廿四小時也罷，都與四季一樣，是在描述一個周而復始的循環系統。

　　當我們說「而家嘅時間係三點十五分」、「咁遲先嚟，而家咩時間呀」之類的話時，這個「時間」就可以理解為「時」這個周而復始的循環上我們目前立足的「間隙」。「而家嘅時間係三點四十五分」這個「間隙」以一分鐘為界；「而家嘅時間係三點四十五分二十秒」這個「間隙」則以一秒為界。

　　而我們說「過咗一段時間」、「煮餐飯要幾耐時間」，同樣是將「時」這個系統劃出某些「間隙」以應付生活需要。一如前述，

「間隙」可長可短，「佢煮一餐飯要三個鐘頭」，這「三小時」就是一個「間格」或「空隙」的起點至終點的量度結果。

所以，「時間」讀成時［諫］，可以滿足《現代漢語詞典》第2、3個界說。亦同時反駁了劉殿爵說「時間」不是「間隙」之説——劉教授單憑「時間」在《現代漢語詞典》第1個義項去説明時間不是「間隙」，卻忽略了第2、3個義項中的「時間」其實不是指「由過去、現在、將來構成的連綿不斷的系統」的整體，而是指這個系統中個某一個區段或一點，實可用「間隙」解釋。

劉氏主張「時間非隙論」尚有一個原因。他認為若將「時間」理解成「時」的「間隙」，「『隙』是『裂縫』的意思……就『時』而言，一定是短暫的」。他以「上古與現代之間」為反例，指由於「上古」與「現代」之間的這段「時間」顯然不是「短暫的」，所以此説不能成立。劉氏此論，問題有二。

第一，「上古與現代之間」確係非常長的時間。但我們之所以認為「非常長」，只是因為我們以我們經驗的那把尺去量度。有謂「尺有所長，寸有所短」，相對人類有限的生命，上古與現代之間，當然不算短暫，但對比地球逾45億年的歷史和不可知的未來，又算得上甚麼？可見這個「隙」到底算長還是算短，取決於我們選擇哪一個立足點。

第二，劉教授將「間」讀［諫］音與「隙」義拉上關係，再將「隙」義與「短暫/狹窄」的特性拉上關係，繼而指由於「時」不

「短暫」、「空」不「狹窄」，推論時〔諫〕一讀不確。不過，《康熙字典》對解作「隙」義的「間」字有此一段：「《說文》隙也。……《禮‧樂記》一動一靜者，天地之間也。」很明顯，「天地之間」的「間」就是作「隙」解的。如果解成「隙」的「間」必然是「（就「時」而言）短暫」或者「（就「空」而言）狹窄」，天與地之間，從人的觀點看，怎能算「狹窄」呢？顯然「天地之間」的「間」擺明了是「隙」的意思，只是這個「隙」不是必然短暫或者狹窄。劉氏自行將「隙」義賦予「短暫/狹窄」的特性來推翻時〔諫〕一讀，恐難服人。

既然「時間」可以看作「時」（周而復始的循環）的一個「間隙」（某個特定的區域），而「時間」是晚出的詞，加上正如劉教授說：現代「間」作「空隙」或「間隙」解可以讀〔諫〕。那麼起碼「地球自轉一周的時間」、「蓋這房子要多少時間」、「現在的時間是三點十五分」讀成時〔諫〕並沒有錯。

最後尚餘第(1)個義項有待處理。這個義項將「時間」解作「由過去、現在、將來構成的連綿不斷的系統」。我們當然不能說「由過去、現在、將來構成的連綿不斷的系統」是一個「間隙」。但我們卻可以將這個系統的組成部份，理解為我們人為將之劃分的一個個「間隙」的總和，然後用「時間」一詞統括這個概念。即如「時」是指春、夏、秋、冬的「四方各一時」，但「時」亦同時統括了春夏秋冬四季所組成的「整體」。

其實，如果將「時間」之「間」看成動詞，一樣可以找到讀成

時〔諫〕的解釋。

　　首先，「時」這東西，我們知道它的流逝，卻看不到、抓不住。為甚麼我們對「時」有過去、現在、將來的認知？這是因為我們將「時」這個概念「分隔」開來，每一個分隔出來的區，都是其他區的參照點。「時」是一個整體，若不經人為區分，沒有任何參照點，就無從定義何謂「過去、現在、將來」。將「時」分隔，我們才能區別過去未來。「間」字讀去聲〔諫〕音，正可解作「區分」、「分隔」。時間表，就是將一串無窮盡的「時」的系統「間」開成一個個區域去安排每個區域內的活動的一張「表」。

　　另外，在「時間」一詞中，我們可以將「時」看成「時刻」，而「時間」是「現在」的無限相繼，其運動就是不斷的從「將來」（將到之「現在」）來到「現在」（當下之「現在」）又成為「過去」（已逝的「現在」）。在這種視角下，「時間」就可以看成是「時刻」的「迭代」，而「間」讀成〔諫〕，正有迭代之義。「時刻的迭代」，正好符合「由過去、現在、將來構成的連綿不斷的系統」這一解釋。

　　如是者，「時間」讀成時〔諫〕，作動詞解，亦可以滿足《現代漢語詞典》對「時間」一詞第(1)點的解釋。而將「時」此一抽象概念「區分」這個說法，甚至可以涵蓋第(2)和第(3)點。

c)   「時空」的對舉

在此特別提出一個經常看到由支持時 [奸] 讀音的人提出的論點，並解釋為何我認為此論並不成立。

有人認為，由於「時」「空」往往對舉，而「空間」既然是空 [奸]，「時間」亦必須是時 [奸]。例如劉殿爵在「時奸論文」根據《現代漢語詞典》中「時間」的第 （1） 項釋義——

> 物質存在的一種客觀形式，由過去、現在、將來構成的連綿不斷的系統，是物質的運動、變化的持續性的表現。

和「空間」的釋義——

> 物質存在的一種客觀形式，由長度、寬度、高度表現出來。

指出：

> 這解釋與「時間」解釋 （1） 相彷彿。可見「空間」與「時間」是相輔而行的。後來在相對論中「時間」更有「第四度空間」之稱。

但就算「時間」經常與「空間」對舉、「時間」與「空間」相輔而行、唇齒相依，仍不能代表「時間」之「間」與「空間」之「間」同義。「時」和「空」的屬性本來就不盡相同。固然數學或科學上「時間」也算是一種「空間」，但必須強調，「時間」是一種「空間」的這個「空間」和我們日常說的「空間」意思有別。

　　我們生活身處的「空間」，是一個有維度概念的「空間」。這個「空間」若以座標系統描述，必須用三個軸（一般用 x,y,z 表示）的座標才足以表示一個特定位置。也就是說這個「空間」是「三維」的。在此先將這種我們生活經驗的「空間」稱為「空間(A)」。空間(A)正是劉氏引述《現代漢語詞典》釋義的所指。

　　至於數學上的「空間」（在此稱為「空間(B)」）卻沒有先設的維度觀念，所以可以有「一維空間」、「二維空間」、「四維空間」等等說法。如果數學上的「空間(B)」如我們經驗世界的「空間(A)」般有三個維度，上述用語，便等如在說「一維的三維空間」、「四維的三維空間」。這即如在說「方的圓形」般自相矛盾。

　　數學上「空間(B)」可看成「點」的「集合(Set)」。「空間(B)」如果是一維的，其「空間」就是由一條線上面容納點的區域所組成，要指出某點的位置只須用一個座標。如果是二維的話，其「空間」就是由一個平面上容納點的區域構成，要指出某個點的位置就須用兩個座標，例如(2,5)。我們存在的「空間(A)」，數學上屬於「三維空間(B)」，即"Three-dimensional space"。

　　正因如此，我們才會說「時間」算是「空間(B)」的一種。因為「時間」是由過去、現在、將來的每個事件組成，其本質即屬「一維」的線性系統。但「時間」絕不是「空間(A)」，因為「時間」不如「空間(A)」般屬於三維座標系，「時間」釋義中的「過去、現在、將來」和「空間」釋義中的「長、闊、高」絕不相同。大家可以想像，「長、闊、高」其實是三個軸，而「過去、現在、將來」

則係一個軸上不同的點。劉氏說「時間」和「空間」的釋義「相彷彿」所以二者「相輔而行」，但只要略加思考，就知道其實兩者有一決定性的差異。

所謂「四度空間」，指的就是三維空間(B)（等同我們身處的「空間」，即「空間(A)」）加上一維空間(B)（等同我們經驗的「時間」）組成的「四維閔氏空間」。如果用「A」代「空間(A)」，用「B」代「空間(B)」，則上述劉氏之言，實則是說：

> 可見「A」與「時間」是相輔而行的。後來在相對論中「時間」更有「第四度 B」之稱。

很明顯，前後兩句意義根本毫不相干。

我們經驗的空間，是「容納物質存在的三維系統」。我們經驗的時間，是「容納物質運動的一維系統」。「一維系統」不會同時擁有長、闊、高，「三維系統」則可。正因性質不同，所以我們會說「很長的時間」，也會說「很大的空間」，卻**不會說「很大的時奸」**。既然屬性不同，憑何認為此「間」必等同彼「間」？如果因為「時間」和「空間」對舉所以「時間」便要讀時 [奸]，**我們是否亦應該提倡將「過咗好長嘅時間」改稱「過咗好大嘅時奸」**，以「正」文法？明明是同一個「間」（[奸]）嘛，既然「空間」可以用「大小」來形容，「時間」為何用「長短」來形容？

總括而言，我們對「空間」和「時間」有以下所指：

A.　有先設維度概念、三維的「空間」，讀空 [奸]；

B.　無先設維度概念、數學上的「空間」亦讀空［奸］；

C.　有先設維度概念、一維的「時間」，讀時［諫］。

空間(A)是空間(B)的一種、時間(C)是空間(B)的一種不代表(C)是(A)的一種或可以類比。提出由於「空間」讀空［奸］便要「時間」讀時［奸］的人，錯在混淆了兩個「空間」，以為「時間是第四度空間(B)」的空間與我們日常生活指稱的「空間(A)」屬同一概念，然後將「時間(C)」比擬為「空間(A)」，遂有「時間應讀時奸」的錯誤結論。

最奇怪的是，劉教授在「時間非隙論」中說如果「間」解作「空隙」，「就『空』而言一定是狹窄的，就『時』而言，一定是短暫的」。很明顯，劉氏是有意識地用不同的詞語來描述「時」和「空」的「隙」的特性。如果「時間」是「空間」，時間便要［奸］，何解「時間」可以短暫，「空間」卻不可以呢？

d)　字典中的「時間」

劉教授說，「時間」一詞不能求諸古代韻書，於是引 1977 年《現代漢語詞典》「時間」的「意義上的感覺」去解釋。

的確，早期字典即使有收「時間」，亦不解作"Time"，而是「一時之間」。例如「雖則時間受窘，久後必然發跡」，其中的「時間」，就是讀時［奸］，因為這是「一時之間」的意思。時間作"Time"解是後來的事。

不過，1937 年的《中華新字典》（王頌棠編），「閒」字條下收有三個讀音，分別是[gaan1 奸]、[haan4 閑]和[gaan3 諫]。讀作[gaan1 奸]、[gaan3 諫]的「閒」，當然就是今日的「間」。其中〔諫〕音條下第三項有釋義云：「時間。時候。」(P.461)

中州古籍出版社據 1939 年商務印書館本影印的《辭源》合訂本，「時間」的解釋如下(P.703)：

> （一）哲學語。凡過去現在未來之流轉而無限者是也。至於古今年月等，則其區分之稱。（二）分每一晝夜為二十四時，每時六十分曰一時間。泛言若干時、曰若干時間。

「間」讀去聲〔諫〕，可解作「隔」，正是「區分」之義。對於「古今年月（時）」的「區分（間）」，不正是時〔諫〕嗎？

另外，我又查到 1948 年初版、1955 年增訂的《辭淵》第 627 頁「時」字條下「時間」一條第一個解釋是：「時光的區別」。「間」讀成〔諫〕即有「區別」意義。

這可以看出，即使搬出字典，亦可以找到「時間」可讀時〔諫〕的證據。

改讀有益論

劉氏不喜歡我們讀時〔諫〕，還說將時間讀成時〔諫〕，「讀音與意義就脫了節」：

> 這在掌握「時間」一詞的意義會造成相當程度的困難。曾經有人問我「時間（諫）」是不是等於英文的 interval？提出這樣一個問題，是受了「諫」音之誤，以為「時間」既讀作「時諫」，一定與「間隔」有點關係。這誤解是音與義背道而馳的必然結果。

首先，以為「時間」讀時［諫］便等如 interval，恐怕不是「音與義背道而馳的必然結果」，而是粵語沒學好的結果。如果有人問，「海馬」是不是馬類？「蝸牛」是不是牛類？那麼我們能否說，有此一問，正是受了「馬」字、「牛」字之誤，是實體與名稱背道而馳的必然結果，所以要將這些詞語都「改正」過來？

其實，說一個讀音已經約定俗成的詞組「讀音與意義脫了節」是非常奇怪的講法。我們要表達「時間」一詞所反映的概念，向來都讀[si4 gaan3]。換言之，[si4 gaan3]這個聲音，就是一個符號，是大眾約定用來表達「時間(Time)」概念的「音響形象」。那麼，[si4 gaan3]這個讀音又怎可能會與[si4 gaan3]所指的意義「脫節」呢？反而由劉教授提倡在粵音使用所謂所謂「正讀」[si4 gaan1]，才真正「讀音與意義脫了節」，因為大眾聽來，頂多只會與「時艱」扯上關係，卻不會立即意會是指「時間」。

況且，假設「時間」讀成時［諫］真的造成音義脫節，亦只有試圖研究「時間」構詞原理的人，才會驚覺日常用的「時間」讀成時［諫］原來與字典中「間」字讀成［諫］的界說不同。可是，當一個讀音約定俗成之後，這個詞語的情況，便不是「『時間』的字音與字義永遠脫離關係」，而是「間」字本來讀成［奸］的部份字

義在「時間」一詞歸併到〔諫〕音去了。

「說服」一詞，我們讀〔稅〕服，不讀〔雪〕服。「說」讀成〔稅〕，是《增韻》「以言語諭人，使從己也」的意思。但普通話「說服」卻讀成「說話」的說，不是「游說」的「說」。普通話的讀音不合古韻書，是不是代表「說服」在普通話就失去了「以言語諭人，使從己也」的意義呢？

用粵音做例，「縫」字根據古韻書，有平去聲二讀。讀成〔fung4 逢〕是動詞（以針紩衣），讀成〔fung6 鳳〕是名詞（衣縫）。「天衣無縫」的「縫」字，是名詞，如果根據古韻書的分界，自然應該讀〔鳳〕。但事實上很多人已經將「天衣無縫」讀成天衣無〔逢〕。難道這就代表「縫」失去了名詞意義？

劉教授不可能不明白這一點。從他分別引用「間」字在《廣韻》和《現代漢語詞典》的解釋，我們可以看到：解成「隙」的「間」據《廣韻》應讀平聲，但《現代漢語詞典》卻將這個義項納入讀成去聲的條目中。如果按照劉教授「音義脫節」的邏輯，「間」讀成去聲根本不可能有「隙」的解法，因為古韻書明明將解作「隙」的「間」字標讀平聲，有人一將「乘間、當間兒、團結無間」的「間」字讀去聲，就表示「讀音和意義脫節」。既然脫了節，去聲的「間」就絕不可能會有解成「間隙」的一日。但他對《現代漢語詞典》的「間」讀成去聲有「隙」義，非常寬容，以「古今」二分，沒有要人讀乘〔奸〕、當〔奸〕兒；對廣大香港市民沒有將「時間」讀成他認為對的讀音，便批評是「音義脫節」。

這未免不太公平。

恐是因為時〔奸〕改讀引起反對聲浪，劉殿爵在文中亦不忘批評那些不認同時〔奸〕讀音的人：

> 現在似乎有一種怪現象，不是正讀字音的人責備誤讀字音的人，而是誤讀字音的人非難正讀字音的人。是非之顛倒，莫此為甚。

這大概是劉教授認為他自己已經證明到「時奸」正確而時〔諫〕不確，覺得真理，自然理直氣壯，義正詞嚴了。

但是，一個殘忍的現實是：語言沒有絕對的正誤。「正誤」之辨，正是與「時間」和「空間」扯上關係的。就算我們真的將「時間」讀錯，你要人改正依然是矯枉過正。這可以用文字類比。「時間」的「間」，本寫作「閒」。《康熙字典》仍不承認「間」是正寫。如果後起的讀音就是錯，那麼，如果有人提倡「時間」改寫「時閒」，他人反對，提倡者又是否可以指這是「誤寫文字的人非難正寫文字的人」、「是非之顛倒，莫此為甚」？一如林蓮仙博士所言：

> 誠然，為學當求其是，雖然習非未必勝是，但是，習非固可以成是，這就是「時間」的意義，這就是歷史。進一步，若干的「約定」逐漸而成為「俗」，就是語言也不例外，上述「時『澗』」與「日『奸』」正是明顯的例子，那是時間狂瀾的產物，也就是語音的約定俗成。

至於劉氏指其他方言沒有這種「錯誤」，所以改「正」後可以

有助與普通話對應的說法，多少是要將粵語成為普通話的附庸、為普通話而生的工具。粵語和普通話的「不對應」何止「時間」一詞？例如上面舉的「說服」，又或如「忠告」，粵語讀音都不見得與普通話「對應」。但只要讀音有道理，因何要為求所謂「對應」而將粵讀更改？即使無理，若這個讀音已非常普遍，又怎能因為「不對應」就要全個社會跟從你的唸法？

所以，「時奸正宗論」、「時奸合理論」和「改讀有益論」三論，都難言成立。而由於羣情洶湧，反對聲眾，八十年代這場波瀾壯闊的「時奸正讀運動」，一段日子之後，似乎鳴金收兵。

不過故事未完。

第四節　從「時奸」滲透看「正讀」洗腦

回顧「時間」改讀歷史，我們可以看見，整個爭議，從「時間」讀成「時奸」的歷史性（即認為時〔奸〕是原本讀音）、對確性（即認為時〔奸〕才是正讀）到改讀的合理性而言，「時奸」論者的理據都不見得獲社會認同。

那麼，奇就奇在，為何雖然「時奸」一讀，在當時不獲廣泛接受為「正」，而且無法流通，現在卻很多人都有「時〔奸〕是正音」的觀念呢？為甚麼現在一般人看到「『時間』正音是時〔奸〕」這種論調，都不感奇怪，頂多認為時〔奸〕雖然「正

音」、日常未必要跟——即不否定時［奸］是正音的說法，只是知道、明白這是正音是一回事，會不會讀這個正音是另一回事？為何「時奸」功敗垂成近 30 年後，還有 DJ 說「時奸是正音」，還有演員在配音時，讀這個未有結論為「正」的「時奸」？

既然「時間」讀時［奸］不見得是正宗讀音，又不見得比時［諫］更合理，疑點利益歸於被告，按道理說，時［諫］應該「無罪釋放」。而且就算時［奸］真的正到加零一，基於時［諫］確是目前最流通、常用的讀音，而且有八十年代那場轟轟烈烈的前科為鑑，廣播界就不應該**彷彿壯志未酬死心不息般，每隔幾年就搬時［奸］一讀出來「搞」觀眾/聽眾。**

針對一個詞語的讀音做學術討論，絕無問題。但時間一詞的讀音問題，卻超越「『時間』的『間』該讀哪個音才算正確」本身。因為，時間一詞的讀音風波，並不始自劉氏非難港人的文章，而肇於香港電台：爭議源頭是港台 DJ 忽然發難，將「時間」改讀時［奸］，而 DJ 們有此一讀，黃霑說是時任廣播處長張敏儀請教劉氏之後的旨意(「加把勁吧」，黃霑，明報，1981/12/7)，張志剛則指是劉教授向張敏儀建議(「悼劉殿爵重提『時間』之爭」，張志剛，新報，2010/5/4)。誰是倡議者已不重要，無論如何，事實就是：**「時間」一詞是先被人無風起浪改讀時［奸］、引起廣泛爭議之後，劉殿爵才應董橋邀稿，在《明報月刊》「知會」全港市民改讀原因**(「念記劉教授」，董橋，蘋果日報，2010/5/9)。

這個先後次序是一個非常重要的問題。張敏儀容或出於好意而

有此決定，但「時間」一詞，讀成時﹝諫﹞，大家習以為常，相安無事。時﹝奸﹞一讀，不但沒有獲社會廣泛認同是正確讀音，亦沒有羣眾基礎，甚至學術界亦不是一致同意人人應該改讀時﹝奸﹞。那就令人禁不住要問：張敏儀到底憑甚麼下令電台所有人，依據她的個人喜好和主觀價值判斷行事？她到底憑甚麼要所有 DJ 使用一個大眾未接受為正確，兼且沒有羣眾基礎的讀音？

張敏儀這樣做，就是她認同時﹝奸﹞對而時﹝諫﹞錯。這沒問題。但她要整個電台去協助宣揚她的價值觀，問題可就大了。因為這是有人企圖透過干預行政來引導整個社會的價值取向往自己有利的一方靠攏。這樣做，無疑是為宋郁文、劉殿爵「種票」，製造一個「有人讀時奸」甚至「好多人讀時奸」的事實立足點，透過這一「人為現實」，去推翻幾十甚至百多年來自然演化的現實，並以此影響下一代。如果時﹝諫﹞是本來讀音，他們更是在竄改歷史。

既然時﹝諫﹞未被廣泛肯定為錯讀，堅持時﹝奸﹞才是正音，便屬偏頗。「時間」正讀論爭的核心問題，卻不在詞語的音義探討上。如果劉氏認為港人讀錯字音，發表看法，展開學術討論，大家當然不應反對。但實情是，**這所謂「正讀」不是經過反覆討論、驗證後的結果，而是由港台帶起，企圖利用大眾傳播媒介的力量扭轉當時人人讀時﹝諫﹞的局面，以求將劉氏所「認為」的正讀在其「理論基礎」不為人知、大眾根本無從驗證時，以「正音」之名先為他奪取「羣眾基礎」。**這種做法於理之不合，不是說句自己講的是正音、阻撓者均為是非顛倒之人，自我感覺良好，便可了事。

時 [奸] 這個「所謂正讀」可以影響到整個粵社羣的發音，茲事體大，在這個讀音仍未被廣泛接受為正確之際，有人竟然以權力和手段去干預下屬一貫的、有羣眾基礎的、未必是錯的讀音。而全港市民就忽然被迫要接受一個自稱為「正讀」的讀音。這種先斬後奏、偷樑換柱、暗渡陳倉的「正讀」手段，令人不安。

「時奸推廣運動」手段卑劣，羣眾殊難接受，結果草草收場。但我懷疑「正讀」份子其實一直未有放棄，反而汲取教訓，見無法霸王硬上弓，決定溫水煮蛙，改施軟攻。

再重溫「時間讀時奸」的爭議點：

1.　　「時奸」是否比「時諫」更合理、更正宗。

2.　　勉強改讀極常用的基本詞兒有沒有必要，有沒有可能。

《華僑日報》當年指出：

目前，這兩個問題還是懸而未決的。

既是如此，那些博士、教授，就算認為時 [奸] 是怎樣對怎樣正，也不應該推銷這個「有待確認」的讀音，以免製造混亂。而現在他們確沒有「推銷」這個讀音。不過，他們與電台、電視台合作，製作標榜「正音」、「正讀」的教育節目。在那些「正音正讀」節目中，教授、主持、嘉賓，均「不約而同」地幾乎清一色將「時間」讀成「時奸」。

於是乎，他們在客觀上能做到很好的混淆和引導效果。因為一

般觀眾看到這個現象，不知就裏，很容易有此聯想：

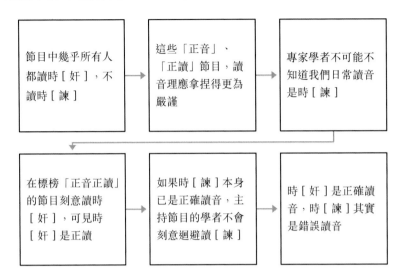

當然，學者大可以說他們從來沒有明言時［諫］是錯讀，你們有此聯想而跟隨改讀，或者以為這代表「時［奸］是正讀而時［諫］則否」，是閣下弱智，與他們無尤。

只是，這種做法成功令羣眾慢慢習慣了他們死攬着不放的時［奸］。更甚者，現在越來越多人就算不講時［奸］，仍會說知道時［奸］才是「正音」。他們不知道有着「『時奸』是正音」的看法已經是被誤導的結果。也就是說，**一些「正讀」份子，挾着「權威」名號，已經成功改造、取代了羣眾在「時間改讀爭議」中「『時奸』是否比『時諫』更合理，更正宗」的看法。**等到越來越多人都接受了這是「正讀」，那些霸佔「正讀」高地、喜以「正讀」普渡眾生的學者，就能振振有詞地要人「改正」──因為你讀

的是「錯讀」，他們容許你使用錯讀，是他們對你的恩賜；他們要你改正，則是天經地義。你反對？你是不是想「習非勝是」？你反對，就是「誤讀字音的人非難正讀字音的人」，便是「顛倒是非」！

如果說劉殿爵教授在《明報月刊》的文章屬於學術討論範疇，則在此以前，「時奸」一讀已由港台帶動（主導者是劉殿爵）；在此之後，「時奸」根本不獲羣眾認可，這些「正讀」份子卻依舊不斷在其「正音」節目中，推銷這個「時奸音」（主導者是中文大學學者）。其實，時［奸］是「正音」而時［諫］是「錯讀」，由始至終，只是一家之說。所以，面對這一問題，我認為我們絕對可以堅拒時［奸］這個「標奇立異音」。

但溫水煮蛙卓有成效，大家不難發現時［奸］足跡處處。例如我看過有人在網絡討論區投訴，他就讀的學校規定「時間」必須讀時［奸］。我又親眼看過不時有人講時［奸］是正音，時［諫］只是香港人讀錯後習非成是。有些人還會顯出其「包容」作風，謂雖然可以接受時諫，但我們不能指一個正音（時［奸］）是錯音，兩個讀音均可以接受，大家要互相尊重云云。而最離譜的是，**教統局出版的《香港小學生學習字詞表》，竟將「時間」粵音標讀時［奸］**。

有些支持時［奸］的學者要大家尊重兩個讀音並存。但了解事情始末，便不難令人懷疑，這所謂「尊重」，只是以漂亮的門面話掩飾學者對港人進行的思想洗腦。亦無法不令人懷疑，他們的目

的，正是要製造混亂。當大眾感到混亂、無所適從時，那些頂着專業頭銜的人，便有可趁之機，飾演指路明燈，魚目混珠。

第五節　「時奸運動」近況

多得中文大學的「正讀」教授將時 [奸] 一讀引入，賦予其「正讀」名義，並在傳媒間廣泛宣揚，從此「時間」一詞，在粵語便忽然破讀。香港中文大學高級導師歐陽偉豪博士在 2006 年《星島日報》〈推廣正音之感〉一文中說：

> 起初，我知道「時間」的正讀是「時奸」時，我不太願意讀，因為聲調很怪。有一次，跟朋友聊天，他告訴我運用了「時奸」的讀音，我才醒覺我原來不自覺地用上此音。之後，我便留心自己的說話，大概十次有六、七次會說「時奸」。我不會強逼自己在日常生活中每一字都讀字典裏的標準音，但我會要求自己在認知上盡可能知道正音正讀的重要性，繼而順其自然、循序漸進的改好發音。

讀者閱畢前數節，應已明白，要人接受時 [奸]，必須先過三關：一、證明時 [奸] 更正確；二、證明時 [奸] 更正宗；三、證明有必要將時 [諫] 改讀時 [奸]。「正讀」份子利用其傳媒影響力，將未有結論的「時 [奸] 才是正音」當成事實般深入人心。如是者，從引文可以看到，這些學者便可以將未有結論的關卡一（甚至二），當成「已經證明為真」的語句，並將「時奸」一讀的三個問題，巧妙地縮減至只剩「應不應該改」一個問題。將時 [諫] 與

時［奸］兩讀的「歷史」和「對確性」兩個事實問題掩飾，餘下的就只有「我們到底應改用正讀？抑或沿用錯讀？」的道德問題。如此即可輕易利用一般人對「錯」事的抗拒，誘導港人使用他們所謂的「正讀」；就算你不同意改讀，也得接受他們所謂的「正讀」透過他們的權力和影響力在社會滋長。

歐陽偉豪博士説「我會要求自己在認知上盡可能知道正音正讀的重要性，繼而順其自然、循序漸進的改好發音」在態度上固然無可非議，不過套在「時間」一詞讀音上，將「時間」讀成時［奸］歸類為「順其自然、循序漸進的改好發音」的經驗之談，就顯得不倫不類。因為如果時［諫］是正讀，就根本沒有所謂「改不改」，更無所謂「好不好」。只有「時［諫］錯而時［奸］對」此一前提成立，才有「改不改」這個後話。「正讀」派善於為自己認為是正確的讀音戴上無形冠冕，並以「改好」、「改善」、「改進」這些帶正面色彩的詞彙，暗示、慫恿一般人「改用」他們認為是正確的讀音，令那些使用他們欽定讀音的人，有一種虛榮，就是「我讀時［奸］表示我的中文比那些讀時［諫］的人好」，甚至「我讀時［奸］是為文化出力」的一種自我滿足。

歐陽偉豪在 2007 年 8 月 13 日《明報》「趣學語文」專欄中，又提到此詞讀音，全文介紹「時奸」讀音因由，雖然承認時［諫］一讀，仍不忘暗指這個讀音毫無學理根據：

> 「時間」的「間」是有兩個標準音（或正音），一是第三聲
> gaan3，音「澗」，一是 gaan1，音「艱」。前者較多人講，後者則
> 較少。
>
> 對於多數人讀作 gaan1，一般的解釋都是以「空間」為由，此
> 「間」讀 gaan1，所以時間的「間」也跟著讀 gaan1，因空間、時
> 間、時空有緊密關係。但這解釋不夠乾淨俐落，因為三者的關係屬
> 哲學範疇，如何從哲學連繫到語音上，普羅大眾不太容易理解、掌
> 握，所以讀作「時『艱』」的人數較少。

文章其實又是重彈「時空相對」的老調，只是換個說法。繼劉
教授的「港人不肖誤讀」論，歐陽博士提出「港人無知亂讀」論。
他首先將他們一派自說自話但沒有社會性的「時奸」視為「標準
音」之一員（而我們不能說他們這做法犯規，因為現在的「標準」
擺明是由他們一派圍內決定的），然後再將讀時［奸］的人數較
少，歸咎港人全是哲學白癡，不是劉殿爵、何文匯和一眾中文大學
博士教授的級數，難以理解「空間、時間、時空」的哲學內涵，不
懂將此哲學概念連繫到語音上。彷彿只要大眾理解、掌握了「空
間、時間、時空」的哲學內涵，便會不期然投進時［奸］的懷抱，
對時［諫］嗤之以鼻，不屑一顧，甚至如那些「正讀」學者一樣，
欲殺之而後快。

雖然哲學我實在不懂，但我仍然認為歐陽博士的說法非常可
疑。何以見得「時間、空間、時空」有緊密關係，「時間」就要非
讀時［奸］不可？「三者的關係屬哲學範疇」的「哲學範疇」又是

甚麼意思？就算「時間」真的根據甚麼「哲學範疇」而應該讀時
［諫］，所謂「從哲學連繫到語音上」又是否必然？如果可以用
「哲學」連繫到「語音」來影響語言，我們又是否可以如法炮製，
以「化學」為據禁止人講鉛筆（鉛筆的「鉛」其實是石墨），以
「生物學」為據不准人講「我心諗」（應是「我腦諗」），或將
「我腦諗」當成「生物學範疇」的「標準」用法？但若從「社會語
言學連繫到語音上」，時［諫］一讀，既是大眾約定俗成，何解在
粵語又要另外搞個「哲學連繫到語音上」的「標準音」？

　　劉殿爵標榜時［奸］是「正讀」，要人接受這個讀音是正確
的、日常使用的時［諫］是錯誤的。物換星移，歐陽偉豪博士雖然
指時［奸］時［諫］都是正讀，但仍然不忘補上一條尾巴，是為時
［奸］一讀的「哲學範疇」意義。這樣做最大的好處是，他們再不
必論證時［諫］錯誤，卻可以繼續利用人們對某些他們不熟悉的
「範疇」的無知和嚮往，宣揚他們認為是對／標準／更好的時
［奸］，並在由他們操控的正字正音教育節目，透過心理暗示，向
觀眾灌輸這個讀音的優越性。

第六節　總結

　　可以肯定，「時間」讀成時［諫］，是一個正確讀音。此亦係
在粵方言地區與大眾溝通的最有效讀音。這個詞語，字典若根據普
通話讀音而將粵語讀音標成時［奸］，是字詞典編者的問題，不是

我們的問題。

之前講過，《中華新字典》(1937) 去聲［諫］音條下有「時間、時候」的解釋；《辭淵》亦將「時間」解作「時光的區別」。有關「時間」粵讀時［諫］的記載，尚有以下各項：

➤ 余秉昭《同音字彙》(1971)第 64 頁［諫］音條下收「時間」一詞；

➤ 馮田獵《粵語同音字典》(1974)第 36 頁「間」的去聲［諫］音條下注曰：「空隙。時間；間格；離間」；

➤ 黃皇宗《廣州話教程》(1989)、中嶋幹起《現代廣東語辭典》(1994)、楊明新《簡明粵英詞典》(1999)三書的「時間」一詞，都標讀去聲的［諫］；

➤ **香港教育署語文教育學院出版的《常用字廣州話異讀分類整理》(1994)第 105 頁，「時間」標讀時［諫］。**

可見這個讀音，不單有歷史根據，有學理根據，且有字典和學者接受。

本文所列資料，雖然未必能還原歷史全貌，但大家至少可以看到，大眾當年反對時［奸］，一來此讀違反一般人的慣常讀法，二來時［奸］不見得是原本讀音，三來有不少人論證時［諫］讀音的合理性。遺憾地，近年居然有支持時［奸］的人企圖扭曲歷史。一國兩制研究中心總裁張志剛在〈悼劉殿爵重提「時間」之爭〉文中，為劉氏「時奸論」護航，居然隱瞞諸多讀音討論的歷史事實，於是在他筆下，當年反對者的云云觀點中，「比較嚴肅的應對」亦

僅限於「語言文字應該約定俗成，不應老是求古」這種思維。他於是指出讀成時 [奸] 不是「求古」，而是「求精求準」（「悼劉殿爵重提「時間」之爭」新報，2010/5/4；另見「正音正字才可正確思考」，新報，2008/7/22）。張先生要「求精求準」，應以身作則，查清事實，不要自打嘴巴。

時 [奸] 一讀風波，雖由劉殿爵教授帶起，與何文匯博士也脫不了關係。2007 年 5 月 17 日《蘋果日報》名采版有一篇文章，題為〈約定俗成〉，作者紫微楊。內容提及「時間」讀音問題，明確指出何文匯認同其師劉殿爵的時 [奸] 讀音：

> 我亦問過粵語正音的權威何文匯博士，為什麼時間要讀成「時奸」。他的答覆倒很有道理，他說「空間」的「間」是讀「奸」音，所以時間的「間」也應讀「奸」音，時空相對也！

我不知作者是否原句照錄，因為一句語焉不詳的「時空相對」，居然可以「很有道理」，叫人啞口無言。遵此邏輯，由於「醒睡相對」，既然「醒覺」的「覺」是讀[gok8 角]音，所以「睡覺」的「覺」也應讀[gok8 角]而不應讀[gaau3 較]音了！如果這「很有道理」，大家以後不要將「睡覺」讀睡 [較] 了，好嗎？

如此含糊曖昧的說法，出自何文匯口中，居然可以成為「很有道理」的論述。我想，原因之一，就是這些學者的影響力，可以令人有「不會問、只會信」的思維。如此「權威」，加上傳媒鋪天蓋地式宣傳，就更如虎添翼。

所以我非常反對電視台將何文匯接受，但沒有羣眾基礎的讀音，透過配音節目，帶返社會，企圖透過其傳媒影響力，將下一代「洗腦」，令年輕一輩習用「何氏音讀」為常，去擴大「何氏音讀派」的聲勢。這樣無疑是利用在大眾媒體的優勢，令我們下一代無意識地接受了他們的那套價值觀，最終他們便可以**將「正」這個帶有價值判斷的關鍵字，收歸己用，受眾便不會再思考、深究自己相信的那個讀音是否真的那麼「正」**。於是，「時間」一詞讀音問題，「爭論歸爭論，大概港台的傳播威力太大，到了今天大家已不再抗拒時『奸』的讀音了」(經濟日報，C07 版，2002/6/6)。溫水煮蛙，洗腦成功。可喜耶？可悲耶？

別以為蘇玉華為紀錄片旁白時讀時 [奸] 是孤例。2010 年 9 月，曾任港台 DJ 的敖嘉年為無綫節目《香港事・情》旁白，一樣滿口時 [奸]。廣播員今時今日還死抱着「時奸」不放，端的知道「時奸」讀音的前因後果？端的明白這個讀音的「哲學內涵」？

三十年前全台總動員的時 [奸] 功敗垂成，但這個讀音，流傳至今，甚至每隔幾年就會被傳媒拿出來干擾大眾，製造亂象。到底「時奸」是在甚麼社會因素下獲接受為「正讀」，而這個「正讀」到底是不是真的無懈可擊，甚至到底「正讀」是甚麼、「正讀」是為了甚麼、眼下宣揚「正讀」的學者是為了甚麼、宣揚「正讀」的傳媒又是為了甚麼？這都是值得思考的問題。

第七章
論「傳奇」讀音

第一節　引言

　　「傳奇」這個詞語現在頗為常用，例如不時會聽到「傳奇故事」、「傳奇一生」之類說法，形容人事之奇特、不尋常。許多年來，「傳奇」一詞普羅大眾都讀成[zyun6 璿]奇。但在近幾年，政府、傳媒忽然發難，將讀音由一向習用的﹝璿﹞奇，改成﹝全﹞奇，引起一陣議論。這個讀音，與八十年代的「時間」讀音爭議，有若干相似之處：

> ➤ 　被改動的字音，其實與現時活躍、以何文匯為代表的「正讀派」的「正讀」原則——即以《廣韻》為正讀——無關。但同時，他們是這個讀音的倡議者。

> ➤ 　被改變讀音的字，本身已有平去聲二讀。「間」字，一音﹝奸﹞，陰平聲；一音﹝諫﹞，陰去聲。「傳」字，一音﹝全﹞，陽平聲；一音﹝璿﹞，陽去聲。

> ➤ 　被改動的字音，粵語長期習慣讀去聲。「時間」，習慣讀時﹝諫﹞；「傳奇」，習慣讀﹝璿﹞奇。

> 古代韻書、字典（如《康熙字典》）從沒有明確標示上述詞組必須讀成他們所提倡的字音，即時間必須讀時［奸］、傳奇必須讀［全］奇。

> 被改動的字音，改變之後，不符合粵語的流通讀音，但符合普通話的對應聲調。「時間」的「間」，普通話習慣讀陰平聲；「傳奇」的「傳」，普通話讀陽平聲。

「傳」是多音字，讀音有「因音別義」的作用。為簡潔起見，本文以直音標注相關粵音。「傳」讀去聲沒有常用直音字，故取較罕用的「瑑」字。茲將「傳」字各讀音的相關拼音、直音和意義總結如下：

義項	讀音	直音	意義
1	cyun4	全	流傳、散播。 例如：傳遞、傳染、傳播、傳說、傳統。
2A	zyun6	瑑	人或事蹟的紀錄。 例如：名不經傳、傳記。
2B	zyun2	纂	屬 2A 義項的口語變調，討論時會視為 2A 的變體，字典亦通常不會收錄此音。變讀與否並無一定規則，依習慣而定。例如用於小說名稱末字的水滸傳、刺客列傳、兒女英雄傳一般變調讀成［纂］，成語「言歸正傳」亦多讀變調音。

義項 2B 是口語讀音，不屬本文討論範圍。本文要探討的，是

「傳奇」是否必須讀 [全] 奇而不能讀 [瑑] 奇。

由於 [全] 奇與普通話讀音對應，有些人一聽此讀，便直覺認為既然普通話是這樣讀，這個音一定是「正音」，即「正確讀音」。其實普通話標準音由政府部門審訂，不乏約定俗成的讀音；不同語言亦有其本身的固有習慣，不能一概而論。下一節會闡述作者認為大多數港人將「傳奇」讀成 [瑑] 奇並非錯誤的理據。

第二節　「傳奇」讀「瑑奇」的論證

「從切派」的學者要求每個讀音必須「有根有據」。既然他們認為「傳奇」應該讀 [全] 奇、不能讀 [瑑] 奇，一個很合理的設想就是，他們是從「考據」角度得出這個讀音，而絕不會是從「約定俗成」的角度。所以，讓我們先從「考據」角度出發，探索一下「傳奇」一詞的來源。

「傳奇」的詞義

「傳奇」一詞，始於唐代。誰最先使用此詞，有兩種說法。

一種意見認為，「傳奇」一名最先出自中唐時期的元稹（779-831）。持此論者的看法是：元稹創作了一個有關張生與崔鶯鶯的愛情故事，並將這個故事命名《傳奇》；後來宋人收入《太平廣記》時改名《鶯鶯傳》（又名《會真記》）。

　　另一種說法是：元稹的篇章本來就叫《鶯鶯傳》，《傳奇》一名是後人所改。此前，晚唐時期的裴鉶（約 860）已將自己所寫的單篇小說命名為《傳奇》，他才是最先使用《傳奇》一名的人。

　　無論取何種說法，可以肯定的是，「傳奇」一開始並非用來形容奇特人事，而只是書名或篇章名（大約在宋代，「傳奇」一詞開始泛化，慢慢成為唐宋時期短篇小說這種新興文體的專稱）。所以，學者會從元稹、裴鉶二人將小說作品命名為《傳奇》的原委，推求「傳奇」一詞的讀音。李軍均《傳奇小說文體研究》(1998)(P.20)：

> 雖然元稹與裴鉶兩人都使用「傳奇」作小說的名稱，但他們在使用意義上存在某種程度的差別。論述這一差別之前，有必要對「傳奇」的音義進行辨析。「傳奇」一詞的發音有兩種。一是平常使用之發音"chuánqí"；二是較少使用之發音 "zhuànqí"。這兩種發音的差異由不同的內涵所決定。有一種觀點認為：「『傳奇』之『傳』應是『傳記』之『傳』，而非『傳聞』之『傳』，『傳奇』的內涵應是用傳記體、史傳體來寫奇異人物、奇特故事，或為奇人異事記錄立傳。」照此種觀點理解，元稹著述《傳奇》（《鶯鶯傳》）應該是"zhuànqí"，是為張生這一奇人或者張生與鶯鶯之間的愛情故事這一奇事立傳。如此理解當與元稹著述之初衷相吻合。元稹之初衷是從維護封建禮教的立場出發，將鶯鶯寫成害人害己的「尤物」，將張生寫成「善補過」的正人君子，以警醒後人「使知者不為，為之者不惑」。作為史傳體例之一種，傳體著述不僅記人記事，還應具備史鑒功能。從此意義而言，元稹使用「傳奇」一詞命名他的單篇傳奇小說，與該觀點契合。至於裴鉶《傳奇》書名意義，則並非

如該觀點所言。裴鉶著述傳奇小說及以「傳奇」命名的本意，一如清人梁紹壬《兩般秋雨庵隨筆》卷一所云：「裴鉶小說多奇異，可以傳示，故號《傳奇》。」故裴鉶「傳奇」之用，則應是"chuánqí"，是傳示或傳聞奇異之事。

原文所謂「平常使用」和「較少使用」當然是指普通話而言。普通話漢語拼音「chuánqí」，「傳」讀陽平聲，對應粵語就是[cyun4 全]奇；而漢語拼音「zhuànqí」的「傳」讀去聲，對應粵語則是[zyun6 瑑]奇。與普通話相反，〔瑑〕奇在粵語是常用讀音，而〔全〕奇一讀，在一眾「有心人」鋪天蓋地大舉進軍之前，幾乎聞所未聞。

李軍均認為，讀成〔瑑〕奇，「傳」的意思就是以傳記體、史傳體的形式去紀載奇人奇事，與元稹《傳奇》（《鶯鶯傳》）一文題旨相合。而裴鉶所著《傳奇》則無此意：他的「傳奇」是清代梁紹壬《兩般秋雨庵隨筆》所言的有「奇異」之事可以「傳（〔全〕）示」。若按李氏此說，其實〔瑑〕奇、〔全〕奇兩個讀音都成立。雖然現在到底哪一個「傳奇」才是最早出現可說是存疑，但既然存疑，起碼我們可以相信：**在「追本溯源」這一立場上，讀成〔瑑〕奇，不可因為其意義與裴鉶《傳奇》不合便一口咬定是錯讀。**

此外，即使是裴鉶的《傳奇》，也有學者不贊成梁紹壬「多奇異可以傳示」的主張。研究古代文學的李劍國教授在《唐五代志怪傳奇敘錄》(1993)中認為(P.6)：

> 本來傳奇與志怪同義。傳者記也，奇者怪也。（傳應當讀作傳記之
> 傳，這裏是名詞用如動詞，並不是傳示之義）。裴鉶《傳奇》確實
> 都是描寫神仙鬼怪的，而志怪之怪，正指這些內容。不過奇字含義
> 更廣，不光可指超現實的奇事，也可指現實中的奇事。因此用「傳
> 奇」——記述奇人奇事——來概稱唐代新體小說，實在是一個天才
> 發明。

同頁並有注云：

> 清梁紹壬《兩般秋雨庵隨筆》卷一云：「《傳奇》者裴鉶著小說，
> 多奇異可以傳示，故號《傳奇》。」其說非是。《開天傳信記》之
> 傳才是傳示之義。然傳記之傳固亦有傳示義，《史通‧六家》云：
> 「傳者，轉也。轉受經旨，以授後人。或曰傳者傳也，所以傳示來
> 世。」記載（傳）以傳世，二義相關。原其初義，則記載之謂，傳
> 與志、錄、記一義也。

　　李劍國教授一來不認同「傳奇」之「傳」解作「傳示」，因為
「傳奇」與「志怪」同義，若「傳」讀成［全］，便沒有了與其相
對的「志」字的紀錄義。二來他指出「傳」字平去聲二讀互有關
連，即使讀作「傳記」之「傳（［瑑］）」，這個「傳」亦有「傳
示」之義，因為「紀載」的目的，正是用來轉授後人、傳示來世。
有關這一點不妨參考《康熙字典》對「傳」字的釋義：

> 傳……柱戀切，音瑑。賢人之書曰傳。紀載事迹以傳於世亦曰傳，
> 諸史列傳是也。

所以，「傳奇」讀成「瑑奇」，固然有「紀載」之義，但亦已包含「傳示」之義，相比讀成「全奇」純粹表達「傳示」一義，其涵義更豐富、更廣泛。

從「志怪」到「傳奇」

「傳奇」讀成 [瑑] 奇的根據，還與剛剛提到的「志怪」有關。這裏的「志」解作「記載」，現在一般寫作「誌」。「志怪」也就是「誌怪」、「記載怪事」之意。志怪亦係一種小說文體，可視為傳奇的前身，盛行於魏晉南北朝。志怪小說源於方士的奇談怪論、記述神異鬼怪故事傳說，是「受當時盛行的神仙方術之說而形成的侈談鬼神、稱道靈異的社會風氣的影響下而成」。六朝時期作品不少以「志怪」命名，例如祖台之《志怪》、曹毗《志怪》、孔約《孔氏志怪》等。志怪小說代表作有東晉干寶的《搜神記》。

魯迅認為，「傳奇」源出「志怪」，乃在「粗陳梗概」的志怪體上「施之藻繪，擴其波瀾」，文筆更為精細曲折，並講求敘事的完整性。李劍國在《唐》書指，魯迅從創作意識和審美角度區分傳奇和志怪體，不過牽涉到具體作品，有時亦未必能準確介定(P.6)：

> 即使到了清代，號稱短篇小說之王的蒲松齡，他寫《聊齋誌異》也不是篇篇都精雕細刻，其中頗有些微型小說。所以紀曉嵐說它「一書而兼二體」，二體即小說體和傳記體，指的是志怪和傳奇。

這顯示「傳奇」、「志怪」關係密切，二者往往對舉。「志怪」的

「志」（誌）就是紀錄的意思。「傳奇」讀成 [瑑] 奇，傳者志（記）也、奇者怪也，兩個稱呼恰好相對稱。

「傳奇」一詞的發展

第一節講過，李軍均認為裴鉶《傳奇》讀成 [全] 奇，比較切合該書原旨。同書他又謂(P.20)：

> 裴鉶著述的原旨，歷代有多種解釋。如明胡應麟《少室山房筆叢‧莊嶽委談（下）》云：「以駢好神仙，（裴鉶）故撰此以惑之。」徐渭《南詞敘錄》亦云：「裴鉶乃呂用之客，用之以道術愚弄高駢，鉶作傳奇多言仙鬼事詭之。」考諸《傳奇》一書的逐篇內容，「其書所記皆神仙怪譎事」。既然裴鉶著《傳奇》以惑主為原旨，必然缺少元稹《傳奇》（《鶯鶯傳》）中所寓之勸諷與史鑒精神。這是元稹在使用「傳奇」一詞上內涵的分野。

裴鉶當時是唐末靜海軍節度使高駢的從事。高駢行為怪誕，喜好神妖之說，重用方士呂用之。據《南詞敘錄》所載，裴鉶作《傳奇》，是與呂用之聯合迷惑高駢的手段。

最先用「傳奇」一名的是元稹還是裴鉶，學術界未有定論；粵語讀成 [瑑] 奇，既然較合元稹原意，而我們無法否定元稹乃最先使用《傳奇》一名的人，就不能一口咬定 [瑑] 奇是錯讀。再者，就算裴鉶真是最先使用《傳奇》的人，又假使真如李軍均所言，讀成 [全] 奇較合裴鉶本意好了。但一來元稹《傳奇》距今畢竟已千餘年，單憑此書不是最先出現就說 [瑑] 奇是「錯讀」，於理不

合；二來「傳奇」後來已發展至非單指裴鉶一書，而係泛稱一種文學體裁，傳奇文章慢慢發展，亦不如裴鉶《傳奇》般單純描寫「神仙怪譎事」。張友鶴《唐宋傳奇選》(P.3)：

> 唐代傳奇是在六朝小說的基礎上發展、演變、進化而來的……唐代傳奇的第一個特點就是，雖然「怪」「奇」之間不無脈絡可尋，而主要題材，已由鬼神之「怪」逐漸轉向人事之「奇」——脫離了荒誕不經、因果報應，正面摹寫人世，反映現實。

另吳懷東《唐詩與傳奇的生成》(P.47-48)：

> 　典型的傳奇不是大人物的本紀、世家、列傳，而是小人物的「傳」記……傳奇所「記」的奇聞異事，不是軍國大事，也不是單純鬼怪神靈的活動……是文人知識份子「在一個穩固的社會結構中由於自己的境遇和階級出身而面對的問題的記錄，或者是在社會變遷過程中個人所面對的問題的記錄」。
>
> 　從人物到故事情節，再到作者的敘事立場，以及思想背景、社會背景，都表明傳奇與史書的根本差異，雖然傳奇作者仍然受到史書寫作慣性的影響，比如強調實錄代表性的傳奇都使用了史書「雜傳」、「雜記」的形式等…

同書又謂(P.115)：

> …傳奇使用「傳」、「記」為名，作家在傳奇小說中刻意強調故事的真實性，模仿史書傳記「實錄」的形式，敘事過程中刻意強調故事發生和人物活動的時間，確認人物的出身、籍貫等，結尾要交代

> 其故事或素材之來源，有時還要模仿史家書贊形式對所述人物或故
> 事進行評論、引出教益等……

李劍國《唐五代志怪傳奇敘錄》亦謂(P.18)：

> 六朝志怪並不是唐傳奇的唯一源頭，雖然它非常重要。另一個重要
> 源頭是先唐的歷史傳記小說。先唐歷史傳記小說是史傳的直接支
> 派……它們的共同特徵是其歷史背景、基本史實一般是真實的，但
> 又都有很大的虛構性。在敘事方法上以一兩個人物為中心，進行有
> 頭有尾的描述。這同唐人傳奇文是很接近的。

從上引數段可見，「傳奇」不盡是真實事件紀錄，其中有滲雜
人為虛構成份，沒有史學的嚴肅，但卻刻意使用「實錄」的筆法，
以史傳形式為奇事「立傳」，增加故事的真實感。那麼，「傳奇」
這種文學體裁，不正符合李軍均所說、元稹《傳奇》讀成［璩］奇
時擁有的「勸諷與史鑒精神」嗎？

元稹《鶯鶯傳》以「貞元中，有張生者，性溫茂，美風容，內秉
堅孤，非禮不可入」開首，就是以史傳筆法交代時間、人物、地
點、人物性格。然則我們以「傳（［璩］）奇」稱呼此一文體，即
使不符裴鉶著書原意，亦不見得會歪曲「傳奇」作為一體裁統稱的
意義。更何況，傳奇逐漸轉向描寫「人事之奇」，遠離了裴鉶「以
惑主為原旨」所缺少的「勸諷與史鑒精神」，而「人事之奇」，正
是我們今日形容奇特人事的「傳奇」用法之雛形。

唐宋小説以外的「傳奇」指稱

在「傳奇」成為一種文體統稱之前，這些作品會稱作「傳記」、「雜傳記」（傳記的傳讀〔瑑〕當無異議）。「傳奇」可指唐宋時期一種小説體裁，不過其後宋元戲文、明清戲曲，亦有稱為「傳奇」者。可見「傳奇」一詞的涵蓋範圍，隨時而變得更廣。而我們亦可由此找到「傳奇」讀〔瑑〕奇的根據。清李漁《閒情偶寄》：

> 古人呼劇本為「傳奇」者，因其事甚奇特，未經人見而傳之，是以得名，可見非奇不傳。

既然是劇本，**「未經人見而傳之」、「非奇不傳」的「傳」自然是解作「紀錄」義的「傳」（〔瑑〕）了**。另倪倬《二奇緣傳奇小引》：

> 傳奇，紀異之書也，無奇不傳，無傳不奇。

將「傳奇」解作「紀異」，「傳」字的「紀載」意義就更加明顯了。這些傳奇戲曲，取材自傳奇小説，事跡相類，所以雖然所指不同，「傳奇」這個稱呼卻是一脈相承。

之前説明了作為唐宋小説文體的「傳奇」讀成〔瑑〕奇切合此一文體的創作精神。現在可以看到，就算「傳奇」真的不能對應唐宋小説的創作精神，卻仍然能夠對應後起的「傳奇戲曲」之「傳

奇」；［璩］奇一讀，依然其來有自，而非面壁虛構。

時至今日，「傳奇」一詞已非單純指一種文學體裁或曲本，而是用來指稱一些出眾、不平凡的人事，例如「傳奇人物」、「傳奇故事」、「創造傳奇」等。

普通話的「傳奇」讀音辨正

雖然普通話中「傳奇」多讀 chuánqí，不過學術上亦有持相反論調者。《龍巖師專學報》2002 年 10 月號刊有〈唐之「傳奇」正音及其他〉一文。作者賴曉東指出，chuánqí 這個讀音有幾個問題：

1.　與古人造詞思維邏輯不合；

2.　與傳奇文體淵源缺乏契合點；且

3.　與古人使用該名詞的感情色彩相違背。

關於第 1 和第 2 點，大致與本文前述論點相似。至於第 3 點，作者的持論是，古人曾因「傳奇」一類文體明明稱為「傳」卻沒有正統傳記的實質而加以貶抑。這種貶抑，正是因為「傳奇」有「傳」（zhuàn，對應粵音［璩］）之名而無其實。作者不同意這種貶抑，但指若果「傳奇」的「傳」讀 chuán（對應粵音［全］），那就沒有「明明虛構，卻以史實之筆錄之」的反差，對這種文體的貶義，亦無從說起：

另有一批諸如尹師魯之流的古文家對此就頗為不屑，「故論者每訾其卑下，貶之曰『傳奇』」（魯迅《中國小說史略》）為此，與傳奇沒有多少干係的范仲淹的《岳陽樓記》，只因為它用了駢句，而被尹洙「戲笑」貶斥。他們從「文以載道」和自由的古文筆法出發，駁斥與之相抵牾的文言短篇小說。從這種意義上來看，「傳奇」所包含的貶義主要體現在，作為嚴肅的史學文體的「傳」和「幻設」的、「作意好奇」的「奇聞異事」相提並論了。兩種精神實質和審美意趣相悖反的概念放在一起，嘲諷的便是傳奇作家的不守傳統的儒家政教。固然這種觀點是迂腐的，但是如果換作傳奇（chuán qí）的話，那麼古人的貶義便無從體現了。

約定俗成

香港社會，大多數人將「傳奇」讀成［瑑］奇，這點不必爭辯。［瑑］奇一讀，亦見諸粵語流行曲。下面是作者找到有「傳奇」二字的歌曲歌詞，歌詞右邊方括內的數字是歌者唱出「傳」字和「奇」字時的音調（不計連音）。

1. 許冠傑〈世事如棋〉　詞：許冠傑/黎彼得　（1978）
恩怨愛恨/世事如棋/每局都充滿傳奇　　　　　　　　　　［65］

2. 陳百強〈沙灘中的腳印〉　詞：鄭國江　（1981）
愛似傳奇地發生/誰知不能/情意雖比海裏針　　　　　　　［76］

3. 關正傑〈故夢〉　詞：卡龍（葉漢良）　（1984）
寧靜村莊/經過風雨傳奇/還是那空氣/半月伴晨曦　　　　　［31］

4.　　Raidas〈傳說〉　詞：林夕　(1986)

盟誓永守/地老天荒/以身盼待/早已變成絕世傳奇事　　　　　　[65]

5.　　林子祥〈似夢迷離〉　詞：潘偉源　(1990)

時光幾次錯漏/人海幾次傳奇　　　　　　　　　　　　　　　　[32]

6.　　張學友〈一顆不變心〉　詞：簡寧　(1990)

可否跟我一起每一天看晨曦/飛舞夜空中去共尋傳奇　　　　　　[65]

7.　　許志安〈容我欣賞妳〉　詞：梁芷珊　(1992)

彷彿散出一身傳奇/混身風采把我醉死　　　　　　　　　　　　[65]

8.　　黃霑〈開心做齣戲〉　詞：黃霑　(1992)

是對/是錯是傻暫且不理/用笑/用歌聲傳我傳奇　　　　　　　　[32]

9.　　張學友〈我與你〉　詞：潘源良　(1993)

是簡單也傳奇/相愛多麼美　　　　　　　　　　　　　　　　　[32]

10.　張學友〈你是我今生唯一傳奇〉　詞：周禮茂　(1993)

我今生有你/唯一這個傳奇　　　　　　　　　　　　　　　　　[65]

11.　李克勤〈妒忌〉　詞：李克勤　(1994)

曾是極度浪漫/天邊海角共尋傳奇　　　　　　　　　　　　　　[76]

12.　李國祥〈無名字的你〉　詞：黃凱芹　(1994)

無名字的你/如永遠的傳奇　　　　　　　　　　　　　　　　　[65]

13.　黎明〈我的親愛還是你〉　詞：劉卓輝　(1994)

即使那往日路途沒有傳奇/即使我已漸學會演戲　　　　　　　　[31]

14.　劉德華〈風風雨雨〉　詞：向雪懷　(1994)

不知怎變了浪漫傳奇/傳千百遍後便成為事理　　　　　　　　　[66]

15.　譚詠麟〈情中情戲中戲〉　詞：李敏　(1995)

請不要哭/此生緊記/這個傳奇/是我跟你　　　　　　　　[64]

16.　張國榮〈今生今世〉　詞：阮世生　(1995)

我不甘心說別離/仍舊渴望愛的傳奇　　　　　　　　　　[32]

17.　梅艷芳〈愛是沒餘地〉　詞：劉德華　(1995)

這個世界佈滿傳奇/光陰經過似飛　　　　　　　　　　　[65]

18.　邰正宵〈最愛的戲〉　詞：陳啟泰　(1996)

佈局浪漫及結局完美/符合你渴望愛是最美傳奇　　　　　[32]

19.　陳慧琳〈傾倒〉　詞：陳少琪　(1996)

皇后也沒這樣美麗傳奇/這般戀愛過　　　　　　　　　　[21]

20.　譚詠麟〈情在雪天〉　詞：林敏驄　(1996)

可知道白雪滿天飛舞/總顯得我與你帶點傳奇　　　　　　[32]

21.　李蕙敏〈只要信,不要問〉　詞：張美賢　(1998)

全是你/發現我/這樣誕生日期/平淡裏有着某些傳奇　　　[76]

22.　陳慧嫻〈玩味〉　詞：梁煒康　(1998)

擁有你/原是我極美的傳奇　　　　　　　　　　　　　　[32]

23.　陳奕迅〈今日〉　詞：林振強　(1999)

抬頭吧/相信愛你便能飛/敢交出/你會創出傳奇　　　　　[31]

24.　羅嘉良、陳慧珊〈對你我永不放棄〉　詞：陳頌紅　(1999)

遺忘掉世界都也不理/地老與天荒總有傳奇　　　　　　　[75]

25.　郭晉安、容祖兒〈會很美〉　詞：余紹祺　(2002)

可否共創造傳奇　　　　　　　　　　　　　　　　　　　[21]

26.　　關心妍〈無話再講〉　　詞：甄健強　（2002）

消失亦依你/無人像我那麼傳奇　　　　　　　　　　　　　[32]

27.　　何韻詩〈化蝶〉　　詞：黃偉文　（2003）

六尺荒土之下還有你/約定了下世共我更傳奇　　　　　　　[65]

28.　　許冠傑〈04 祝福你〉　　詞：許冠傑　（2003）

明天滿生機/一起創造傳奇/懷着信心進軍 2004　　　　　　[21]

29.　　張學友〈給朋友〉　　詞：古倩敏　（2004）

停下再看兩眼/便會安心高飛/就算一生是極美傳奇　　　　[32]

30.　　藍奕邦〈烈〉　　詞：周耀輝　（2006）

當所有薔薇在嘴邊/所有傳奇在指尖　　　　　　　　　　　[75]

31.　　李克勤〈萬年孤寂〉　　詞：林若寧　（2009）

人海太少傳奇/相親不相愛無需道理　　　　　　　　　　　[32]

32.　　Twins〈人人彈起〉　　詞：陳詠謙　（2010）

這裏突然個個變了傳奇/你跳升到新天地　　　　　　　　　[76]

　　上引逾 30 筆歌詞橫跨三十載，由不同填詞人所填，歌手唱
「傳奇」時的讀音與目前大多數港人的讀音相同，就是 [瑑] 奇。
以曲調論，除了 1994 年向雪懷填詞的〈風風雨雨〉那句「不知怎
變了浪漫傳奇」唱 [全] 奇較合適外，其他歌曲曲調在「傳奇」二
字上屬「前高後低」的配搭，故只能唱成 [瑑] 奇。不過，向雪懷
同年為關淑怡寫的〈逝去的傳奇〉中一句「可知你是我逝去的傳
奇」亦填在只能唱成 [瑑] 奇的曲調上。以上特意舉出不同詞人的
作品，詞人/歌手將「傳奇」填/唱成 [瑑] 奇之例絕不止此數。

綜上可見，「傳奇」一詞，讀成〔椽〕奇，無論是指唐宋時期的傳奇文體，抑或元明清時的戲曲劇本，都合其本義。而這個讀音本身有流傳、傳示之動機，換言之即已包含讀成〔全〕奇的意思。幾十年來，多數詞人填「傳奇」一詞，均應唱成〔椽〕奇方合曲調，此亦與民間長期以來的讀音相同。

粵音字典有收「椽奇」一讀

調查粵音字典中「傳奇」一詞所標注的讀音，遇到不少「先天」困難。因為：

1. 一些字詞典不會對個別詞語標注讀音；

2. 一些字詞典只會標注普通話讀音，而「傳奇」正是因為粵語和普通話不對應而須討論；

3. 部份字詞典是以普通話字典為基礎編成，導致其讀音分類亦以普通話讀音為主導，即以普通話對應讀音逕注粵音。

不過，在上述對「傳奇」讀成〔椽〕奇的舉證極為不利的情況下，仍有一些工具書在「傳奇」一詞讀音上區別粵、普讀音：

1. 馮思禹《部身字典》(1967)第 70 頁〔椽〕音：「傳奇，劇本也。」

2. 關道隆、李裕康《朗文中文基礎詞典（袖珍本）》(1993)第 29 頁：「傳奇的傳粵音讀〔椽〕。」

3. 莊澤義《香港中學生中文詞典》(1994)在「傳奇」一詞解

釋後加注：「粵音又讀［璩］。」

4.　布裕民《牛津中文初階詞典》(1998)第 24 頁，「傳奇」收在「傳」讀成［璩］條之下。

5.　香港教育局課程發展處中國語文教育組《香港小學學習字詞表》(2001)第 264 頁，「傳奇」一詞的粵語注音是［璩］奇。

大概因為此詞在 2001 年仍未被人拿出來高調「祭旗」，所以《香港小學學習字詞表》仍然收錄「傳奇」的正常讀音，不像「時間」一詞般取音失真。

另外，1971 年勞崇勳著《穗音破音（圈聲）識字軌範》第 74 頁：

【傳】逐院切，音璩，破去聲，十七霰（音線）韻。……小說體裁也，桃花扇傳奇。

第三節　香港滅音運動

「傳奇」讀成［璩］奇，不但是普羅大眾的日用讀音，更是解得通、有根據、有學者和字典支持的讀音。離奇的是，這個讀音近年幾乎在主流傳媒消聲匿跡。

現時的「正音正讀」風氣，到底是以提高普羅大眾對語言的認識和尊重為目的，抑或純粹是權力遊戲，為滿足讀音存亡盡在一己

掌握的權力慾，我不敢妄斷。政府及傳媒聯手消滅「傳奇」通行讀音 [瑑] 奇的起始年份不明，而我留意到的大規模「讀音取締運動」，大概始於 2008 年北京奧運，及至 2009 年香港東亞運動會越演越烈。

香港政府

2009 年東亞運動會的口號是「創造傳奇一刻」。在所有相關活動的宣傳片段中，「傳奇」均讀成 [全] 奇，讀 [瑑] 奇者只有零星例子。而大會指定電視台無綫電視在有關節目中亦刻意將「傳奇」讀成 [全] 奇。**有主持不小心「錯讀」成 [瑑] 奇，其後「改正」，回復 [全] 奇讀音**，可見當局消滅 [瑑] 奇之意甚彰。不過這些節目中的嘉賓和大部份受訪者講話時仍沿用傳統讀音 [瑑] 奇，跟這些「官式讀音」形成強烈對比，實在耐人尋味。

不少人發現這個讀音轉變。網上固然有人討論，不過大多流於片面（通常結果又是與其他「正音」問題一樣，支持 [全] 奇者往往以 [全] 奇是「正音」這個無敵理由壓下其他聲音）。2009 年 12 月 7 日商台節目《光明頂》（講題為「正音塔利班」）亦有論及此事，節目主持人馮志豐有此評論：

> 現在東亞運，很多人都說甚麼捕捉 [全] 奇一刻。我從小都認為是讀 [瑑] 奇。我們讀《左傳（[瑑]）》、《傳（[瑑]）記》（陶傑插話：[全] 奇一定錯！）他們說 [全] 奇有根據，但我

> （陶傑：沒根據！）覺得這幾十年來都讀［璩］奇，為甚麼變成
> ［全］奇？為甚麼忽然要更正大家幾十年來約定俗成的讀音？

「為甚麼忽然要『更正』大家幾十年來約定俗成的讀音」？這亦係「時間」同樣是在約定俗成了幾十年後被一個所謂「正讀」變成一詞二音時，大家很想知道答案的問題。

「創造傳奇一刻」口號是「2009 年東亞運動會口號設計比賽」優勝作品。而**口號評審委員召集人，正是有份參與在《粵講粵啱一分鐘》網頁遊戲中指［璩］奇是錯讀（見下文）、應該讀［全］奇的「粵語正音推廣協會」學術顧問、香港粵音正讀權威何文匯博士**(http://goo.gl/hWWbS)。

香港電台

《粵講粵啱一分鐘》網頁是香港電台文教組聯同「粵語正音推廣協會」製作的同名節目的網上版。網頁收錄了由何文匯和黃念欣主持的電台節目聲帶，並設有「粵音挑戰站」遊戲，「錯音、錯讀，一玩就知」。

何文匯是「粵語正音推廣協會」的學術顧問，於《粵講粵啱一分鐘》節目中主要講授有關「正讀」（發音準確）知識，即如友誼不准人讀字典有收但他不承認的友［兒］、屋簷不准人讀屋［蟬］之類，大家司空見慣。值得一提的是，該網上「粵音挑戰站」遊戲就收有「傳奇」一詞，其標準答案**將［全］音設定為正確，［攢］**

音則為錯誤（根據何文匯《粵音正讀字彙》第 376 頁，「攢」音同本文之「琢」）。答案檔的最後修改日期是在 2004 年 3 月。

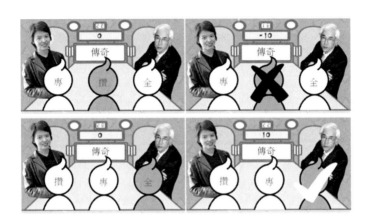

　　除與「粵語正音推廣協會」製作節目宣揚 [全] 奇價值觀，**香港電台的電視節目，例如《不死傳奇》、《功夫傳奇》，旁白凡提到「傳奇」均統一口徑讀 [全] 奇**（節目名稱當然亦不會例外），於是便會發生如東亞運節目般出現旁白讀 [全] 奇、被訪者卻一律讀 [琢] 奇的現象。例如《功夫傳奇》第三集訪問次文化堂社長彭志銘，彭氏就將「傳奇」讀成 [琢] 奇而不是旁述的 [全] 奇。我曾去信香港電台查詢其「傳奇」讀音根據，書信如斷線風箏，一去不返。

無綫電視

　　傳奇一詞，無綫電視在 2009 年東亞運動會相關節目中使用

［全］奇一讀尚可說是跟隨大會口徑，但他們改變此詞讀音，實於東亞運之前。

> 有網友提供資料，《民間傳奇》在 1974 年首播時，讀成［璩］奇，重播時（約 2007 年）報幕卻改讀［全］奇。

> 2008 年，無綫為零八京奧所創作的主題曲〈光輝的印記〉，由該台「御用」劇集作詞人張美賢寫詞。其中一句「會創造傳奇」，就必須讀成［全］奇才合音調，而一眾歌手亦唱成［全］奇。張美賢於 1998 年的李蕙敏〈只要信・不要問〉中所填的「傳奇」仍讀［璩］奇。

> 無綫新聞部將「傳奇」讀成［全］奇，不限於報道 2009 年東亞運新聞。作者親耳聽到，起碼有方健儀、伍家謙兩名主播回顧辭世名人事蹟時，均將「傳奇」讀成［全］奇。2011 年，女星伊利莎白泰萊逝世，3 月 23 日《晚間新聞》主播方健儀、凌晨《深宵新聞報道》主播高芳婷、翌日《香港早晨》主播周嘉儀，都讀［全］奇。這明顯是新聞部的「欽定讀音」。

> 該台娛樂資訊節目《東張西望》，多年來都裝出一副新聞報道員腔，遵用機［究］、［頊］物一類所謂「正讀」，以為「專業」。報道伊利莎白泰萊新聞時，主持亦帶觀眾回顧她的［全］奇一生。

> 2010 年 2 月上畫、該台與邵氏合作的電影《72 家租客》旁白，由當時的電視廣播業務總經理陳志雲先生擔任。講稿有「傳奇」一詞，他就讀［全］奇。

> 2010 年 5 月，配音員為無綫劇集《蒲松齡》宣傳片旁白

時，亦說「萬世文學家［全］奇一生」。

➤ 2012 年 9 月，劇集《天梯》的宣傳片仍將「傳奇」讀成［全］奇。

「傳奇」讀成［璇］奇，在無綫電視忽然失蹤。這種全台［全］奇現象，似非偶然。**該台報幕員羅山（本名羅榮焜），曾在樹仁大學主講〈正確發音與改善懶音〉，派發講義，附和何文匯的說法，將「傳奇」讀成［全］奇判為正確讀音，並將［璇］奇判為錯誤讀音**（見下圖）。此君在 1999 年為無綫劇集《騙中傳奇》廣告配旁白，分明就讀［璇］奇，可見這「對錯之辨」是羅山受一些人影響之後「打倒昨日的我」。

23/10/2007 "正確發音與改善懶音"
羅榮焜先生主講

「傳」奇 / 全奇（不讀專6） 　　宿「舍」/ 宿瀉（不讀社）

2010 年是李小龍 70 歲冥壽，該台在十一、二月連續幾個週日重播李小龍電影，以系列形式冠上「龍的傳奇」前綴。這個「傳奇」，當然被讀成［全］奇。而 2010 年 12 月 5 日晚上 7 時播放的李小龍紀念節目《龍騰天下》，由羅山配旁白的宣傳片亦很理所當然地叫大家回顧李小龍［全］奇。但**《龍騰天下》節目中重播了1971 年《歡樂今宵》片段，旁白劉家傑形容李小龍為「傳奇武術大師」，明明白白是讀成［璇］奇武術大師**，再一次證明昔日

［琢］奇讀音的事實。反過來大家又可以看到，在這些「正音正讀」學風之下，曾擔任新聞報道員、「正音」先聲、向來遵用機［究］、週［頃］一類怪音的劉家傑原來都會「讀錯音」。也就是說，現時無綫配音部門以「正讀」去「教育下一代」，但如果你相信了、跟隨了，仍難保若干年後，閣下依然錯讀連篇。因為**搞「正讀」的學者厲害之處，就是隨時可以令今日之對變成明日的錯。**

第四節　歐陽偉豪博士的觀點

香港中文大學中文系高級導師歐陽偉豪博士曾於《明報》主持「同你講正音」專欄，內容亦有上載網上。網頁版專欄並附影片，由他親身講解一些單字讀音。「同你講正音」一向講「正音」（相對「懶音」的咬字問題）而非「正讀」問題，而「傳奇」一詞的讀法實則屬後者。只是可能因為時值東亞運，「傳奇」發生「一詞兩讀」情況，歐陽博士遂破例於 2010 年 1 月 6 日的專欄探討此詞讀音，亦成為唯一一個論及「正讀」的「同你講正音」專題。

歐陽博士在專欄及片段(http://goo.gl/87WaZ)中指出「傳奇」社會上現時有兩個讀法。他於是說要從「意義入手，決定哪個讀音才合理」。他說：

➤　傳讀成去聲［琢］，解作「記錄人物事跡、道理的記載」，例如「人物傳記」、「經傳」；

➤　傳讀成平聲［全］，解作「流傳」。

片段中歐陽博士説：

……所以，流傳的説法就是「傳（全）説」，流傳的頌讚就是「傳（全）頌」，流傳的奇蹟就是「傳（全）奇」。

看到這裏你可能會反駁：我們以前明明有個節目，喚作《民間傳（瑑）奇》。的確，我們大多數人都讀[瑑]奇。**而透過辭書、透過考證，我們現在發現是讀[全]奇。**那麼[全]奇、[瑑]奇兩個讀法，我想是屬於態度問題——我們要包容一點，[全]奇不要笑[瑑]奇；而[瑑]奇也不要笑[全]奇。

再看看文字版原文：

「傳」讀作[zyun6 瑑]時，意思是指對人物事迹的記錄或道理的刊載，例如「人物傳記」就是對人對事的記載，「經傳」就是對經義道理的記載，所以這兩個詞組的「傳」應讀作[zyun6 瑑]，即「人物傳記」、「經傳」。

……「傳」有另外一個音，就是[cyun4 全]。讀作[cyun4 全]的意思是流傳。「傳説」的意思是流傳下來的説法，所以讀作「傳[cyun4 全]説」；「傳頌」的意思是流傳下來的頌讚，所以讀作「傳[cyun4 全]頌」；「傳奇」的意思是流傳下來的奇人奇事，所以讀作「傳[cyun4 全]奇」。

一方面，從意義上、句式上的類比，我們推演出「傳[cyun4 全]奇」的讀法，但另一方面，無綫電視劇集《民間傳[cyun4 全]奇》在我的年代是讀作《民間傳[zyun6 瑑]奇》的，我會採取包容的態度，「傳[zyun6 瑑]奇」不應取笑「傳[cyun4 全]奇」，「傳[cyun4 全]奇」也不應歧視「傳[zyun6 瑑]奇」。

我們知道，一個字詞的讀音根據，大體可分為兩方面：（一）學理上的根據，（二）約定俗成的根據。本文通過對「傳奇」詞義的考證，透過學者的論述，加上字詞典的立場，再觀察幾十年來粵語流行曲的「傳奇」讀音指出：「傳奇」讀成［瑑］奇，不單是一個約定俗成的讀音，學理上亦不輸［全］奇，甚至可能比讀成［全］奇更契合當代詞義。歐陽博士在文中卻有意無意將兩個讀音作出以下區分：

> ➤ ［全］奇一讀，是有歷史上、學理上的根據（因為可以「透過辭書、透過考證」得出，可以「從意義上、句式上的類比」來推演出來）；

> ➤ ［瑑］奇純粹是約定俗成的讀法（「我們大多數人都讀［瑑］奇」）。

就算不像何文匯等熱衷「正讀」學者般對「約定俗成」採取反對、痛詆態度並貶為「習非勝是」，不像讀音取向很明顯由何文匯主導的「粵語正音推廣協會」與香港電台聯手製作遊戲否定［瑑］奇一讀，**看罷歐陽博士全文，讀者恐怕會有［瑑］奇一讀並無歷史或學理根據的印象**。歐陽博士從「意義入手，決定哪個讀音才合理」，得出［全］奇一讀，也就是指［瑑］奇讀音於義不協。但李軍均《傳奇小說文體研究》透過辨析「傳奇」音義，明確指出［瑑］奇一讀適用於元稹小說篇名。也就是說，歐陽博士是指從事中國古代小說和文論研究的李軍均博士論證錯誤。李劍國《唐五代志怪傳奇敘錄》直指「傳應當讀作傳記之傳」，即歐陽博士也認為長期從事中國古代文學研究的李劍國教授的說法完全錯誤。歐陽博

士說透過辭書得出﹝全﹞奇讀音，也就是指包括《香港小學學習字詞表》在內的字典都收錯音（又或者他認為凡收﹝璩﹞奇的都不能算是辭書）。不僅如此，歐陽博士還指清代李漁說「傳奇」是「因其事甚奇特，未經人見而傳之，是以得名」錯、倪倬《二奇緣傳奇小引》說「傳奇，紀異之書也，無奇不傳，無傳不奇」錯。因為只有上述根據全部都錯，﹝璩﹞奇一讀，才能搖身一變，成為一個沒有理論基礎、純粹是我們港人「習非勝是」或「約定俗成」的讀法，而只有何文匯認可的﹝全﹞奇有根有據。於是我們面對一些人倚仗「正讀」之名否定﹝璩﹞奇，面對無綫電視全台﹝全﹞奇，面對港台的「正讀遊戲」和羅山的「正音講義」將﹝璩﹞指為錯讀此類大石壓死蟹的所作所為，便不應吭聲，不應「取笑」，反要「包容」了。反而，看到那些「透過辭書、透過考證」得出﹝全﹞奇讀音的人，不去「歧視」、「笑」我們這些讀﹝璩﹞奇的人，就更應感動流涕、自慚形穢了。

第五節　總結

「傳奇」讀「璩奇」，不僅符合原始詞義，亦係港人普遍讀音，更為市面流通字詞典，包括教育局的《香港小學學習字詞表》所收錄。「粵語正音推廣協會」以「正音」之名將﹝璩﹞奇判為錯讀，自是怪談。近年政府傳媒，紛紛迎合一些人的一面之詞，棄用﹝璩﹞奇，改讀﹝全﹞奇，令人極為反感。

　　對於「傳奇」一詞二讀，歐陽偉豪博士説是態度問題：他認為應採包容態度，［全］奇不要笑［琹］奇，［琹］奇又不要歧視［全］奇。這種態度，無疑非常取巧。

　　客觀現實是，［琹］奇是現時絕大多數人使用的讀音。學理上，綜上所見，［琹］奇絕非如某些學者所言屬毫無根據的誤讀。那麼到底［全］奇有甚麼立場去「笑」［琹］奇？反過來説，**一些有勢力人士，將一個沒有羣眾基礎的讀音［全］奇，進行鋪天蓋地洗腦式宣傳，強行植入社會，還試圖用所謂「正音」名號，將［琹］奇輕則貶之為「民間流讀」，重則誣之為「錯讀」，企圖用盡一切手段，消滅他們不承認或認為不確的［琹］奇。** 由此可見，［琹］奇早被［全］奇歧視夠了，歐陽博士要飾演「和事老」角色，説［全］奇不要歧視［琹］奇，簡直是無視現狀，或者是講風涼話。

　　傳媒機構以至政府帶頭將［琹］奇改讀［全］奇，動作之大，層面之廣，若説背後無人推波助瀾，恐怕難以置信。何文匯身為「粵語正音推廣協會」學術顧問，有該會與港台聯合製作的節目網頁遊戲將［琹］奇判為錯讀在先；何文匯身為 2009 東亞運動會口號評審委員會召集人，選出優勝口號「創造傳奇一刻」，但見所有政府宣傳聲帶都捨［琹］奇而讀［全］奇在後。到底一切純屬巧合，還是有人幕後發功，公眾當然無從知曉。市民當然亦不會知道，那個有證據顯示將何文匯「正讀」主張當成律法的「粵語正音推廣協會」，多年來到底曾經向幾多學子灌輸了「全奇是正讀、琹

奇是錯讀」的偏頗思想。

但是，同類事件，關注粵讀問題的人不會陌生。1981 年的「時間變時奸」事件，同樣是由一些人在枱底「傾掂數」後透過鋪天蓋地洗腦攻勢去灌輸民眾的「正音運動」。時至今日，仍有人將「時間」讀成時 [奸] 說成是「正音」、時 [諫] 則純粹是「約定俗成」而無學理根據的讀音。當年「時間」改讀先由香港電台主導，後來一些傳媒跟隨。今「傳奇」改讀，則見有政府和起碼兩家傳媒幫手。

時 [奸] 事件發生後，始作俑者劉殿爵教授在《明報月刊》撰文詳述論據，將時 [奸] 奉為正讀，抨擊時 [諫] 為毫無根據的錯讀。今日 [全] 奇一役，則有歐陽偉豪博士在《明報》撰文，將讀音以「學術考證」（[全] 奇）與「民間流讀」（[璇] 奇）二分。如果這正是政府或傳媒所聽，他們改讀，亦不稀奇：[全] 奇有「學理根據」，[璇] 奇純粹「習非成是」，任你選一個來讀，你會怎麼揀？

到底是歷史不斷重演，是人類總要重複同樣的錯誤，還是有人鍥而不捨地在「試水溫」？

容我再次強調，一個字音的對錯，可以討論。前章提到〈唐之「傳奇」正音及其他〉，正是論辯普通話中「傳奇」讀音之例。但在香港的畸型生態，「時間」也好，「傳奇」也好罷，其他讀音的情況亦同：**改變或推廣讀音，不是經大眾或學術界討論、贊成、自**

覺遵行的結果，而是由一些有影響力的人，黑箱作業，先斬後奏，夾硬塞入觀眾耳朵，再由這些人將讀音加冕，包裝成「正讀」，並大舉宣傳大家要「正音正讀」，透過將「他們認可的讀音」和「民間實際使用的讀音」扭曲成「對」「錯」之辨，誘使大眾盲從的結果。這展現的不是甚麼「正讀」風氣，只係一種文化霸權、讀音強姦。

詭異的是，三十年前，傳媒推銷時［奸］，市民尚會抵抗；今時今日，傳媒忽然［全］奇，卻似乎沒多少人注意。難不成，所謂提高「正讀」意識的教育，就是調教港人，令我們變成一班自動自覺接受「正讀強姦」的無意識扯線公仔？

當這些所謂「正讀」滲透校園，當學生被授以這些所謂「正讀」並習以為常，若干年後，他們便成為使用這些所謂「正讀」的中堅份子，成為「由細讀到大」的見證人。我們這些堅持本來有根有據讀音的人，反變成「習非成是」的衰人；而他們則成為站在「正音正讀」博士扭轉「習非成是」歪風的正義夥伴。一個符合某些「正讀」人士心意的「正讀生態圈」就此形成。

令人擔心的是先斬後奏、偷天換日的招數可能奏效。對政府、傳媒而言，「教壞細路」這個罪名，他們擔當不起。當有人將一些讀音奉為「正讀」，他們跟，準不會有錯，因為自然有人會協助他們向廣大市民確認、推廣這些「正讀」。

政府當然應該面對公眾質詢。但港台也算政府機構，該台《功

夫傳奇》播映期間，我曾發電郵查詢其「全奇」讀音原委，結果杳無音訊。正是笑罵從汝，正讀須我為之。

挾「正讀」自重者，可謂充份掌握人性心理。由此，有違常理的讀音，一經這種手段進入社會，便「易請難送」。

這又令我回想「約定俗成」觀點的問題。以何文匯為首的正讀學派無法否認語音約定俗成的事實，卻多番將「約定俗成」貶為「習非勝是」。我本來即使不甚同意，但亦明白「約定俗成」一詞很容易被人拿來做文過飾非的理由。倒是「傳奇」一役提醒了我，**「約定俗成」其實還有一個重要作用，就是維持語音在一段時期的相對穩定，是阻止一些別有用心的人試圖改變通用讀音的強力理由**。例如，如果我們尊重「約定俗成」，就不會容許有些人每隔幾年就搬出「時奸」一讀混淆視聽、製造混亂。若這個想法有理，則否定「約定俗成」的目的，會不會是有人想為自己以「正讀」之名引進、安插的那些日常生活根本不曾使用的讀音掃除障礙，以進一步鞏固自己的權威地位？

「傳奇」改讀比「時間」改讀「進步」的是，事件沒有人「承認責任」，沒有人為讀音改變做解釋，只有網上零星爭論。大概只要有關人等堅持不回應，然後繼續推行這些讀音，假以時日，這些讀音，即使不是一個習用讀音，大眾亦不會再感到奇怪。**當這些讀音因為長時間使用、大家聽慣了而接受，就是「正讀」派的勝利。這就是他們正在做的、一種人為的「約定俗成」，從另一方面看，即是「慢性洗腦」。**

香港人對自己的母語集體冷感，不問自己到底我們是否需要一個粵語獨裁者，最終粵音話語權為一些勢力人士據為己有，任意搓圓撳扁，是遲早的事。2011 年，多家唱片公司發行《香港傳奇》CD 合輯，所載曲目橫跨 30 年，乃香港幾代人的集體回憶。該專輯中收錄了許冠傑的〈世事如棋〉，其中一句「恩怨愛恨、世事如棋、每局都充滿傳奇」，大眾記憶猶新。可悲的是，產品的電視廣告，居然將《香港傳奇》讀成香港 [全] 奇。如此破壞集體回憶，廣告還敢用「香港人的歌、代表香港人的故事」作號召。

我的願望很簡單：政府及電視台「收回成命」，還「瑑奇」一讀一個公道。

補記：本書網頁版推出時，亞洲電視播放《李小龍傳奇》節目和重播港台《功夫傳奇》節目，報幕仍然讀 [瑑] 奇。一年後，本書修訂印行，亞視已經拾人牙慧，改讀 [全] 奇。

第八章
餘論

第一節　總結「正讀」問題

走筆至此，相信各位不難理解我對「正讀」的疑問。

標準問題

何文匯博士認為，粵音應該要有規範。但是，粵音以甚麼來做規範、要如何規範？學術界未有一致同識。而何文匯就自訂以《廣韻》等韻書做粵音正讀標準。

為甚麼「正讀」必須依《廣韻》？語言學者認同《廣韻》是擬定正音時必不可少的參考，是「上推古音、下推今音」的重要典籍，卻不盡同意要廣韻反切千秋萬世。以《廣韻》為正讀，除了肯定、鞏固廣韻反切的優越性，讓「從切派」學者可以肆無忌憚地否定我們的習用讀音、否定其他字典的價值、否定其他學者的研究、否定約定俗成的現實，成就一己權威之外，對我們有何好處？

　　就算遵《廣韻》為正讀，我們面對的其實不單是《廣韻》，還有例如其後的《集韻》、元代《六書故》、明代《正字通》等書。這些書典何文匯亦有參考。可是，**一個實際讀音，不見於《廣韻》而見於其他韻書，何文匯可以選擇不承認**。例如「冥」字不取《集韻》有收的「母迥切」，判為錯讀。甚至**一個《廣韻》有收的反切，何文匯一樣可以不承認**，例如「洱」字的「仍吏切」，何氏不收，等同判為錯讀。何博士為何一邊要人跟韻書、一邊否定韻書呢？可能這些字為數不多，但問題在於，一般人即使懂得反切，查找讀音時亦難以翻遍所有有載反切的書目；就算查了，何文匯又依然有權不承認這些讀音，然後指責大眾讀錯。那麼，所謂用韻書做根據，其實有甚麼意義？

　　語言變動不居，由中古音系統演變成今日粵語，各類聲韻，或有分化，或有合併。於是用廣韻反切切出粵音，就牽涉「推音」程序。同一個反切有時可以得出多於一個「理論粵音」。而**何文匯卻可以用一個自己承認、但不符現實的推音結果，推翻一個他不承認但多數字典有收而且符合現實的推音結果**。

　　不過，既然「正讀」說到底也是由何博士說了算，凡子俗子去爭拗怎樣才算語言變化、怎樣才算約定俗成，又怎樣才算習非勝是、怎樣才連習非也沾不上邊，恐怕毫無意義。最正確的做法，大概是人人先視我們日用的所有讀音為嫌疑犯，先做啞巴，待何文匯點頭同意說「可讀」時，大家才放心說話？

取捨問題

用《廣韻》做正讀的後果是會得出大量不適合日常生活使用的「正讀」，和與之相對的「誤讀」。我據《粵音正讀字彙》估算，這類「錯讀」字數大概有一千個。

何文匯將某些「誤讀」歸為「本今讀」、「正語音」，稱此舉是在「官訂韻書」範圍內「騰出空間」。這個分類的問題，其中一個就是**審出來的字音過於保守，與實際情況仍有距離**。且不談「誤讀」，以下舉幾個「正語音」的例子：

例字	正讀		口語音	
貓	miu4	苗	maau1	
	maau4	矛		
杉	saam1	衫	caam3	懺
僧	sang1	生	zang1	曾
杞	hei2	起	gei2	幾
昭	ziu1	蕉	ciu1	超
裏	lei5	里	loei5	呂

「貓」字，何文匯將符合韻書的[maau4 矛]或[miu4 苗]判為「正讀」，而[maau1]則是「習非勝是的口語讀音」。試問日常生活我們有幾多人會將「貓」讀[maau4 矛]或者[miu4 苗]？又有幾多人會將「僧侶」讀成「生侶」，將「杞人憂天」讀成「起人憂天」？把這些字的實際讀音視為「習非勝是的口語音」而不是取代

本讀的「今讀」，合理嗎？

> 有一本《現代中文詳解字典》，內地學者盛九疇主編，商務印書館出版，粵語注音照抄何文匯字表。該書第 674 頁「貓」字條下，只標何文匯提供的兩個「正讀」，即［苗］或［矛］，不收[maau1]音。

至於屬「誤讀」類別的，例如彌字只標讀[mei4 微]，「秘笈」的「笈」只標陽入調[kap9 及]音，「澆水」的「澆」字只標[giu1 驕]音，「洗澡」的「澡」字只標[zou2 早]音，都與大眾日常生活實際讀音相去甚遠。

那麼，我們為何非得接受何文匯對「非廣韻音」的取捨結果不可？

分類問題

有關「誤讀三分」還有一個懸而未決的問題。誠然，何文匯接受了好些我們「習非勝是」的讀音，但是，既然何文匯以《廣韻》做正讀的意志甚堅，這些「韻書音」，在他的立場，到底是否全部都可以讀？**「本今讀」的「本讀」、「正語音」的「正讀」，都是「正讀」，應不應該讀？可不可以讀？**

如果不應該，那麼將一堆「不應該讀」的讀音稱為「正讀」，然後呼籲大家「應該正音正讀」，豈不矛盾（現在沒有矛盾，只是因為現在何文匯一方要求「應該正讀」在客觀上的意義是「應該使用何文匯要我們使用的正讀」）？

　　如果應該，那麼若有廣播員將「貓」讀［苗］、將「蚊」讀
［文］、將「咳」讀[koi3 鈣]，甚至將「孕婦」讀成[jing6 認]婦、
將「哭泣」讀成哭[hap7 恰]，是否因為這些是「正讀」，我們便不
可指摘他用了一個不恰當（甚至其實可視為錯誤）的讀音？

　　如果何博士認為讀［認］婦、哭［恰］、有幾聲［鈣］這些讀
音確有不妥，請問我們可以用甚麼理由說服對方不應該這樣讀？難
道用字典？但何博士已經以身作則，示範了如何用廣韻音否定所有
字典有收的讀音。難道用「約定俗成」？對方一樣可以反駁：我們
的標準音早就記在《廣韻》，我們的粵讀已經俗成了，現在提出要
將例如「孕婦」約定俗成為［刃］婦、「咳」約定俗成為[kat7]，
只是希望一己錯讀得到別人默許、想要習非勝是。［認］婦根據
《廣韻》是「正讀」，只是我們全香港人讀錯、全香港字典收錯
音。他更可以說，現在出現了他讀的［認］婦和其他人讀的［刃］
婦兩個讀音，便有混亂了，這個混亂就是我們這些讀［刃］婦的人
不查字典（指正統反切字典）之過。既然如此，我們便應該全部讀
成［認］婦，來避免混亂。為何要讀［刃］婦的改讀［認］婦而不
是相反？因為［認］婦是正讀，有《廣韻》「以證切」做證，而
［刃］婦只是我們想習非勝是的誤讀。既然我們知道甚麼是
「非」，為甚麼不改過，反而要去文飾這個「非」，再希望「非」
成為「是」或勝於「是」呢？而且［刃］婦是沒有根據的，沒有根
據的「非」是多方的，還不如用韻書做根據。面對這種情況，我們
如何應對呢？還是何博士其實根本不會考慮去應對，因為**何博士根**

本就希望這種情況發生，根本就認為廣播員以至全港市民應該使用、教師應該教師生[jing6 認](孕)婦、[aap9 鴨](壓)力、[miu4 苗](貓)狗一類讀音，根本就認為無論是「本今讀」、「正語音」，只要是「正讀」，都應「可改則改」，只是時機未到，才暫時放這些「誤讀」一條生路？

何博士說過，錯讀要不要改，還須每個字斟酌。但香港社會「以《廣韻》為正讀」的陰影籠罩之下，不改，就好像成了「支持錯讀」的罪人。到時候，誰還敢背負「支持錯讀」此一「千古罪人」的惡名去支持例如「臉」不必跟《廣韻》讀［簽］？

教學問題

何教授的「正讀」又會引起教學上的問題。例如何博士建議教初中學生反切，但反切要不要與「正讀」劃上等號？教師教反切，應不應該像何博士般，以《廣韻》為「正讀」？

何博士的「正讀」的相反，不等於錯讀。「正讀」的相反，只是「非正讀」。而「非正讀」不一定錯。但要教初中甚至小學學生這個概念，會否使他們更加混亂？若教師如此教學生：「阻止」的正讀是[zeoi2 嘴]止，只是因為習非勝是，[zo2 左]止便成為今讀；這個今讀的［左］音，是誤讀但又不算誤讀；不算誤讀但又不是正讀，因為［嘴］音才是正讀。但現在你到街上說［嘴］止，對方一定說你這是誤讀，因為這個正讀是本讀，最好還是使用［左］這個

本來屬誤讀的不是正讀的今讀。那麼到底以《廣韻》為正讀，對錯界線，是清晰了，還是模糊了？

又或者，若有教師學何文匯叫人友「誼」不能讀友［而］，又會如何？如果學生嘗試查字典求證，例如查《李氏中文字典》、《商務新詞典》、《香港小學生中文詞典》、《廣州話正音字典》，發現這些字典都收［而］音，有些更不收［二］音，那又怎麼辦？又例如「喋」字，何博士要人讀［揲］，但我查了三十多本字典，沒有一本有收這個讀音。**教師是不是要說，這些字典全部收了錯音，遺禍民間，凸顯各大中小學生，應人手一本何文匯博士的《粵音正讀字彙》，以為必備權威良書，並將其他字詞典全部焚毀，甚至要將這些字典編者活埋土中，才是恰當？**

若我們真的不必字字跟《廣韻》，又何必要向學生灌輸「以古為正」的概念？古人全都讀對，今人則幾乎講句話都有一兩個字「讀錯」，再由何博士恩准習非勝是，成何體統？1981 年，港台聽從「正音」人士的指示，將「時間」改讀成時［奸］，然後有為人父親者向報紙專欄作家投訴，謂他在學的兒子笑他將「時間」讀時［諫］是讀白字。莫講「時奸」是否古音尚存疑問，「以古為正」的概念一旦植入下一代腦袋，他們便大條道理拿着《廣韻》指控老師、長輩人人讀錯字。這又如何是好？抑或這又正合何博士之意，透過此一「教育革命」，學生由下而上，批鬥師長，從而推翻所有不合反切的粵音，打倒要求當今字典改善注音以切合社會實際需要的牛鬼蛇神？

337

第二節　騎劫正讀

上一節是我對「何氏正讀」機制的一些疑問。但我對「何氏正讀」的最大不滿，並不是他的「從切」立場，或在這種立場之下審出來的讀音。每一位學者（甚至每一個人）都可以對「粵音正讀」問題發表意見。既然何文匯根據自己定的體例審出粵音，這套粵音就是他體例的一部份。一如其他字詞典，承認甚麼讀音、不承認甚麼讀音，審音者/組織自有其決定權。我不會野蠻到因為何博士審出來的音不合我的心意就寫書去質疑他。

我最不滿的是，提倡「正讀」，其目的理應在於喚醒大眾對待語文的端正態度。但是，何文匯和他的弟子在正音正讀節目中，卻有意無意**將「對待語文的端正態度」與「何文匯審出來的讀音」混為一談，捆綁銷售**。所以，你一將屋簷讀成屋［蟬］、一將冥王星讀成［皿］王星，就是衰人了；你認為屋［蟬］沒問題、［皿］王星沒問題，就是對待語言不認真、不查字典、中文水平低落了。

正如之前提過，接受何文匯的「正讀」，不但代表我們要接受《廣韻》就是今天粵語正音的最主要根據，還代表我們接受何文匯對廣韻反切的篩選結果、接受何文匯對其他韻書（如《集韻》）反切的篩選結果、接受何文匯的中古音至粵音演變推導結果、接受何文匯對與韻書不符的讀音的分類結果，甚至接受他對與《廣韻》無涉的讀音審判權。若這些學者以「支持正讀」為名、「支持何氏正讀」為實，即如黃念欣、張錦少在節目中「罷黜百家、獨尊何

氏」，那其實只是想大家將粵語每個字應該怎麼讀的決定權交到何文匯一人身上。難道這就叫「對待語文的端正態度」？

而且，就算「以《廣韻》為正讀」真的比較合理，現在的情況卻不是何博士與中大學者齊齊站出來拉票，呼籲大家支持他們「以《廣韻》為正讀」的主張。**他們是利用傳媒優勢，偷樑換柱，將「以《廣韻》為正讀」這種主張當成公認標準，然後用這套標準在「正音正讀」節目中論斷我們的讀音。**

正讀問題固然可以很複雜。但如果將「正讀」化繁為簡就是將粵音生殺大權交到少數人手上，我不能接受。更何況，這少數人，不由人民授權，而係自立為王。

明明是「私說」，居然暗渡陳倉，當成「公理」，透過傳播媒介，影響（甚至誤導）羣眾。如此騎劫「正讀」，是我對何文匯一派最大的不滿。

第三節　本書商榷的讀音

本書所論及我認為值得商榷的字音，自然不是我心中覺得「不應該視為錯讀」的全部。這些字音，有一些是目前被傳媒「正」得如火如荼的讀音，又有一些是因為其象徵意義：

> ➤　　「冥」字顯示了學者可以選擇性跟韻書，令韻書音變成錯讀；

➤　「桅」字顯示了廣韻反切可能導出多於一個讀音，但學者可以選擇性只承認其中之一，令實際讀音變成錯讀；

➤　「洱」字就顯示了《廣韻》有時會給出多於一個讀音，但學者可以只承認其中之一，令另一個符合實際情況的正確讀音變成錯讀；

➤　「跌」就是用一個不合反切、即所謂「習非勝是」的讀音去否定一個可算是合於反切的實際讀音的問題；

➤　「聿、唉」等字突顯學者可以用反切盡情否定全港大小字典，以及學者唯何文匯獨尊的問題。其中「聿」字，不同學者對反切推音見解不同而得出不同讀音，但學者獨取何文匯。

所舉的「正讀」例，重點不單在所討論的字本身，還可以透視出（一）我們如何看待異於字典（有些甚至只是異於「何氏正讀」）的讀音的問題，和（二）使用何文匯正讀造成的溝通問題。

關於第一點，從傳媒選擇讀音的心態可見一斑。傳媒在面對一字多音時，明顯缺乏語言「約定俗成」和「溝通為本」兩個概念。又或者他們本來有這兩個概念，卻被一些學者的「《廣韻》大晒（或何文匯大晒）」立場影響而沖洗得一乾二淨。

或有人認為，「語言是為了溝通」這種主張是漠視了一個語言的歷史傳承。固然，語言經歷長時間發展，慢慢建立了更高層次的文化內涵，單純視之為低層次的「工具」，似有偏廢。但我會想，如果語言連最基本的「溝通」功用也無法達成，如何去傳播更高層

次的文化思想內涵？

從本書所舉例子可見，**傳媒決定改變一個讀音時，不見得有參考諸家意見，而只是盲目追求所謂「正音」**，甚至過份到不惜置溝通於不顧。這種心態，實不利於語言的社會應用。

我認為何文匯在這個問題上有一定責任。何博士説，不查字典會引致讀音混亂。例如他在《廣粵讀》中以「隅」字為例，用在人名時有主持讀[jyu4 如]有主持讀[jyu6 遇]，令人無所適從，妨礙溝通。但何博士也不要忘記，像機構、冥王星、雛菊、喜鵲這些詞的讀音，大眾是從來沒有甚麼「混亂」的。倒是有人強行將一個不常用的字音，以「正確讀音」之名，帶入社會，造成「一字二音」現象，才令人無所適從。至於「時間」、「傳奇」一詞，到底是本來就混亂，還是有人以「正讀」為名無風起浪，大家亦心中有數。難道一個字音是「錯讀」就可以用「會造成混亂」為由撥亂反正，但一個字音只要是「正讀」，就是「大晒」，製造多大的混亂也無妨？敢問何文匯博士，機[kau3 扣]比諸機[gau3 究]、[ming5 皿]王星比諸[ming4 明]王星、[co1 初]菊比諸[co4 鋤]菊、時[gaan3 諫]比諸時[gaan1 奸]，**用後者的所謂「正讀」，到底是在避免混亂，還是製造混亂？是可以幫助溝通，抑或只會妨礙溝通？**

第四節　正到變歪風

當大眾對於「正音」問題，停留在鸚鵡學舌階段，而不去探求

341

真相，會有怎樣的結果？我從 2005 年《香港經濟日報》一篇副刊
文章中看到端倪。這篇文章講述一位小男孩，為博「上報」，便以
「正讀」來吸引專欄作者的注意。小男孩說他有「一隻茅」。作者
奇怪，甚麼是「一隻茅」？小男孩希望他告知答案後，作者能將他
的名字寫入文章。作者答應了。於是，小男孩滿足地道：

> 茅即是貓，老師說我們一向把許多字音也讀錯了。

我看到這句當堂噴飯。那位專欄作者也大驚，望望當老師的姊
姊。我還以為男孩不懂事，當老師的應該有點學識和常識。豈料據
這位作者描述，那位作育英才的教師居然點頭同意男孩的發言。之
後，男孩再舉出一些「正讀」，例如「大嶼山」正讀「大罪山」
（無視全港市民的習用讀音）；「小販」正讀「小泛」（無視粵音
某些字會變調陰上聲）；「友誼」正讀「友義」（無視二十多本字
典已接受［而］音）。於是，作者連番受挫，「買了一本《粵音正
讀手冊》苦讀」（「粵音正讀」，香港經濟日報，2005/4/15）。

這正是我之前問我們該如何看待「本今讀」的「本讀」、「正
語音」的「正讀」的原因。何文匯博士奉《廣韻》為圭臬，將圭臬
音稱為「正讀」，賦予自己無上權力，非議港人「錯讀」，否定市
面所有字詞典的注音，繼而不斷詆譭《廣韻》之後的約定俗成，但
凡約定俗成都只是習非，未過何文匯一關，仍未能成是（或勝
是）。於是，港人動輒得咎，對母語信心盡失。

可是，就算友［義］真的對了、［鋤］菊真的對了、［腰］怪

真的對了、鬆［始］真的對了，而經過「正讀」學派落力洗腦和傳媒推波助瀾，這些「正讀」，真的成為日常習用讀音了。大家以為這就是「正讀」運動的重大成功，可以圓滿閉幕？

切莫忘記——港人錯讀字音乃係「不勝枚舉」。何文匯博士在書中「隨便」舉出一百個錯讀，僅屬冰山一角。如是者，此一「正讀」理論，實則亦為這些學者打開大門，讓他們可以不斷用《廣韻》攻訐港人這個音讀錯、那個音讀錯。誰能保證大家將何博士舉出的一百個日常錯讀都讀對了，事情就會結束？如果人人都讀對，就不會有「權威」了，誰敢擔保沒有人會改為抽秤餘下那幾百個不符《廣韻》的「非正讀」，去維持一己之「權威」？

我不是說何文匯會這樣做。何博士應該不是那麼不可理喻。他在《毛孟靜 30 訪》中承認(P.236)：「要改正之餘，不能造成太多騷擾。若果字字都改（正發音），就會好似講另一種語言。」

我想說的是，何博士所「正」之字音，一來確已造成太多騷擾。二來誰能保證沒有人會繼承何博士衣砵，卻要將他認為已經「無法還原」的讀音悉數還原？誰又能保證電台電視台不會製作節目協助那些人宣傳？請問何文匯博士，如果有人要社會上的人將鰻字改讀［文］、貓字改讀［苗］、鍋字改讀［戈］、蔬字改讀［衰］、蝸字改讀［瓜］，我們是否不能說他們錯，而且還要接受這些讀音以「正讀」為名，慢慢淘汰我們的習讀？

有人可能覺得我是在杞人憂天。但既然今日已經有傳媒不惜放

棄語言的溝通功用去成就一個人稱為「正」的讀音，我實在認為他們讀［文］魚飯、［苗］狗、［衰］菜不是甚麼不可思議的事。

何文匯博士既以《廣韻》為圭臬，是不是應該交代一下，他到底想要一個怎樣的結果？如果《廣韻》這麼對，約定俗成那麼錯，我們又如何可以說服那些以《廣韻》為圭臬的人，蔬菜不必亦不應讀［衰］菜？到底何博士舉出一百個我們日常錯的字，是餐後甜品，抑或只是前菜；前菜吃完，再上正餐？

第五節　何文匯的苦心

本書好像將何文匯的「正讀學說」批評得很厲害。我固不認為何文匯「正讀」是解決粵音異讀問題的最終（或最佳）答案。這不是要指出他的「正讀」學說錯誤，而是要指出他的「正讀」學說並不因為《廣韻》而比其他學者的取向神聖、崇高、正確。

我寫本書的目的不是要將何文匯塑造成「衰人」、「奸人」來打倒。因為一來我不認為他要當「正讀沙皇」，二來假設他要搞獨裁，如果大眾對粵讀問題依然漠不關心，隨波逐流，今日打倒了何文匯，誰能擔保他日沒有張文匯、李文匯（只是舉例，對姓張姓李又名文匯者沒有貶意）？

有人說，何文匯在粵音教學貢獻良多，所以「話事權」亦較大。持此論者的看法是：由於何博士由於在推廣「粵語正音」（這

裏指吐字清晰，即糾正「懶音」）有貢獻，於是我們便應該接受「買大送細」，犧牲我們的習用讀音，去迎合他的「正誤」標準，以報答他為粵語文化出力。這點恕不苟同。

何文匯博士想我們以「最好」為標準。我不知道何謂「最好」的標準，但其實我不介意有一個標準，甚至不介意有一個「較嚴」的標準。可是，我卻無法接受有人欲霸佔「最好」和「從嚴」定義的話語權。至於透過隱諱歷史和傳媒洗腦手段，將一些人心目中的「最好」強加於人，我更無法認同。畢竟若大眾不明白「正讀」的用意，只是聽有人說週［預］便去跟；有人說時［奸］便去跟；有人說［鋤］菊便去跟，最終社會只是培養出一批易為獨裁者家長式統治的傀儡而已。有甚麼值得高興的呢？

我不認為何文匯博士要成為「正讀獨裁者」，因為他的著作清楚揭示了古今音變。只要稍有看過他的正讀理論，只要看了之後有稍微思考過，我相信絕不會得出何文匯的「正讀」就是絕對的、唯一的答案。社會上很多人將何文匯的「正讀」當成一個絕對標準，不跟從只是「習非成是」，跟從就因為是正確讀音所以「無得拗」，正好應驗了何文匯對一些人「不讀書」的批評。

亦因如此，我在寫作本書時非常躊躇。我不懷疑何博士的好意，卻對他諸多批評，會否過份？

可是，我始終未能接受現時這種「正讀」必須跟《廣韻》的標準，因為要完全依照《廣韻》上的反切去發每一個音是不可能的。

將《廣韻》與正讀劃等號，其後的約定俗成都是錯誤，無形中便剝奪了以「約定俗成」維持語言穩定的作用。如此一來，終究免不了會有別有用心的人利用「正讀」之名將粵音搞得天翻地覆的一天。

可以向自己交代的是，本書文章不盡是針對何文匯，現時社會上的「瘋狂『正讀』」心態，亦係重點。加上他接受《東周刊》訪問時說過歡迎各界挑戰，「鬧我的人就要找資料反駁我，變相看更多書，總好過不出聲，鬧得啱，我便去改；唔啱，我就一笑置之」(2010/11/10)。何博士寬宏大量，亦令我落筆時少一分顧慮。

第六節　正讀學者的美意

同樣地，我對那些宣傳「正讀」的學者並無怨懟。

客觀現實：他們以屬於自己專業領域的「博士」、「教授」身份去發言，肯定能比一般人更能輕易地獲得他人信任。他們的頭銜，是知識份子、學問淵博的象徵。既然如此，我認為，相對來說，對這些「博士」、「教授」有較高的要求和期望，亦合情合理。畢竟，他們比一般人更容易在接觸面廣的大氣電波亮相，他們說一個讀音是錯音，輕而易舉；其他人要指出他們的說法錯誤，不但要花更多時間查證，而且恐怕枉費心機。因為一般人難以像他們在電視電台為一個讀音平反。

而現在他們卻利用這種優勢去宣傳獨裁主義。一個字的讀音，

可以討論，可以爭拗。可能學理上何文匯擬出的讀音真的史上最「正」（雖然大家已經明白語言沒甚麼絕對的正誤）。但是，現在的「何氏正讀」，不是經所有學者認同後，推廣大眾，卻是一些學者，將何文匯擬出的讀音當成普世價值、公認標準般，在標榜「正讀」的電視電台節目中，廣為散播，並引導觀眾和他們一起同仇敵愾，去禁讀一些廣為大眾接受、其他學者承認、字典有收的實際讀音。坦白講，我對他們如此利用大氣電波協助何文匯做正音獨裁，反感至極。

更令我不能釋懷的是，何文匯和主持這些「正音正字」節目的學者予我一種感覺：他們在書中和在學術論壇的言論，比較開明，比較願意承認語言發展的現實；他們面對一般觀眾時，卻會毫不猶豫地教觀眾遵用實際上是「何氏音讀」的所謂「正讀」。

其中一個「開明」例子，可數歐陽偉豪博士在香港大學語言學節 2007 學術論壇上回覆有關「正音正字風氣會否矯枉過正」的言論。他說大家可以當這類「正讀」是「多一個標準」、「打破凡事只有一個標準的情況」，認為兩個標準（即民間的讀音和這些學者宣揚的「正讀」）大可並存。但是歐陽博士大抵沒想過：

➤ 你們在大眾傳媒義正詞嚴搬出《廣韻》糾正我們的「錯讀」時，可曾說過這只是「其中一個標準」？即如在《最緊要正字》，黃念欣要我們將「聿」讀［月］，張錦少要我們將「唄」讀［麗］，幾時講過這只是「標準之一」（且不提這個「標準之一」與其他「標準」大相

逕庭）？

> 在兩個「標準」之中，何文匯的「標準」除了宣揚他的「正讀」，還不斷指我們的「標準」是錯讀，不斷打壓、詆譭不遵用他們「標準」的人是讀錯音、想要「習非勝是」。例如他們在港台的《粵講粵啱》節目，透過演員之口，嘲諷一位將校刊讀成校［罕］的人，說校[hon2 罕]很罕有、校[hon1 頃]則每所學校都有時，這個「標準」幾時有與這百多年來的「其他標準」「並存」過？我七年中學生涯中，只有「校刊（罕）」，沒有「校頃」。請問校刊讀成［罕］有幾「罕有」？更何況，世界上有哪一種語言可以容許某個「權威」説自己擬出的讀音是「正讀」，整個社會就要接受這個「另一個標準」並存？

張錦少博士在《最緊要正字》中不是説，雖然大家將「唳」讀成［淚］、雖然所有字典都將「唳」標讀［淚］，但何文匯指出「正讀」是［麗］。由於他是權威，權威一定對，所以就是其他字典錯，我們應該重新改變約定，遵照何博士決定的「正讀」，一齊改讀［麗］。這樣説雖然霸道，但總算講出事實。張博士卻是説：唳是「有啲人」讀錯成［淚］、不應該讀成［淚］。恕我讀書不多，粗人一個，搜索枯腸，實找不到有甚麼文雅字眼可以形容學者這種作為。

在幾百萬觀眾面前主持節目「獨尊何氏」後，在一個大學學術論壇遇到反對聲音，就溫和地建議我們不妨接受「多一個標準」？

我只覺得是既得利益者在講風涼話，「神又係你鬼又係你」。這中間的是非曲直，就算不懂音韻學知識，相信亦能判斷。

第七節　傳媒與社會責任

無綫電視的配音部門忽然改變讀音取向，禁絕了許多日常使用的讀音，作者不服，於是決心尋找何文匯「正讀」真象。如果沒有電視台如此離譜地搞「讀音淨化」、宣稱此乃「教好下一代責任」使然，令我忍無可忍，也不會有此書跟「粵音正讀權威」和傳媒這些財雄勢大的實體過不去。

曾經遇到有人為電視台抱不平謂：他們要正音，是盡責之舉，是好事，我不應該批評他們。

不錯，傳媒對一個字的讀音認真，是盡責之舉。

但是，他們引入的很多字音，實際上社會已經不復此讀。他們未做「統讀」前，「構」大多數配音員讀 [扣]，「冥王星」、「冥界」的「冥」只會讀 [皿]，正是例證。在未搞「統讀」之前，他們使用的，正是社會的習用讀音；而這些讀音，雖然不符《廣韻》，但變化既成事實，字典也不得不承認。連字典也承認的讀音，為甚麼一「認真」一「盡責」起來，就是否定既存事實，要整個部門的讀音跟從變化出現之前的讀音？

又有人跟我說，一個部門，不搞「統讀」，甲讀甲音，乙讀乙

音，觀眾會混亂。

這種說法，不是沒有道理，卻正正顯出某些「統讀」的無謂。

第一，諸如「構」、「購」二字，讀[扣]還是讀[究]？絕大多數人讀[扣]。讀[究]的，主要是報新聞的人。真要混亂，拜這些人所賜，觀眾早混亂夠了。「統讀」之前，我聽配音節目，絕大多數人讀[扣]。換言之，在配音節目的「小世界」，反映了現實這個「大世界」中讀[扣]比讀[究]者多的事實。你不統一讀音，「小世界」和「大世界」一樣，不會增加任何混亂。你在「小世界」統一了讀音，大眾要混亂，依然會混亂。但其實這種「混亂」沒有想像中嚴重，因為讀[扣]的人佔了大多數。可是他們一「統讀」，居然是用一個罕用的[究]音，取代一個絕大多數人使用的、大多數字典接受的、教育署《常用字廣州話讀音表》建議使用的、《廣州話正音字典》唯一接受的[扣]音。這就令一些不知就裏的觀眾混亂，他們會開始懷疑自己本來讀的[扣]音不是正確讀音。觀眾難免會想，如果本來的讀音正確，電視台何須傾盡全台之力去消滅、抹殺、摧毀這個讀音？

第二，比如「冥」字，冥王星、冥鏹，大家一見其字，即知是讀[皿]王星、[皿]鏹。雖然收錄[皿]音的字典的確較少，但這個字的讀音在社會一向沒有甚麼混亂，「統讀」之前的配音員也沒有「甲讀甲音、乙讀乙音」——我翻看一些八九十代播放的動畫、劇集，「冥王」、「冥界」，人人都讀[皿]王、[皿]界。哪裏有人讀[明]王、[明]界？那麼，這個字音，有甚麼需要按

字典「統讀」呢？這些字音，沿用習讀，除了何博士和某些中文大學學者不高興，對社會又會有甚麼不良影響呢？

所以，這裏的問題不在「應不應該統一讀法」，而是**「統一讀音」、「對讀音認真」不能成為用這些罕用讀音來做「統讀」的合理辯解。**他們用這些讀音，不是避免混亂，反是製造混亂。

傳媒不一定向大眾灌輸準確的訊息。張群顯教授說"Just because the media at large have their own agenda, the community should not entrust them to be *the* agency for language planning" (張群顯 2008)，可圈可點。如果人人拒絕思考，人云亦云，隨波逐流，當一些有機心的人掌握話語權，社會將會步向集體愚昧。

本書的電子版本發表約半年後，何文匯再於《明報影片網》網站主持「學好語文」專欄，講的自然是「正音正讀」。2012 年 1 月 19 日，何文匯博士談到反切問題，有此一段(http://goo.gl/QMoQD)：

> 沒有了韻書幫助，我們現在的粵語讀音很容易受北方官話讀音影響。同時，我們又會望字形、生字音，甚至顛倒平仄而不知。例如「醫療」的「療」，是陽去變陽平；「遴選」的「遴」，是陽去變陽平；「搜查」的「搜」，是陰平變陰上；「棕櫚」的「櫚」，是陽平變陽上；「玫瑰」的「瑰」，是陰平變陰去。這些習非勝是的讀音，可說是沒有人再願意去改正。不過讀古典詩詞時，我們還是有責任將這些字的平仄還原，以免厚誣古人。

我非常同意讀古典詩詞時應該按照平仄還原讀音。但日常講

話，例如「櫚」這個字，一般都以詞語「棕櫚」的姿態出現，而「棕櫚」一向慣讀棕［呂］。無綫的配音組現在正是以「教育下一代」為名，堅持在一般節目將「棕櫚」的「櫚」讀做陽平聲的棕［雷］(獅獅緣何叫廢廢，星島日報，2010/10/8；這個讀音我亦不止一次親耳在 J2 台的配音旅遊節目聽到)。何博士大抵潛心學術研究，無暇看電視，不察有電視台整個配音部門為了「改正平仄」，仆心仆命地堅持「冥」要讀平聲的［明］，和將他認為「沒有人再願意去改正」的「櫚」改「正」讀［雷］。反過來說，讀者必須警覺：將來電視台［明］王星慣了、棕［雷］樹慣了，可能就會轉去搞其他讀音，包括醫療讀醫［廖］、遴選讀［吝］選、搜查讀［收］查、玫瑰讀玫［歸］之類，以繼續彰顯其「教育下一代責任」。

> 《正字通》瑰字有收［貴］音。不過你知啦，他們根本就大晒，可以不承認的嘛。

當然，傳媒堅持這些讀音，可能涉及其他因素，例如面子。但這不屬本書的討論範圍。「正讀」問題，傳媒確有責任，但他們的責任理應是帶出相關問題，深入探討，而不是一味灌輸某一方面的立場，去操控市民的認知。誠心希望傳媒機構若真有「教育下一代」的承擔，可花一點時間看看竺家寧教授在《古音之旅》「語言沒有絕對的是非」中的一段話(P.137)：

> ……一部好的語文字典應該每隔二、三十年就要做一次徹底的修訂，才能發揮字典社會性、實用性的功能。如果過分熱心糾正某一種社會習慣的「錯誤」，結果帶來的不是建設，反而是語文的混亂。……我們應該了解：語言只有運用的習慣，而沒有絕對的是

非，既變之後，要再「復古」，既沒有必要，也是不可能的。清朝有顧炎武，他就犯了這樣的錯誤。他是第一位把上古韻部歸納出來的學者，當他完成這項工作的時候，興奮的說：「天之未喪斯文，必有聖人復起，舉今日之音而還之淳古者。」他正想擔負起這個「聖人」的工作，要大家都改口，回到那個沒有變化的唸法，結果他失敗了。

如果，社會習慣和字典不同的時候，誰是標準呢？我們應該依照字典的「標準」而改口呢？還是字典應依羣眾的「標準」而修訂呢？你可曾想過，字典的「標準」從哪來的？不就是從早期羣眾的口記錄下來的嗎？……那麼，誰才是「標準」，不是很明白了嗎？

第八節　粵音與廣韻

反對單限《廣韻》做正讀標準，並非叫大家不必理會韻書，更不是主張大家可以亂讀字音。我在本書各章分析讀音問題時，可以列出《廣韻》反切，並據此解釋某些讀音變化軌跡，證明一些讀音其來有自，正因粵音與古音關係不可割裂。

有語言學者用樹來比喻古音和今音的關係。中古漢語是樹幹，現在的粵語、普通話、閩語等方言就是樹枝。不同的方言有其各自發展軌迹。

古韻書將讀音分為平、上、去、入四聲，粵音亦分平、上、去、入。古聲母分清濁，今清濁化作陰陽，並非無因，因為發濁音時，調值無可避免會較低。粵音平上去入俱全，而且與中古聲韻對

應甚好，也就是説，只要學會辨別聲調，絕大部份字詞，都能憑粵音聲調，知道古時的平仄關係。國音由於「入派三聲」（即入聲塞音韻尾消失，聲調分置平、上、去調），要分辨今日的普通話平聲到底古時屬於「入聲」的仄聲還是「平聲」的平聲，便得靠一些法門、一堆規條，和面對不少的例外。

粵音九聲六調，有豐富的音樂感，而入聲的急促收音則賦予粵語節奏感（急促二字，正是入聲）。於是，我們將古人詩詞讀出來，聲調抑揚頓挫、鏗鏘有節。

與入聲韻尾-p/-t/-k 對應的陽聲韻尾是-m/-n/-ng，此一關係，亦合古音。普通話的[-m]韻尾已經併入[-n]，合口韻尾不存，於是「藍」「蘭」同讀。

粵讀存古，不單在聲韻上，還在用語上。即如我們講「食」不講「吃」，孔子説「食不厭精」（論語·鄉黨）；我們不説「喝」而説「飲」，《孟子·告子上》亦説「冬日則飲湯，夏日則飲水」。我們説「幾時」不説「甚麼時候」，如同蘇軾《水調歌頭》寫的「明月幾時有？把酒問青天。」

凡此種種，都顯示將粵音與古漢語的歷史割斷，是不符事實的。我反對現時的「正讀」風氣和何文匯的「正讀」取態，不是要叫大家將語言與傳統文化割裂，而是呼籲這些操控讀音的傳媒和學者，不要太過份。

「存古」不一定代表「好」或「不好」。但是，正如我指出，

如果某些讀音已不復古音，不必強行以「正」為名復古；反過來說，既然粵音有「存古」的事實，我們便不必妄自菲薄。我曾經在電視一個兒童節目看到一個「普通話唱唐詩」的影片，唱的是唐代駱賓王七歲時作的《詠鵝》：「鵝、鵝、鵝，曲項向天歌。白毛浮綠水，紅掌撥清波。」「鵝[ngo]」、「歌[go]」和「波[bo]」的粵音韻母都是[-o]，但用普通話讀，「鵝[e]」、「歌[ge]」卻與「波[buo]」不押韻。而這個「普通話唱唐詩」教材的對象，居然是那些以粵語為母語的學生。

至於政府委任的課程發展議會以「使用普通話教授中文」作為「議會的長期目標」，企圖將粵語摒除在「教授中文」門外、將普通話與「中國語文」劃等號，令下一代以為只有普通話才有教授中文的資格，逐步將我們的母語貶為只限「不正式」場合使用的語言，目的為何？可謂天意難測。

何文匯說，在朗讀古詩詞方面，粵音承擔了重要的使命。誠然，南方方言不獨粵語保留古音韻特徵。但我覺得以粵語（而不是普通話）為母語，即使不用來朗讀古詩詞，仍不是甚麼應該自悲的事。問題是，我們不能期望政府會為粵語出甚麼力，而港人對母語的認識有多深？正是因為很多人對自己母語的價值渾然不覺，所以隔籬飯香，成日以為普通話高尚優雅，粵語平庸低俗。於是家長便急急送子女去用普通話讀孔孟之言唸唐詩宋詞矣。

黃氏在 2010 年 8 月號《信報月刊》呼籲各界擱置粵語正音問題問題的爭論，並集中應付當前的粵語危機——即教育當局試圖引

進「用普通話教授中文科」，將粵語摒除於「教授中文」門外。黃氏並著有《保衛粵語·保衛方言》和《粵語古趣談》系列，詳述粵語在聲韻字詞方面普通話不可比擬的特色，值得關注「粵語保育」者一讀。但我想，探討「正音正讀」問題，不一定會分散注意力。我深深希望粵音正讀問題的爭議可以令人認真審視粵語的價值。我不知道會不會有人願意如黃氏所說去「保衛方言」，但既然要保衛，就不能止於單純將之視為一種口號，而對自己在保護甚麼、捍衛甚麼一無所知。

為一兩個字的讀音問題「拗餐飽」並不可怕。最可怕的，是因為覺得事不關己，又或者因為已經麻木，而全民噤聲。

第九節　結語

之一

或有人會期望我在本書提供一個「正讀」的終極答案，好讓大眾跟隨。可惜我沒有。正如我相信沒有人能為「正義」給出一個終極說法一樣，「正讀」其實並沒有甚麼「標準答案」。說到底，語言是屬於一個羣體，這個羣體決定他們使用的語言的將來。

本書討論字音的取捨問題，反映的自然是我的立場。但請緊記，我絕不是甚麼「權威」。相比「我擬出了正讀，大家跟我讀吧」，我更期望社會能有一個更加正常的氣氛去探討正音正讀問

題。我在本書不厭其煩地引述諸家觀點，列舉不同字典的收音現實，正是希望大家能用更廣闊的眼光去思考「何謂正讀？正讀應該何去何從？」的問題，而不要被一些陰濕說法牽着鼻子走。在我看來，大眾不懂甚麼是「正讀」，雖然不能說是好事，但也未必是甚麼壞事。不懂甚麼是「正讀」卻高舉「正讀」旗幟的人才是最可怕。我看到無綫電視將「冥」讀 [明]，消滅一個有二千幾年歷史根據的 [皿] 音，卻聲稱這是「教育下一代」，而觀眾又不覺得有問題，反而因為電視台或何文匯說是「正讀」就拍掌叫好，就覺得非常恐怖。

之二

語言學者可以選擇以一種「食花生睇戲」心態去觀察語言變化：他們會描述語言的改變，但不會參與其中。也就是說，他們不會阻止任何變化，亦不會促成任何變化。有些學者不安於「旁觀」立場，希望盡一己之力，去介入、扭轉一些他們無法認同的變化。

我不是語言學者，也不反對為粵語定一個標準音，因為這對粵語作為教學語言尤為重要。問題只是，這個標準是如何定出來？由誰定出來？有沒有上訴機制？有沒有變通餘地？如何提出修正？抑或標準一出，粵音底定，永不更改？都是問題。

從電視電台的正音正讀節目中，我總有一種何文匯和中文大學學者的立場就是要行「帝制」的印象。他們認為粵音正讀的決定權

應該交到何文匯一人手上，亦認為香港人應該順服於何文匯擬出的所有讀音。但我懷疑到底一個膜拜權威的「正讀」社會，對於粵語發展是利還是弊。

之三

這幾年間，因為電視台大搞所謂「正讀」，將我由小聽到大、用到大的讀音搞得天翻地覆，使我決心追查「正讀」真相。此中最大得益就是令我對自己的讀音更有信心，不會因為一個博士說某個讀音是錯誤，便立即慌怯起來。由此令我想到，現時某些人的一窩蜂「正讀」，未必因為他們的語文水平有所提高，反而可能是這些人的粵語水平已到達一個連讀一個字也欠缺自信的危險邊緣。

我的看法是，若一個人對自己的母語有起碼的自覺和尊重，決不會因為一兩個教授的見解便漠視社會實際情況將讀音改來改去。當年「時間」一詞，劉殿爵倡議時［奸］一讀，稱之為本來的正確讀音，又將時［諫］說成是四十年代才興起的錯讀。此論一出，反對聲音不絕，力斥「錯讀說」荒唐。有老讀者投函力證時［諫］一讀其來有自，亦有不少人指出他們讀時［諫］已幾十年，就算不復本讀，現在要人改正，亦屬多餘。當時的人羣起反對這個讀音，不是他們不知好歹、顛倒是非。他們未必明白語言變化的現實，我也不敢說他們對語言的認識會比一個中文系教授深。但從中我看到他們對母語的尊重。他們會出言捍衛這個讀音、討論這個讀音，因為他們就是這個讀音的見證人，因為這是屬於他們的粵語。

然後再看看近年廣受傳媒歡迎的「構、購」二字改讀。閱畢前文大家應該知道，這二字讀成送氣聲母不是甚麼彌天大錯，而且變讀的始作俑者「溝」字，也未見傳媒改用「正讀」。傳媒固然可能是沒種連「溝、鳩、勾、鈎」等字也給「正」過來，但更大的可能是他們根本不知道「溝」字現在的讀音如果用 80 年前的字典作標準，其實亦係「錯讀」。他們不明白語音會改變，亦不尊重語言現實，甚至無視語言的趨勢去「正」一個讀音——我已經不是指民間的趨勢，而是學者已經承認的現象。九十年代初的《常用字廣州話讀音表》已經建議讀 [扣]、《廣州話正讀字典》索性不收 [究] 音，反觀當今傳媒卻紛紛開始改讀 [究] 音以立其「正讀」典範。

我看得越多關於古代讀音的書，就越明白讀音不應老是求古的道理。如果說將這些不復當年的讀音貶為錯讀然後羣起將古音「回天」就叫正讀意識提高，倒不如說他們根本不敢肯定他們自己的讀音的對錯基礎何在。

之四

港人對母語讀音開始失去信心，語文水平低落固為要因。但同時，何文匯博士提倡的「正讀」，為了保存平仄對應的「讀詩音」，不切實際地將很多不中他意的讀音貶為「錯讀」，用「正讀」大山壓着港人。在這大山之下，正讀與否，變成何博士一個人話事。如此一來，誰敢說自己的讀音「沒問題」？我看何博士成立的「粵語正音推廣協會」製作的電視節目，奉何氏正讀為尊，「時

奸」、「究思」、「屋嚴」、「風聲鶴麗」，不絕於耳。到底這個協會和教育局合作向中小學以「正音」為名順帶推銷了幾多「何氏音讀」，製造了幾多何文匯「正讀」紅衛兵，可以想像。結果港人粵讀，動輒得咎，世代相傳的讀音一定錯，錯得太離譜還要勞煩何博士大恩大德，網開一面，承認錯讀萬劫不復無可奈何只能習非勝是，成何體統？於是顏面不存，尊嚴掃地，自信崩潰，也就不再堅持自幼所學，包括教師在內，人人改攬着當前最有「權威」的何文匯博士「正讀」作為救生圈。若將現在越來越多人照跟何文匯提倡的「正讀」此一現象歸功於「正讀意識提高」，未免太過單純。

鸚鵡學舌的讀音無法掩飾辨音能力低落的問題。以我近年所聽所聞，在讀機［究］、屋［嚴］、［微］補的人增加之時，卻有更多人將本來不應該混淆的聲韻母或聲調都混同了。

現在的粵語並非沒有標準，只是這個標準還沒有細緻到完全解決所有異讀字的問題。在教學和溝通上，一字異讀當然是越少越好。但有時候，「異讀音」在現實生活並行不悖，硬要找一個「正讀」而排斥另一個所謂「誤讀」，根本無必要。

如果教師能令下一代打好語文基礎，我對粵語的傳承仍然是樂觀的。但我耳聞一些學校，為了應付中學文憑試的朗讀，不斷灌輸學生「時奸機究頹物眾合屋鹽」讀音。如此本末倒置，即使十年後人人「時奸機究頹物眾合屋鹽」，若何博士本意不是想做正讀沙皇，他日大業竟成，亦未必老懷安慰。不知大家以為然否？

後記

作者受電視台搞「正音」刺激，撰寫文章對「正讀權威」的「正音」理據提出異議，實為匹夫之勇，章法全無。所以寫網誌時從未想過將內容輯錄成書；《解・救・正讀》電子書網上發表，當然更沒有想過會有印刷成實物書的一天。

電子版第一稿於 2011 年 7 月 2 日發表，不經不覺，距今已有一年多。這短短一年間，藉着拙作流通，作者認識了潘國森先生，經他介紹，又認識了一些熱衷粵音研究的前輩，甚至從事語文研究的大學教授。這些都是我從未想過會遇到的事。前輩的指點，我獲益良多；他們的鼓勵，我由衷感激。

至於我的觀點能否說服傳媒在處理粵讀問題上回心轉意？據我觀察，只能講句不予厚望。例如無綫電視，依然繼續那些機［究］、［明］王、［微］補讀音；亞洲電視，近期的報幕亦將「傳奇」改讀［全］奇。何文匯博士說他沒有影響力，實在太謙虛。

不過，本書的出版目的並非針對傳媒。如果拙著真能勸服某些傳媒話事人以更開放態度對待讀音問題，不再如斯排斥日用讀音，

當然最好。但我想，傳媒對用不用一個讀音的決策，無可避免會有權力或政治因素滲雜其中。所以我最希望的還是透過事實和論證，讓大眾明白當前「正讀」原委，使大家在這個問題上不會老被或是傳媒、或是政府的一隅之説牽着鼻子走。

自知能力有限，寫書乃不自量力。我非文化人，中學、大學修讀理科，工作與語言文字完全無關。可以説，我與文化絕緣；出書談「正讀」，委實不務正業。雖然正讀問題，講起我就扯火，但冷靜下來，有時亦會自問：為啖氣，值不值得？

須知何文匯博士是粵音正讀權威，無綫電視是全港最大中文電視台，香港電台更是官台。而我，區區香港小市民。牌面，先輸一仗。面對學者教授，以我半桶水學識，更無異以卵擊石，自尋死路。本書定位亦非常「新穎」：語文讀物，通常主要指出日常的語言文字的常犯錯誤，本書卻是要説明好些日常大眾講慣聽慣的字音沒有錯，恐怕知音者稀。

但人生在世，又似乎總要做一兩件蠢事。可能這一小石無法泛起任何漣漪，但做了，總算對自己有個交代，免得他日後悔。

自問才疏學淺，文筆拙劣，紕漏之處，在所難免，但求各位海涵。不惜獻醜，祈以一己淺見，就教方家，希望能拋磚引玉，令更多人關注「粵音正讀」問題，進而關注粵語的價值，於願足矣。

希望大家會喜歡這本「讀書報告」。

參考文獻

何文匯著作

1. 何文匯、布裕民：《日常錯讀字》(香港教育專業人員協會，1989)

2. 何文匯編：《正音正讀縱橫談》(香港中文大學新亞書院，1996)

3. 何文匯、朱國藩：《粵音正讀字彙》(香港教育圖書公司，1999)

4. 何文匯：《粵音自學提綱》(香港教育圖書公司，2001)

5. 何文匯：《粵音平仄入門・粵語正音示例（合訂本）》(博益出版集團有限公司，2006)

6. 何文匯：《粵讀》(博益出版集團有限公司，2007)

7. 何文匯：《廣粵讀》(明窗出版社，2010)

聲韻研究

1. 王力：《漢語音韻》(北京：中華書局，1980)

2. 王力：《漢語音韻學》(北京：中華書局，1982)

3. 李新魁：《李新魁音韻學論集》(汕頭大學出版社，1997)

4. 竺家寧：《聲韻學》(台北：五南圖書出版公司，1992)

5. 竺家寧：《古音之旅》(台北：國文天地雜誌社，1989)

6. 殷煥先、董紹克：《實用音韻學》(齊魯書社，1990)

7. 黃耀堃：《音韻學引論》(商務印書館，1994)

8. 董同龢：《漢語音韻學》（文史哲出版社，1979）

9. 簡啟賢：《音韻學教程》（四川出版集團巴蜀書社，2005）

10. 鍾榮富：《當代語言學概論》(五南圖書出版股份有限公司，2006)

粵語研究/紀錄

1. Robert Morrison（馬禮遜）： "Vocabulary of the Canton Dialect: Chinese words and phrase"（廣東省土話字彙）（The Honourable East India Company，1828）

2. 孔仲南：《廣東俗語考》(上海文藝出版社，1933 初版、1992 影印本)

3. 張洪年：《香港粵語語法的研究》(中文大學出版社，1972、2007)

4. 李新魁：《廣東的方言》(廣東人民出版社，1994)

5. 林蓮仙：《粵讀反切音標兩用正音表》(香港中文大學崇基學院中國語言文學華國學會，1975 修訂版)

6. 莫朝雄：《粵語教學與讀音研究》(香港教育出版社，1961)

7. 陳伯輝：《論粵方言詞本字考釋》(中華書局，1998)

8. 黃耀堃、丁國偉：《〈唐字音英語〉和二十世紀初香港粵方言的語音》(中文大學出版社，2009)

學術論文

1. 范國、郭永賢（1999）。兩部四十年代前後出版的粵音韻書所記常用字讀書音的比較給我們的啟示。

2. 張群顯（2008）。粵語正音的社會語言學視角(A Sociolinguistic Perspective on Lexical Pronunciation Preferences in Cantonese)。中國社會語言學學報，2008 年第 2 期。

3. 尉遲治平（2003）。欲賞知音非廣文路——《切韻》性質的新認識。古今通塞：漢語的歷史與發展——第三屆國際漢學會議論文集（語言

組）。

4. 　單周堯（1980）。粵音韻彙、中文字典、中華新字典中一些與香港通行的實際粵音有距離的粵語注音。語文雜誌，第 4 期。

5. 　單周堯（1999）。粵語審音舉隅。第七屆國際粵方言研討會論文集。

6. 　單周堯（2012）。正字與正音。能仁學報，第十一期。

7. 　趙彤（2007）。《分韻撮要》的聲母問題。語文研究。

8. 　劉鎮發、馬顯慈（2011）。黃錫凌《粵音韻彙》表中注音所見術語分析。第十六屆國際粵方言研討會。

9. 　劉鎮發、張群顯（2002）。清初的粵語音系－－《分韻撮要》的聲韻系統。第八屆國際粵方言研討會論文集。

10. 　羅偉豪（2008）。評黃錫凌《粵音韻彙》兼論廣州話標準音。廣州大學學報（社會科學版）。

11. 　饒秉才（1980）。粵方言字音的訂音問題。語文雜誌，第 5 期。

字詞典/韻彙

1. 　《初學粵音切要》(香港：倫敦傳道會，1855)

2. 　虞學圃、温岐石輯：《江湖尺牘分韻撮要》(一經堂藏板，1825 年新鐫)

3. 　衛三畏廉士甫：《英華分韻撮要》(Samuel Wells Williams, Tonic Dictionary of the Chinese Language in the Canton Dialet)(廣東：羊城中和行，1856)

4. 　Herbert A. Giles: "A Chinese-English Dictionary" (Kelly & Walsh Ltd, 1812 初版，1912 增訂)

5. 　李濟愚、林仲堅、李月華：《廣話國語一貫未定稿》(大漢公報，1916)

6. 　趙雅庭：《民眾識字粵語拼音字彙》(神州國光社，1931/5)

7. 　王頌棠：《中華新字典》(環球書局，1937)

8. 　陳瑞祺：《道漢字音》(香港道字總社，1939)

9. 黃錫凌：《粵音韻彙》(中華書局，1941/4 初版、1979/4 重排、1980/6 重印)

10. 馮思禹：《部身字典》(右文書屋，1967/6)

11. 馮思禹：《廣州音字彙》(世界書局，1962 初版、1971 再版)

12. 趙榮光：《現代粵語》(香港廣文圖書公司，1972)

13. 馮田獵：《粵語同音字典》(東聯學供社，1974)

14. 馮浪波：《兩用中文字典》(大家出版社有限公司，1977)

15. 李卓敏：《李氏中文字典》(中文大學出版社，1980、1989 第二版)

16. 《中華新字典》(中華書局，1976 初版、1982/1 第 3 次修訂、1984 第 4 次印刷)

17. 張丹：《中文多用字典》(天宇圖書公司，1984)

18. 陳岫山：《粵語查音識字字典》(大江書店，1985)

19. 饒秉才：《廣州音字典》(香港三聯書店，1985 初版、1989 第 2 刷)

20. 何容：《新雅中文字典》(新雅文化事業有限公司，1985 初版、1995 第 10 次印刷)

21. 張勵妍、張賽洋：《國音粵音索音字彙》(中華書局，1987、1995)

22. 周無忌、饒秉才：《廣州話標準音字彙》(商務印書館，1988)

23. 劉寧甫等：《香港小學生中文詞典》(明華出版公司，1988)

24. 黃港生：《商務新詞典（縮印本）》(商務印書館，1990 初版、1992 第 9 次印刷)

25. 《常用字廣州話讀音表》(香港教育署語文教育學院中文系，1990 初版、1992 修訂)

26. 劉扳盛：《中華新詞典》(中華書局，1993)

27. 關道隆：《朗文中文基礎詞典》(朗文出版(遠東)有限公司，1993)

28. 張樂珠等：《字正音準——正字正音手冊》(金石圖書貿易有限公司，1993)

29. 莊澤義：《香港中學生中文詞典》(萬里機構/明天出版社，1994，第二版)

30. 葉立群、黃成穩：《朗文中文高級新辭典》(培生教育出版中國有限公司，1996)

31. 賴惠鳳等：《小樹苗學生辭典》(小樹苗教育出版社，1996 及 2005 年版)

32. 余秉昭：《同音字彙》(新亞州文化基金會有限公司，1997 修訂版)

33. 布裕民：《牛津中文初階詞典》(牛津大學出版社，1998。此詞典版權頁指「部分粵音蒙香港中文大學教務長何文匯博士審訂」。)

34. 渾凝仁：《中文新字典》(雅苑出版社，2000/4 ，第 7 版)

35. 李裕康、劉豔麗、關道隆：《朗文中文新詞典（第二版）》(培生教育出版北亞洲有限公司，2001)

36. 《粵語拼音字表（第二版）》(香港語言學學會，2002/12)

37. 曾子凡、溫素華：《廣州話、普通話速查字典》(世界圖書出版公司，2003)

38. 劉扳盛：《中華高級新詞典》(中華書局(香港)有限公司，2004)

39. 張興仁：《新時代中文字典》(文思出版社，2004)

40. 詹伯慧：《廣州話正音字典（修訂版）》(廣東人民出版社，2004/7 第二版)

41. 葉立群、黃成穩：《朗文中文高級新辭典（第二版）》(培生教育出版亞洲有限公司，2003，2005 年第 2 版第 2 次印刷)

42. 陸貫如：《粵音檢索漢語字典》(中華書局(香港)有限公司，2006)

43. 關道隆：《朗文中文新詞典（第三版）》(培生教育出版亞洲有限公司，2008)